普通高等教育高职高专"十三五"规划教材

航运企业安全管理体系(SMS)的建立与实施

主 编 张 明

·北京·

内 容 提 要

本教材共分为五章,通过 ISM 规则综述,介绍 ISM 规则产生的背景及产生的过程,详细解析 ISM 规则条款,然后介绍安全管理体系建立的步骤以及怎样保持 SMS 的有效性,最后介绍 SMS 审核发证。让读者掌握 SMS 从建立到运行维护的整个过程。

本教材根据航运类高职教学的需要编写,亦可作为海事机构审核员、航运企业管理人员、船员、船员培训中心和航海类高职院校师生的参考书。

图书在版编目（CIP）数据

航运企业安全管理体系(SMS)的建立与实施 / 张明主编. -- 北京：中国水利水电出版社，2017.2(2022.7重印)
普通高等教育高职高专"十三五"规划教材
ISBN 978-7-5170-5201-2

Ⅰ.①航… Ⅱ.①张… Ⅲ.①水路运输－交通运输企业－安全生产－质量管理体系－高等职业教育－教材 Ⅳ.①U698

中国版本图书馆CIP数据核字(2017)第034071号

书　　名	普通高等教育高职高专"十三五"规划教材 **航运企业安全管理体系（SMS）的建立与实施** HANGYUN QIYE ANQUAN GUANLI TIXI (SMS) DE JIANLI YU SHISHI
作　　者	主编　张　明
出版发行	中国水利水电出版社 （北京市海淀区玉渊潭南路1号D座　100038） 网址：www.waterpub.com.cn E-mail：sales@mwr.gov.cn 电话：(010) 68545888 (营销中心)
经　　售	北京科水图书销售有限公司 电话：(010) 68545874、63202643 全国各地新华书店和相关出版物销售网点
排　　版	中国水利水电出版社微机排版中心
印　　刷	北京印匠彩色印刷有限公司
规　　格	184mm×260mm　16开本　15.25印张　362千字
版　　次	2017年2月第1版　2022年7月第2次印刷
印　　数	1501—3000册
定　　价	**47.00元**

凡购买我社图书，如有缺页、倒页、脱页的，本社营销中心负责调换

版权所有·侵权必究

前　言

　　20世纪80年代末至90年代初，与海上安全和防止污染有关的船舶和船员技术标准均得到了提高。但同时，海上事故却出现频发现象，重特大事故呈上升趋势，给海上人命和财产安全造成很大威胁，海域环境也因此遭到了破坏。统计资料表明，所有的海难事故中约有80%都与人为因素有关。国际海运界因此给予了高度的关注，并从多方入手，采取各种措施来遏止事故高发现象，积极开展技术立法，敦促船旗国履约，强化船舶检验，倡导港口国监督。其中"敦促船旗国履约"这一举措使国际海事组织改变了以往作为单纯立法机构的形象，在敦促船旗国履行有关国际公约和规则方面，发挥了不可替代的作用。1994年5月，国际海事组织的海安（MSC）第63届大会期间的外交会上通过了第2号决议，即实施1974年SOLAS公约第Ⅸ章——船舶安全营运，同时《国际安全管理规则》被纳入SOLAS公约，使该规则成为强制性的要求。《国际安全管理规则》自1998年7月1日实施以来，在保障海上人命安全、防止人员伤亡、防止海洋环境污染以及财产损失方面起到了积极作用。其管理方法和理念已被众多国际航运公司采纳接受。为规范我国国内航运企业的船舶安全和防污染管理，在借鉴了国际海运安全和防污染的先进管理标准与方法的基础上，中华人民共和国交通运输部于2001年7月12日发布《中华人民共和国船舶安全营运和防止污染管理规则》（试行），并分批对符合规则要求的船舶强制实施。

　　《国际安全管理规则》自强制生效后，截至2016年10月，已先后进行过多次修改，本教材在此次编写中对历次修改的内容予以更新。

　　本教材具有其自身鲜明的特点：一是引用了最新版的国内外相关公约、规则和规范，结合了长期实施《国际安全管理规则》的实践；二是在《国际安全管理规则》理解指南的基础上，对规则逐项进行重点的解释，有利于读者正确理解标准和要求，正确的掌握实施规则的准则；三是专门列出有关章节，讲述如何进行公司和船舶安全管理体系的内部和外部审核，亦可为公司及船舶开展审核提供指导。

　　本教材是在林志忠船长于2008年编写的《航运企业安全管理体系的建立与实施》基础上改编而成。

参与本教材编写的人员包括国家行业主管人员、航运企业人员和具有"双师"资格的教师。本教材根据航运类高职教学需要编写，亦可作为海事机构审核员、航运企业管理人员、船员、船员培训中心和航海类高职院校师生的参考书。此教材还对公司建立、运行和保持安全管理体系具有一定的指导意义。

在本教材改编过程中，广泛征求了有关教师、行业主管部门和航运企业的意见，使教材的系统性和实用性更强。

本教材共五章，由福建船政交通职业学院高级船长、副教授张明编写，福建海事局国家主任审核员方其超主审。中国船级社（CCS）肖勇先生为本教材提供了大量的资料，福建冠海海运有限公司原安全总监黄希光船长、高级引航员黄文峰为本教材提出了宝贵的意见。

在本教材改编及出版过程中，得到福建船政交通职业学院陈宏教授，福建海事局陈润禾及其他相关部门同志的大力帮助和支持，在此一并表示感谢。

由于编者的水平有限，难免存在错误和不足之处，恳请广大读者批评指正。

编　者
2016 年秋

目 录

前言

第一章 ISM 规则综述 ·· 1
  第一节　ISM 规则产生的背景 ·· 1
  第二节　ISM 规则的形成过程 ·· 7
  第三节　ISM 规则概述 ·· 11

第二章 ISM 规则条款解析 ·· 15
  第一节　总则 ·· 15
  第二节　安全和环境保护方针 ·· 21
  第三节　公司的责任和权利 ·· 22
  第四节　指定人员 ·· 23
  第五节　船长的责任和权力 ·· 24
  第六节　资源和人员 ·· 26
  第七节　船上操作方案的制定 ·· 29
  第八节　应急准备 ·· 30
  第九节　不符合规定情况、事故和险情的报告和分析 ···················· 32
  第十节　船舶和设备的维护 ·· 33
  第十一节　文件 ·· 35
  第十二节　公司审核、复查和评价 ···································· 37
  第十三节　审核发证 ·· 39
  第十四节　核发临时证书 ·· 43
  第十五节　审核 ·· 45
  第十六节　证书格式 ·· 46
  第十七节　NSM 规则简介 ·· 46

第三章 安全管理体系的建立 ·· 61
  第一节　SMS 概述 ·· 61
  第二节　SMS 建立的准备 ·· 66
  第三节　现状评估与体系设计 ·· 69
  第四节　SMS 文件 ·· 73
  第五节　SMS 的运行 ·· 79
  第六节　SMS 的保持 ·· 91

第四章　内部审核、复查和评价 ·············· 93
　第一节　内部审核概述 ·············· 93
　第二节　内部审核准备 ·············· 100
　第三节　内部审核的实施 ·············· 115
　第四节　内部审核报告和纠正措施 ·············· 124
　第五节　有效性评价和管理复查 ·············· 128

第五章　外部审核 ·············· 132
　第一节　外部审核概述 ·············· 132
　第二节　文件审核 ·············· 151
　第三节　岸基活动审核 ·············· 164
　第四节　船舶审核 ·············· 173

附录 ·············· 184
　附录一　《国际船舶安全营运和防止污染管理规则》（ISM 规则） ·············· 184
　附录二　公司岸基审核检查表 ·············· 192
　附录三　船舶审核检查表 ·············· 200
　附录四　中华人民共和国航运公司安全与防污染管理规定 ·············· 211
　附录五　国内水路运输管理规定 ·············· 215
　附录六　国内水路运输辅助业管理规定 ·············· 223
　附录七　中华人民共和国国际海运条例 ·············· 228

参考文献 ·············· 236

第一章 ISM 规则综述

第一节 ISM 规则产生的背景

ISM 规则，英文全称"International Management Code for the Safe Operation of Ships and for Pollution Prevention"，简称"ISM Code"。中文译文全称《国际船舶安全营运和防止污染管理规则》，简称《国际安全管理规则》。ISM 规则的产生有其具体的原因和时代背景。

一、海事与世界海运若干现象的关系

1. 船舶老龄化带来的消极影响

一个时期以来，商船老龄化现象较为突出。根据有关统计资料，1993 年全世界 100 总吨以上的商船数为 80655 艘，平均船龄近 18 年。表面上商船老龄化的原因是船东为延长船舶使用年限，深层次原因是运输市场上运力与货运量的不平衡，货少船多，竞争激烈所造成。一方面经营成本提高和船价上涨，使船东无力更新现有船舶（图 1-1）；另一方面，货运效益下降，港口使费、税收和船舶的维修保养费用提高，造成经营成本进一步提高，船东为降低成本，压缩船舶维修保养的费用，导致船舶技术状况下降；由此造成事故频发，又促使船舶技术标准提高，船东无力更新船舶，最终走进船舶老龄化怪圈。

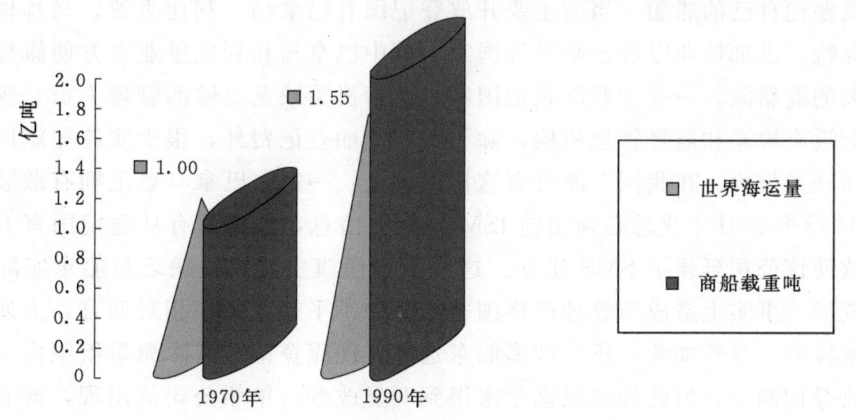

图 1-1 世界海运量与商船载重吨比较

统计表明，1990—1994 年 5 年间，全世界造成人命损失的散货船沉没事故为 25 起，船龄最小 14～16 年，最大 22～26 年，其中超过 18 年船龄船舶占绝大多数。事实说明，船龄与事故发生率成正比例关系（表 1-1）。据反映，在 25 起发生事故船舶中，有 44%

在事故发生前已检验出结构有不同程度损伤老化。船体强度不足以抵抗大风浪,发生事故就在所难免。

表 1-1　　　　　　　　　　散装货船事故发生与船龄比较

年份	船毁人亡的散货船艘数	死亡人数	最大/最小船龄(艘)
1990	6	125	23Y/15Y (1)
1991	9	155	24Y/16Y (1)
1992	2	30	22Y/20Y (1)
1993	3	74	24Y/18Y (1)
1994	5	148	26Y/14Y (1)

2. 船员素质下降,配员大幅度减少

航运效益下降,船东为降低成本,船东经常采取减少船舶配员、雇佣工资低廉的船员的做法。由于没有进行充分培训和足够海上资历,或者健康条件差、语言能力不足,这些船员由于专业知识、技术能力、交流能力等不符合要求而导致的事故和险情常有发生。20世纪70—80年代,万吨船一般配30~40名船员;由于人力充分,我国远洋船舶配员常达50~60人。对航行值班和设备维修保养十分有利,船员工作和休息得到保证,船舶安全有保障。近年来船舶配员普遍减少,存在仅配备8~9名船员的10万吨船舶。虽然船舶建造技术得到长足发展,自动化程度有很大提高,但船员的劳动强度却因配员大幅度减少和船舶周转幅度加快,而大大提高,致使船员休息时间无法得到保证,船员疲劳导致的事故常有发生。

3. 方便旗船、单船公司、无船公司及非标准管理

为获得更大利润,逃避较高税收,或为了躲避严格的检验和监督检查,部分船东在开放登记国家登记自己的船舶。当前主要开放登记国有巴拿马、利比里亚、马耳他、塞浦路斯、圣文森特、洪都拉斯以及巴哈马等国家。其中巴拿马和利比里亚在方便旗登记国里拥有十分庞大的商船队。一些方便旗登记国家,主管机关缺乏足够的管理人员,管理能力不足,基本上没有检验和监督管理机构,除了收取船舶登记费外,很少实施船旗国管理,与船东的实际联系很少。在我国上海就有这样的例子:一家在巴拿马登记拥有散装货船的船公司,在1998年5月才获悉必须实施ISM规则的信息,公司没有从登记国官方得到任何的信息,致使该公司延误了SMS建立。这说明方便旗主管机关缺乏与船东实际管理上交流,管理较松,事实上造成与管理严格国家船队的不平等竞争,相对而言,方便旗船队的事故发生率较高。尽管如此,仍有许多船东选择方便旗登记,国际海事组织内一些国家强烈反对开放登记制度,但此种状况迄今未得到明显改善。单船公司的出现,既有规避风险和连带责任的原因,也有新兴公司加盟海运的情况。这些公司人手少,机构不完善,缺乏必要的岸上管理,又与船旗国主管机关联系较少,而无船公司由于只负责营运而不负责安全和防污染管理,安全管理往往被置脑后,安全管理似有实无,事故的发生不可避免。方便旗船、单船公司和无船公司对船舶的非标准化管理,使强制性规定的贯彻实施受到很大妨碍,是造成事故多发的重要原因之一。

4. 通信现代化及其影响

现代通信的发展，使海运管理运筹帷幄，决策指挥于千里之外成为现实。现实中，海运管理几乎都是由公司岸基做出，船长的地位发生了很大变化，由原先的现场决策者和指挥者变为现场指挥者和决策执行者。船长决策权的失落，是现代通信带来的消极影响。随着船长决策权的失落，船长的管理权威受到极大挑战，给船舶安全和防污染管理带来不利影响，事故发生率呈升高趋势。

二、保险界、船级社和社会公众舆论反应和影响

1. 海事保险界的影响

面对巨额海事保险赔偿，迫使保险商态度日趋谨慎，改变了过去只签协议不过问船况的做法。为避免巨额保险赔偿，海事保险商采用保前船体结构检验的做法，以证实投保船舶是否符合检验要求。对名声不佳、状况差的船舶，要么拒保，要么大幅提高保险利率。面对新变化，对船东而言，没有一个海事保险商肯为一艘安全状况不好的船船承保，船东面临找不到保险人；对保险商而言，面临被迫承办保险业务的情况，这些无疑将阻碍航运业的发展。因此保险界大声疾呼国际海事组织必须采取措施，加强管理，加强检验，制止事故多发的状况继续下去。

2. 船级社的影响

面对海难事故多发现象，引起船级社的高度关注，低于标准船舶增加，使船级社信誉受到损害，这关系到船舶检验质量，也是外界批评的指向。国际船级社协会（IACS）成员向占全球92%吨位的船舶和占全球船舶艘数一半的船舶签发检验证书。为改进船舶检验质量，1990年以来，国际船级社协会在其组织成员内部实施质量认证制度，试图把好检验发证关。此举吓退了一些试图蒙混过关的船东，几年里大约有1000多艘船舶从IACS入级船舶名单里撤出，转到非IACS船级社。鉴于此，国际船级社协会在国际海事组织积极主张将国际标准化组织的ISO9000系列标准应用于船舶管理，除其自身向国际海事组织提交这方面议案外，还促使其各成员通过他们的政府向国际海事组织提交提案，推动有关安全质量管理议题的审议。

3. 社会舆论的影响

面对海难事故多发现象，社会舆论表现出他们的责任感，对事故发生现场，新闻记者迅速报道，使事故很快晓之于众。1987年，英国的"自由先驱企业号"滚装渡轮在比利时日布鲁格港外翻沉，新闻记者很快在现场发回报道，凄凉悲惨的现场景象，引起社会的巨大反响，促使政府采取立法和行政措施来改变业已暴露出来的海运安全薄弱环节。"自由企业先驱号"的翻沉，促使英国政府向国际海事组织提交了1974SOLAS公约的88年修正案。为防止类似事故重演，该修正案要求滚装船舶艉水密门应装设声光报警信号或电视监控设施，以监视水密门关闭情况，这也是为平息公众对政府的不满。该轮事故发生的原因，远不只这些表面问题。实际上，公司对船舶管理十分松懈，导致船舶翻沉的一些问题，公司早有发觉，但公司没有采取任何措施。长期存在的致命缺陷，一朝爆发，后果十分严重。

三、人为因素与海事事故的关系

通过对海事事故的分析研究表明，大量事故的发生与人为因素有关。加强对人为因素的控制，是抓住矛盾的主要方面。何谓"人为因素"，目前对此没有相关统一的解释，国际海事组织海上安全委员会（MSC）和海洋环境委员会（MEPC）经过各有关国家专家长期研究，于1997年6月23日联合发布《人为因素统一术语》。在此资料中将人为因素术语分为6大项43小项。现列举如下：

(1) 人的错误。

(2) 人的不良行为。
- 易激动（冲动）
- 恐慌（慌张）
- 个人问题
- 忧虑
- 精神创伤
- 酗酒
- 吸毒
- 注意力不集中
- 伤害
- 精神疾病
- 身体疾病
- 消极
- 故意误操作
- 疲劳
- 士气低落
- 缺乏自律
- 视力障碍
- 工作负荷过大

(3) 海上环境。
- 自然环境险恶
- 机舱设计方面的人为因素影响
- 操作不良
- 维护不良

(4) 安全管理。
- 操作知识不足
- 船舶状况了解不足
- 船舶操作知识不足
- 规则标准了解不足
- 船上程序了解不足

- 不熟悉工作职责
- 语言不熟悉

（5）管理。
- 不能保证纪律
- 指挥失败
- 监督不足
- 协调交流不足
- 硬件资源管理不善
- 船舶配员不足
- 人力不足
- 工作安排不合理
- 不合理规定、方针、程序和实际行动
- 良好的规定、方针、程序和实际行动的不适当应用

（6）精神影响（脑力）。
- 缺少对周围环境、状态的认识和理解
- 缺乏洞察力
- 不正确认识
- 错误概念结论

从上述术语分类中，可以看出人为因素的特点：第一，人为因素与人的责任心、精神状态、健康程度、习惯和技术业务素质相关；第二，人为因素与船舶及设备的操作、维护相关；第三，人为因素与船岸相关；第四，人为因素与船舶所有人、营运人和船长的决策相关。

人为因素对海事存在消极影响，近年来，全球有许多机构从事于人为因素影响海事的研究，有些已取得一些成果。德国不来梅航运经济研究所报告认为，1987—1991年330件海事事故中75%是人为因素造成的；澳大利亚运输部1988年报告认为，已调查事故中75%是人为因素造成的；英国海洋污染咨询委员会报告认为，1990年英国水域发生的182起漏油事故中66%是人的错误所为；英国船东保赔协会（P&I CLUB）的报告认为，1987—1991年的1444件索赔案中66%系人为因素造成，其中货损索赔案的50%、污染索赔案的50%、人身伤亡索赔案的65%、财产损失索赔案的80%和碰撞事故的90%是人为因素造成的，其索赔案的赔偿金额高达7.78亿美元（表1-2）。虽然上述分析结论的比例数不同，但相互间的差距并不很大，大致在50%~90%之间，充分说明人为因素对海事的消极影响。

表1-2　　　　　　　研究机构对人为因素与海事事故关系统计表

报　告　机　构	事　故　范　围	人为因素比例/%
德国不来梅航运经济研究所	1987—1991年：330件	75
澳大利亚运输部	1988年：已调查事故	75
英国海洋污染咨询委员会	1990年：英国水域182件漏油事故	66

续表

报告机构	事故范围		人为因素比例/%
英国船东互保协会	1987—1991年：1444件索赔事故		66
	其中	碰撞索赔案	90
		财产损失索赔案	80
		人身伤亡索赔案	65
		污染索赔案	50
		货物索赔案	50

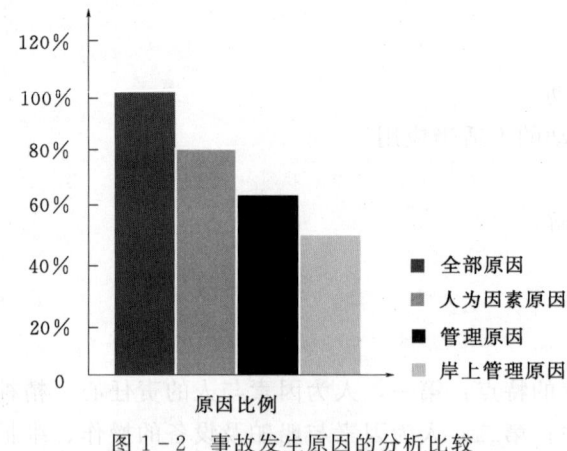

图1-2 事故发生原因的分析比较

如果将目前国际上几种关于人为因素对海事影响的说法联系起来，可以大致推断出这样结论：近一个时期以来所发生的海事中约80%与人为因素有关；在与人为因素有关的事故中约80%与管理有关；在与管理有关事故中约80%与岸上管理有关。依照此逻辑，按照数学方法计算，可得出所有事故中有51.2%与公司管理有关，12.8%与船上管理有关，36.5%与管理因素有关，仅20%与人为因素无关（图1-2）。不论上述说法和推断正确与否，但的确代表相当一部分人的看法，将其与前面所列举的四份报告进行比较，不难发现有一定程度的一致，这就可以说明海事事故的发生与人为因素密切相关的规律性。

四、国际海事组织的反应

海难事故多发与海事组织提出的"使航行更安全、海洋更清洁"两大宗旨格格不入。面对事故多发情况，国际海事组织（IMO）对此进行更深入的研究与探索。IMO自1959年成立以来通过的一系列国际公约，涉及海上安全的公约多达14项。进入20世纪80年代后，国际海上安全和防污染公约不断得到修改，加入公约的140余个成员国几乎包括了世界上全部航运国家，客观而言，所有成员国若都能按IMO所通过的公约、规则贯彻实施，事故多发的情况不会发生；然而事与愿违，各成员国对IMO通过的公约、规则贯彻实施的情况，存在巨大差异。调查表明，执行最好和最差的差距，相差达90余倍，因此IMO秘书长威廉姆·奥尼尔先生在1993年指出，要改变过去的做法，就是不能被动地对事故做出反应，而是要主动采取措施，防止事故发生，其关键在于履约。这明确指明了事故多发的症结所在，IMO不能被动地对事故做出反应，一出事故，就修改公约、规则，制定新的公约、规则，而对公约、规则贯彻执行情况不过问，从而导致事故发生→修改公约→事故再发生→再修改公约的怪圈。为加强这方面的工作，IMO于20世纪90年代初专门设立了履约分委会，隶属于海安会和环境保护委员会，目的是研究如何加强对有关国际公约、规则的贯彻，督促各成员国采取切实有效措施来履行缔约国义务。而国际海运实践证明，单靠制定和执行针对船舶技术状况和船员技能的有关公约、规则，不能有效遏制事故发生；还需加强对公司的管理，防止公司管理人为因素中的不利影响，跳出旧思维模式，把管理触角从针对船舶延伸到公司，对管理进行深刻变革，就能抓住管理的关键，堵住事故发生的源头之一。这就是国际安全管理规则形成与产生的背景。

第二节 ISM 规则的形成过程

ISM 规则形成是逐渐发展的过程，并不是最初就意识到要加强针对公司岸基的管理，而是在重大事故不断发生后，通过不断总结事故教训，找出问题症结，寻求解决方案中形成的。下面从国际海事组织制定有关决议的过程来看 ISM 规则的形成。

一、"阿莫科·卡地兹"轮事故与 A.441（XI）和 A.443（XI）决议

1978 年 3 月 6 日，利比里亚级"阿莫科·卡地兹"（AMOCO CADIZ）号超级油轮因舵机失灵，在法国的布里塔尼海域漂航，船向岸边漂移而无法控制。船长向公司发急电请求支援，公司答复责成船长自救。船员想尽办法不能自救成功，船越来越向岸边靠拢，公司迫不得已同意召请拖轮救助。由于风浪很大，在拖救中，拖缆断掉，船失控而触礁造成船体断裂，22 万 t 原油全部泄漏，污染法国 180 km 海岸，仅清理费就达 1 亿美元，水产损失费 300 万美元，旅游损失费 6000 万美元，直至 1992 年此案还在审理中。1992 年 1 月 27 日，美国联邦法庭判决宣布还要赔偿 2 亿多美元，事故发生在法国沿海，船东是美国的，注册在利比里亚，因此造成一个很大的国际问题。事故发生后，法国方面扣留了船长，不让船东接触。愤怒的当地人砸了阿莫科公司驻法办事处，反对党也因此指责政府对海域保护不力，动议要投政府不信任票，事件在法国闹得沸沸扬扬，产生了恶劣的影响。

1979 年国际海事组织在第 11 届大会上通过《船旗国对船东的管理》的 A.441（XI）号决议，针对"阿莫科·卡地兹"事故发生后由谁来负责解决的问题，对主管机关提出请他们采取必要的措施，确保悬挂该国国旗的船舶所有人向其提供必要的资料，使其能知晓船舶所有人以合同方式或其他方式授权负责该船海上安全和海洋环境事务的人，并能与之取得联系。

此次会议还通过《关于船长在海上安全和海上环境保护方面的决定》的 A.443（XI）号决议，也是针对"阿莫科·卡地兹"事故教训，要求各国主管机关采取必要措施，为保护船长正常履行他在海上安全和保护海洋环境方面的职责，应确保：

（1）船东，租船人或其他人员均不得限制船长在这方面根据他自己的专业性判断做出他认为必要的决定。

（2）船长应受到诸如国家法律、集体协议或雇佣合同中的有关条款，包括对上述权利的保护，以防止由于正确执行专业性判断而遭到船舶所有人、租船人或其他人员的非法解雇和受到其他不公正行为的损害。

上述两个决议表明国际海事组织首次意识到对公司管理的重要性和对公司管理的首次介入。事实证明，后来上述两个决议的实质内容均被吸收到 ISM 规则里。

二、"自由企业先驱"轮事故与 A.596（XV）决议

"自由企业先驱"（HERALD OF FREE ENRERPRESS）滚装渡轮，是英国汤森托普森公司经营的一艘车辆滚装渡轮，往返于英国的多佛港与比利时的泽布吕赫港。1987年3月6日，据称该轮该航次船员有80人，装载小车81辆，货车47辆，其他车3辆，载客463人后，和往常一样由比利时起航。当时英吉利海峡风平浪静，渡轮出港后立即开始加速航行，但在 4 min 后，于出港航道 700 m 处，渡轮突然倾覆，计划航行 4 h 的航程驶完短短 4 min 后，便永远结束了。事发现场水深 10 m，渡轮的 2/3 船身浸入水中，左倾横卧在砂质海床上。渡轮整个倾覆过程仅 90 s，事发后船上一片漆黑，未及时发出 SOS 求救信号，旅客和船员在一片惊慌中被寒冷的海水包围吞没，有的人还来不及弄清楚是怎么回事，就惨遭灭顶之灾，寒冷的海水，使生还的人多被冻伤。调查发生此次事故的原因有以下四个方面：

第一，船艏门未关是发生事故的直接原因，负责关艏门的木匠当时睡着了，大副模糊记得曾关过艏门，是否关妥，没有检查，便认为已关好。船上实行的是反报告制度，有问题要报告；没有问题，则不报告。船长没有听到船艏门未关好的报告，便以为一切正常就下令开航，船出港后，大量海水从艏门涌进货舱内并很快涌进其他舱室。

第二，开航时船舶处于艏倾状态，由于艏门未关，为海水涌进船舱大开方便之门。开航后未能将艏倾调整，船加速后造成船舱内进水加速。

第三，车辆未加固，船舱内进水船舶横倾，车辆发生移动，反过来使横倾更厉害，大量进水，由于自由液面的影响，使船舶稳性急剧恶化，加速了船舶的倾覆。

第四，船舶超载，出航前报告船舶载客 543 人（含船员 80 人），但发生事故后抢救起409 人，打捞尸体 188 具，两者人数之和，远超过报告的载客人数，充分反映出船舶管理的混乱。据事后一份事故调查报告透露，"……该轮渡公司从上到下，浑身得了懒散、粗心的毛病"，其管理也由此可见一斑了。

1987 年在国际海事组织第 15 届大会上通过了"客滚船安全"的 A.596 号决议，此决议总结了"自由企业先驱"号倾覆的教训，国际海事组织要求海安会作为一项紧急事项，酌情制定有关船上和岸上管理的指南，并决定在海上安全委员会和海上环境保护委员会的工作方案中，分别加入船舶安全操作及防止和控制船舶造成海洋污染的船上与岸上的管理事项，也就是说，决议要求海上安全委员会尽快制定一个船和"陆地管理部门"对客滚船的安全和防污染管理的指南，这是国际海事组织首次直接针对陆地管理部门提出要求。从此，国际海事组织一直把研究这种管理性的规则作为重要议题来审议。

在此之前，于 1981 年在第 12 届大会上还通过了一个 A.481 号决议，内容就船舶安全配员向公司提出要求，明确了船舶最低安全配员要求，并对此要求船舶应取得主管机关签发的相应证明文书且存船备查。

三、埃克森·瓦尔迪兹号超级油轮触礁事故及 A647（16）号决议

1989 年 3 月 24 日，一艘美国埃克森公司的超级油轮"埃克森·瓦尔迪兹"（EXON VALDEZ）号满载近 20 万 t 石油去美国长滩，在开航出阿拉斯加州的威廉王子湾时触礁，

造成8个油舱破裂，5万多t油泄漏到海湾。由于未及时采取措施，发生事故后6 h，泄入海湾的油扩散成约16万 km^2 的溢油带，次日，溢油带扩大到31万 km^2，第三天海面起风使油层漂浮约60万 km^2，侵袭了好几个岛屿，第四天，油层扩大到7770万 km^2，污染海岸1609 km。清理费高达22亿美元，赔偿费10亿美元，法院还要判令处罚45亿美元，全部损失约115亿美元。一个超级油轮何以发生触礁事故，又何以造成如此巨大的损失呢？据称，船触礁后，埃克森石油公司驻当地的代表机构阿拉斯加公司与阿拉斯加州政府以及当地海岸警卫队发生激烈的争吵，互相指责对方应负主要责任。州政府认为埃克森公司对船员管理不严，船长离港前曾到海员俱乐部酗酒是造成事故的主要原因。按规定离港前船员必须保持清醒才能上岗值班。船长酗酒后擅离职守，将航行值班交给了一个未取得适任证书的三副，自己则久睡不醒，直到船触礁后9 h才醒来。埃克森公司尽量掩盖船长酗酒事实，认为海岸警卫队对应急方案迟迟不批，对使用消油剂的要求不给予明确答复，应负主要责任。公众反应是，州政府批准的溢油治理应急方案有严重缺陷，很多因素未考虑到，例如，首先是反应迟缓，事发后10 h应急救援人员才到现场，到第8天才回收了5%的溢油；第二，决策有误，对使用消油剂的建议患得患失，犹豫不决，直到事故发生30 h才提出焚烧的办法，此时油层已薄，可燃烧成分已经挥发，焚烧的效果已起不到多大作用；第三，对天气的变化估计不足，晴朗无风有利于回收溢油的天气被延误了，天气恶劣后使回收溢油的作业难度增加。此案到1994年还未审结。据悉，1990年3月23日阿拉斯加州法院审判该轮船长酗酒失职，违反海岸警卫队法规，认定其犯有玩忽职守罪，处以拘禁90天，罚款1000美元，交纳赔偿金5万美元，从事清理油污劳役1000 h。由此，美国制定了1990年油污法，宣称对环境污染处理赔偿是无限的。

1989年在IMO第16届大会上根据海安会的建议草案，通过《船舶安全操作和防污染管理指南》的A.647（16）决议及其附件。在决议中提到附件中的一段话："本指南旨在向那些负责营运船舶的人提供正规的制定，实施和评估安全和防止污染管理的结构框架……"，这等于明确了公司的安全管理已被看作保证实施公约的一个方面。这个指南可被看作是ISM规则的原型，当时虽被作为志愿实施的一个指南，但实际上西方一些航运大国已经在其本国部分实施或纳入其港口国监督检查（PSC）中。

四、海事组织《关于船舶安全和防污染管理指南》

1991年，A.647（16）号决议及附件（指南）通过2年的实施，取得了一定的经验，国际海事组织根据一些国家的建议修订了该指南，并将其作为新的决议A.680（17）的附件。这个新指南要求各国政府鼓励船舶所有人、经营人采取措施，按照指南的要求实施评估船舶安全操作和防污染管理。此外，还通过了A.681（17）号决议，要求海上安全委员会和环境保护委员会作为一项紧急事项，尽快制定一个更为详细的有关船舶安全操作和防污染的监督指南，为操作性监督检查铺平了道路。

五、"斯勘的纳维亚之星"轮滚装渡轮火灾和A.741（18）号决议及附件

1990年4月6日，一艘在巴哈马注册，总吨位为10513 t的"斯勘的纳维亚之星"（SCANDINAVIA STAR）（又译名为"北欧之星"）的滚装渡轮由挪威的奥斯陆（OSLO）

起航驶往丹麦,当时船上船员为97人,旅客396人(实际大为超出),装载小汽车50辆,货车18辆。7日子夜,位于车辆甲板上面的旅客甲板走廊起火,旅客无法前往救生艇甲板,10 min后火势蔓延失去控制,船上发出求救信号,附近有艘滚装船立即前来营救。同时,挪威、瑞典和丹麦等国均派出直升机载运消防员及消防设备登轮灭火和抢救人员,大约经过3 h的努力,终因火势太猛,浓烟滚滚,无法进入船舱,船长决定弃船。熊熊大火烧了19 h才扑灭,事后统计,火灾造成166人死亡,其中船员16人,死亡人数中未包括7岁以下的儿童,因7岁以下儿童未列入旅客名单,实际死亡人数超过200人。此船在1990年1月16日刚通过巴哈马政府的客船检查,2月5日英国劳氏船级社授权执行公约法定证书的检验,检验通过并签发客船安全证书,同月,美国海岸警卫队曾对此船进行安全检查,认为符合要求。而实际上,船上16扇防火门,只有5扇门能正常工作,4扇关不上,6扇起不了作用,另一扇早已拆掉。失火时,通风管道的防火挡板都开着,大量烟雾进入餐厅等公共场所,救生艇机器不能工作,也未进行检修等,存在的问题十分严重。新船东接船只有8天,尚未建立正常工作程序,新雇船员一上船立即投入工作,且都是初次在该轮工作,在此期间未进行消防救生演习等安全培训,失火后对自己的应急岗位和职责不熟。船员多系葡萄牙人,英文水平低,无法与旅客沟通交流,无法组织旅客有序撤离。船长指挥失灵,船上陷入一片混乱,无法组织旅客有序逃生,造成重大海难事故。

针对以上情况,以挪威牵头的北欧各国决定加强对北海航行的安全管理,要求岸上应有全船人员名单,船上应该加强消防巡查和对船员进行消防培训以及严格组织消防等安全演习。国际海事组织也提出制订国际安全和防污染管理规则,加强船岸联系,并于1992年4月责成IMO海上安全委员会起草《国际安全管理规则》。

1993年11月4日,在IMO第18届大会上正式通过了由丹麦政府1993年7月19日提案的《船舶安全营运管理》作为74SOLAS公约修正案,并命名为《国际安全管理规则》,作为推荐性的规则。这就是A.741(18)号决议及其附件,它的通过并用以取代A.680(17)号决议及其附件。A.741(18)号决议的附件就是新制订的ISM规则,这个规则为1994年修改SOLAS公约,增设第Ⅸ章提供了基础。

六、SOLAS公约新第Ⅸ章《船舶安全营运管理》的产生

1994年5月IMO海安会(MSC)63届会议期间的外交大会上,通过了第2号决议,实施关于船舶安全营运管理的74 SOLAS第Ⅸ章。把ISM规则纳入到SOLAS公约,从而使ISM规则,成为强制实施的要求。ISM规则作为公约第Ⅸ章的附件,使船舶安全操作和防污染成为强制性实施的要求,ISM规则为船舶安全和防污染管理列出具体规定,提供一个统一国际标准。

七、A.742(18)决议《船舶安全及防污染操作要求的监督程序》和74 SOLAS公约第XI章《加强海上安全的特别措施》

1993年在IMO第18届大会上还通过了一个《船舶安全及防污染要求的监督程序》的A.742(18)号决议,该决议的附录是《船舶安全及防污染要求的监督导则》。此决议取代了A.681(17)号决议。IMO要求各国政府在实施港口国控制检查时执行此程序和导

则，并将实施情况通报国际海事组织。A.742（18）号决议为港口国政府实施港口国控制检查提供了依据和指南。

1994 年 5 月 IMO 海安会（MSC）63 届会议期间的外交大会上，通过了第 5 号决议，新增 SOLAS74 公约第 XI 章《海上安全的特别措施》。根据 SOLAS 公约第 XI 章第 4 条规定：当有明显的证据认为船长或船员对与船舶安全有关的船上主要作业程序不熟悉时，则船舶在另一缔约国政府港口应接受该国政府正式授权官员对船舶安全有关作业要求的监督。在上述所规定的情况下，进行这种监督的缔约国政府应采取措施，以确保船舶只有在其状况符合了本公约规定的要求后才能开航。

八、ISM 规则修正案

ISM 规则自 1998 年 7 月 1 日起对营运某些船种的公司，以及 2002 年 7 月 1 日起对营运 500 总吨及以上的其他货船和移动式近海钻井装置的公司强制生效后，截止到 2016 年 5 月，还先后进行过多次修改：2000 年 MSC（73）决议，对规则进行部分修改并新增加了第 14 章临时审核，第 15 章审核，第 16 章证书格式；2004 年 MSC.179（79）决议和 2005 年 MSC.195（80）决议，完善了 DOC & SMC 证书，并增加了公司识别码等内容；2008 年 MSC.273（85）决议，增加了风险评估、证书处理等内容；2013 年 MSC.353（92）决议，其中包括国际安全管理规则修正案，该修正案充分考虑了船舶配员对船员疲劳程度的影响从而可能会造成船上安全作业的潜在风险，以及船公司在全面履行 ISM 规则要求过程中，那些通过委托其他组织或部门履行的责任，对船公司安全管理体系运行有效性的影响。

从以上介绍，我们可以清楚看到，IMO 一直为加强船舶安全和防污染管理而不遗余力，ISM 规则也是在不断总结事故的教训上逐渐形成的，它既是痛苦经验的总结，又是科学管理的成果。国际海事组织在制订 ISM 规则的同时，也考虑了对 ISM 规则实施的监督检查，从而从两个方面来保证船舶的安全和防污染管理能得到落实。

第三节 ISM 规则概述

一、ISM 规则的原理

ISM 规则是国际海事组织（简称 IMO）于 1994 年 5 月颁布的新的国际性法规，是就船舶安全营运及防止污染管理制定的国际标准。与以往国际海事组织所颁布的偏重于船舶技术和船员技能管理的大多数法规不同，ISM 规则注重于船公司的安全管理、组织机构、人员素质以及能否有效预防和控制安全与污染事故发生等方面进行规范管理的立法。

ISM 规则采用国际通行的质量保证过程控制原理，将船公司安全营运和船舶安全操作的各项活动归纳成一套适合本公司和船舶的安全管理体系，达到"工作程序化、活动规范化、行为文件化"，并根据过去的经验教训制定预防措施。通过内部定期审核和外来审核、监督，不断改进，不断完善，从而将一切安全和防污染管理活动置于严格控制之下，实现船舶安全营运和防止海上污染，降低事故发生几率，防范风险，达到减少海上人命伤亡和财产损失的目标。

二、ISM 规则的适用范围和实施日期

1. ISM 规则的适用范围

ISM 规则 1.3 条规定，本规则的要求可适用于所有船舶。也就是说，对船舶而言，ISM 规则适用所有的船舶，不论船舶何时建造、何种种类，都适用。但根据 SOLAS 公约第Ⅸ章的规定，对 ISM 规则的适用范围与具体的实施时间做了强制性规定。具体地说，在适用范围方面，属于政府经营用于非商业目的的公务船舶不属于 ISM 规则强制适用对象。

2. ISM 规则实施的期限

在实施时间上，ISM 规则分阶段实施。SOLAS 公约第Ⅸ章第 2 条第 1 款规定，对客船、高速客轮以及 500 总吨以上的油船、散装化学品船、液化气船、散装货船和高速载货艇，其实施的期限是不迟于 1998 年的 7 月 1 日之前应取得《安全管理证书》（SMC）；对于 500 总吨及其以上其他货船和移动式钻井装置应于 2002 年 7 月 1 日之前取得《安全管理证书》（SMC）。对于船公司而言，拥有或管理、租赁于 1998 年 7 月 1 日起应取得 SMC 船舶的公司，公司应在此日期之前取得《符合证明》（DOC）；同样，拥有或管理、租赁于 2002 年 7 月 1 日起应取得 SMC 船舶的公司，公司亦应在此期限之前取得 DOC。船舶只能由持有《符合证明》（DOC）的公司来营运。

三、ISM 规则的目标和要求

1. 目标

ISM 规则的目标，也就是其要求是"保证海上安全，防止人员伤亡，避免对环境，特别是海洋环境造成危害以及对财产造成损失。"

ISM 规则与以往 IMO 所颁布的规定有很大不同，相比较而言，其侧重点在于加强对岸基管理，形成船岸管理机制，提高公司岸基人员和船员的素质与管理技能，以达到防止和减少因管理失误或操作不当而引发海上安全与污染事故的目的。据统计分析，在技术还不发达的年代，事故的发生，主要是由于技术缺陷所造成。技术缺陷通常归咎于设计或建造不当，设备不可靠。随着技术的日臻完善，设备的可靠性得到很大提高，而事故仍然频频发生，这不得不引起国际海运界的思考与研究。通过统计分析，发现 80% 事故都与人为因素有关，由人为因素所引起的。人为因素多属未能采用规范管理来控制非标准的行为。20% 由技术原因所引起的事故中，其中有 80% 是由非标准状态所致。这里所说非标准状态又与船员对设备的维护和保养有关，也就是说非标准状态里，80% 与人的因素有关。从统计分析的角度来看，事故的发生与人为因素有着十分密切的关系，人为因素涉及哪些方面，目前尚无完全的定论，但是有一点是可以肯定的，通过加强管理，逐步提高船岸安全和防污染管理水平，才能有效控制因管理不善而造成的海上事故。实践证明，采取这种做法能有效防止操作不慎和管理不当。这个结论已为国际航运界所接受，这也就是 ISM 规则制定的出发点。实施 ISM 规则不仅是有利于航运公司，也符合保险界、船级社以及所有公众的共同利益。

2. 要求

ISM 规则的核心要求是要求公司建立、实施并保持一个安全管理体系，从而使公司能

够具有船舶营运的安全做法和安全工作环境,针对已认定的风险制定防范措施,并不断提高船岸人员的安全管理技能,做到使安全管理符合国际、国内强制性法规,并对 IMO、主管机关、船级社和海运行业组织所建议适用的规则、指南和标准予以考虑。最终实现保证海上安全,防止人身伤亡,避免对环境特别是海洋环境造成危害以及财产造成损失的目标。

四、ISM 规则的特点

1. 鲜明的针对性

ISM 规则作为国际性管理规则,所提供的是船舶安全营运的管理标准。此标准从三个方面提供管理要求:

(1) 船舶安全管理。要求负责船舶营运的公司制定安全和环境保护方针,并为实现这一方针建立和实施安全管理体系,从而使公司和船上的管理按照认可的体系要求运作。

(2) 船舶安全操作。要求船舶按照体系规定的程序、方案和须知进行操作和维护,从而保证船舶操作和维护规范化,满足规则、强制性国际和国内规定的要求,并尽量符合建议性的要求。

(3) 防止船舶污染。要求负责船舶营运的公司在所制定的安全管理体系中包括防止污染的措施、准备方案(计划)和技能等方面的规定,从而使船舶在实现安全操作的过程中同时实现防污染操作。

ISM 规则作为管理标准,明显区别于技术标准。首先,它以规范公司对船舶的管理为主要内容,把重点放在公司管理上,即通过规范公司的管理行为来保证船舶的安全和防污染管理,而不是像以往的国际海事条约那样,把重点直接放在船舶技术操作上。正因为如此,我们可以说 ISM 规则的制定和实施是国际海事组织在国际航运界所采取的一项革命性行动,把管理范围从"海上"扩展到了"陆上"。其次,它没有对船舶的技术标准作出任何规定,而是通过建立并在船岸实施安全管理体系,来保证船舶操作符合强制性国际公约、规则和国内法规、规章所规定的船舶技术和标准。这与传统的国际海事条约形成鲜明的对照,以往超过 80% 的公约条款是技术标准。

2. 全面的相关性

ISM 规则从管理出发,涉及公司及船舶安全和防止污染管理的各个方面。从传统的管理方式来看,航运公司的安全和防污染管理主要是海务管理、机务管理和人事管理三大方面。ISM 规则虽仅有 16 个章节,却已将上述三大方面包揽无遗。从现代管理模式来分析,任何管理都不外乎组织机构、责任、程序、过程和资源等几个方面,ISM 规则就是按照这样的思路对船舶安全和防止污染管理做出了系统的规定。另外,ISM 规则所要求的安全管理体系,不仅涉及船舶安全管理和防止污染工作,即从事相关审核的公司及船上的所有人员,而且也涉及了船旗国主管机关、港口国有关当局和船旗国主管机关认可的机构等各有关方面。

3. 严格的系统性

把公司对船舶安全和防止污染管理作为一个完整的系统对待,再以科学的系统管理方法加以明确规定,这是 ISM 规则的显著特点之一。

（1）它强调组织机构方面的系统性，要求在船舶安全和防止污染管理中，不仅要有从船舶到公司最高管理层之间的运作系统，同时还要有监控系统，公司最高管理层依靠这两个系统，来确保安全管理体系的有效运行。

（2）它要求公司实施程序化管理，从而实现管理过程的全面系统控制。这与我国的传统管理方法，过分依赖于管理执行者不时的主观能动性有着根本区别，这样既可以避免管理行为的随意性，也可以避免部门之间、岗位之间的争"权"和推卸责任。

（3）文件化的管理本身就是一个系统，按照ISM规则的规定要求，公司不仅要制定和执行一项安全和环境保护方针，还有一系列的管理程序，以使该方针在管理活动中得到落实，保证船舶的管理按照已制定的程序、方案和须知进行，从而符合强制性规定和规则。这些方针、程序和方案、须知及其记录构成了一个层次分明、相互联系的文件系统。同时，ISM规则又对这些文件的控制提出要求，从而使这些文件系统更加科学化。

（4）ISM规则的逻辑结构为编写安全管理手册提供了一个系统的结构基础。

4. 不断的自我完善性

ISM规则通篇多处可以找到这样的条款，即按照此规则所建立的安全管理体系运行，会使管理活动始终处于自我完善的过程之中。如ISM规则第6.5条的规定："公司应当建立并保持有关程序，以便标识为支持安全管理体系可能需要的任何培训，并保证向所有相关人员提供这种培训。"随着所需培训项目的不断被标识和所需培训的不断提供，该公司员工的安全管理技能必然得到不断的提高，安全和防止污染管理也自然会得到不断完善。因此，其安全管理体系也会随之从较低层次提高到较高的层次。我们可以得出这样的结论：任何一个安全管理体系都是不断发展并在发展中得到进一步完善；没有最好的安全管理体系，只有在运行过程中趋于更好。

5. 广泛的适用性

ISM规则从全球航运出发，必须具有广泛的适用性。否则，它就没有生命力。ISM规则第1.3条规定，"本规则的要求可适用于所有船"。它不说适用于公司和人员，是因为他（它）们是由船舶而导致被适用的。换句话说，国际立法与我国国内立法在适用范围的表达上有差异。当然，从规则的内容和实质来看，它不仅适用于船舶，也适用于负责船舶营运的公司及所有相关人员。由于该规则注重广泛的适用性，只能用概括性的术语表述，也只能确定一般的原则和目标。因此使其不免带有抽象和不容易理解的不足。

第二章 ISM 规则条款解析

在国际航运新形势下，ISM 规则应运而生，ISM 规则用概括性术语写成，具有广泛的适用性。ISM 规则的起草者 IMO 海上安全委员会认识到，世界上没有两家航运公司或船东是相同的，并且船舶营运的环境、管理水平不同，无论是岸上还是船上，对 ISM 规则所列事项的要求也不尽相同；但良好的管理得益于领导层的重视，安全和防污染管理的最终结果将取决于各级人员的重视程度、能力、态度和动力。因此 ISM 规则必须依靠总的原则和目标来制定，以满足船上为达到安全和保护环境的高标准需要。

ISM 规则，分前言、A 部分和 B 部分三个部分。A 部分为"实施"，即 1～12 条是 ISM 规则的实体；B 部分为"审核发证"，即 13～16 条目为审核和发证的相关规定。

前言

1 本规则旨在提供船舶安全管理、安全营运和防止污染的国际标准。

2 大会通过的第 A.443（XI）号决议，敬请各国政府采取必要措施，以保证船长在海上安全和保护海洋环境方面正当履行其职责。

3 大会通过的第 A.680（17）号决议，进一步认识到需要建立适当的管理组织，使其能够对船上的某些需求做出反应，以达到并保持安全和环境保护的高标准。

4 认识到航运公司或船舶所有人的情况各异以及船舶操作条件的大不相同，本规则依据一般原则和目标制定。

5 本规则用概括性术语写成，因而具有广泛的适用性。显然，无论是岸上还是在船上，不同的管理层次对所列条款需要有不同程度的了解和认识。

6 高级领导层的承诺是做好安全管理工作的基础。就安全和防止污染而言，各级人员的责任心、能力、态度和主观能动性将决定其最终结果。

7 本规则中添加的脚注旨在提供参考与指导，不作为本规则的要求。然而，按照第 1.2.3.2 段要求，所有相关指南、建议等均应予以考虑。考虑到该文献可能已经被修改或更新的资料所取代，任何情况下读者都应使用文件脚注中提到的参考文献的最新版本。

第一节 总 则

A 部分 实施
1 总则

本章是 ISM 规则的"总则"，它对 ISM 规则的定义、目标、适用范围和要求做了描述。

> 1.1 定义
> 以下定义适用于本规则的 A 和 B 两部分。
> 1.1.1 "国际安全管理（ISM）规则"系指由国际海事组织大会通过的，并可由该组织予以修正的"国际船舶安全营运和防止污染管理规则"。

【理解】这是对《国际安全管理规则》的界定，特指由国际海事组织大会 A.741（18）号决议通过且由该组织修正的《国际船舶安全营运和防止污染管理规则》，亦称 ISM 规则。

> 1.1.2 "公司"系指船舶所有人，或已承担船舶所有人的船舶营运责任并在承担此种责任时同意承担本规则规定的所有责任和义务的任何组织或法人，如管理人或光船承租人。

【理解】本规则中所称"公司"是实施 ISM 规则并申请 DOC 的"公司"，有以下三种情况：

（1）船舶所有人，拥有并管理所属船舶。

（2）船舶经营人，承担船舶经营和管理责任，其中包括 ISM 规则规定的公司的所有责任和义务。

（3）船舶管理人，负责船舶的管理但不负责其经营。所承担的船舶管理责任，包括 ISM 规则规定的公司的所有责任和义务。

并非所有船东必定是本规则所指的"公司"，如果船东将船舶的营运管理责任转移至管理人或光船租赁人，其也就不再是本规则所述的"公司"。作为承担船舶营运责任的管理人或者光船承租人，应承担 ISM 规则"公司"的责任。船舶管理人或者光船承租人要满足上述两个条件，应当与船东订立符合主管机关规定的"管理协议"，明确双方的责、权、利关系。"管理协议"应当明确下述事项：

1）当船舶安全和防止污染与生产、经营、效益发生矛盾时应坚持安全第一和保护环境的原则。

2）船舶管理公司同意承担《国际安全管理规则》所规定的所有责任和义务。

3）在不妨碍船长独立行使法定义务和权力的前提下，船舶管理公司对处理涉及船舶安全和防止污染的事务具有最终决定权。否则，船舶管理人或者光船承租人无法表明自己是否愿意履行公司的职责，承担相应责任和义务。

当然管理公司也应具备相应条件：第一要具有与所管理船舶船种、技术程度和船舶航区相适应的管理机构和人员；第二要有应付船上可能出现的紧急情况的经验和能力；第三已建立与所管理船舶保持随时联系的值班制度。

从上述分析还可以看出，只负责船舶航运市场经营，而不负责船舶安全和防污染管理的公司，也不是 ISM 规则所界定的公司，因此也不需要承担该规则规定的所有责任和义务。如果专业船舶管理公司准备为船舶所有人提供管理服务，服务中包括海务、机务和船员管理业务，则需要承担 ISM 规则所规定的所有责任和义务。包括建立公司安全管理体系并经主管机关审核，取得其签发的公司"符合证明"，否则无资格提供此种服务。

就船舶管理人而言，这里所称"承担船舶营运责任"应理解为是与安全和防污染有关的责任，与经营有关的责任不属于本规则所调整的范畴。一般情况下，船舶管理人是用签订管理协议的方式明确承担本规则所规定的所有船舶安全与防污染责任和义务的。管理人应当采取必要措施以获取船舶经营过程中与安全有关的船舶信息。

> 1.1.3 "主管机关"系指船旗国政府。

【理解】主管机关系指船旗国政府是笼统的说法，具体来说是指船旗国政府中负责船舶安全与防污染管理事务的职能机构或部门。代表中国政府负责实施 ISM 规则与其相关审核的主管机关是中华人民共和国海事局。

> 1.1.4 "安全管理体系"系指能使公司人员有效实施公司安全和环境保护方针的结构化和文件化的体系。

【理解】体系是若干相互联系和相互制约的组成部分构成的有机整体。安全管理体系要以实施公司安全和环境保护方针为总体目的。安全管理体系必须是文件化和结构化的。"文件化（Documented）"是指将体系以文件的形式表现出来，书面形式或电子文档形式都可以。这里的文件并不仅仅指红头文件，也不仅仅指公司的体系文件，它还包括活动记录等所有与体系相关并应以文件形式表现出来的东西。"结构化（Structured）"是指体系文件的结构化、组织机构的结构化、职能分配的结构化等。它强调整个体系是由人员、职责、组织机构、程序、过程、资源等所有与安全和防污染有关的要素构成的有机整体，强调与安全和防污染活动有关的所有环节衔接得当，并能有机地整合在一起。

> 1.1.5 "符合证明"系指签发给符合本规则要求的公司的文件。
>
> 1.1.6 "安全管理证书"系指签发给船舶，表明其公司和船上管理已按照认可的安全管理体系运作的文件。
>
> 1.1.7 "客观证据"系指通过观察、衡量或测试获得并能被证实的有关安全或安全管理体系要素存在和实施的量或质的信息、记录或事实声明。
>
> 1.1.8 "评述"系指在安全管理审核过程中做出的并由客观证据证实的事实声明。
>
> 1.1.9 "不符合规定情况"系指客观证据表明不满足某一具体规定要求的可见情况。
>
> 1.1.10 "重大不符合规定情况"❶ 系指对人员或船舶安全构成严重威胁或对环境构成严重危险，并需要立即采取纠正措施的可辨别的背离，或未能有效或系统地实施本规则的要求。
>
> 1.1.11 "周年日"系指对应于有关文件或证书有效期届满之日的每一年中的该月该日。
>
> 1.1.12 "公约"系指经修正的 1974 年国际海上人命安全公约。

---

❶ 参见《对发现的 ISM 规则严重不合格项的处理程序》（MSC/Circ. 1059-MEPC/Circ. 401）。

> 1.2 目标
> 1.2.1 本规则的目标是保证海上安全,防止人员伤亡,避免对环境,特别是对海洋环境造成损害以及对财产造成损失。

【理解】本规则的目标,也就是公司贯彻执ISM规则实施安全管理所要达到的目标,此目标与SOLAS74公约"共同制定一原则和有关规则,以增进海上人命的安全"的目标是一致的,所不同的是,相对其所源于的公约有了更进一步的要求,在保证海上人命安全的同时,还要实现防止海洋环境遭受污染。

> 1.2.2 公司的安全管理目标应当包括:
> (1) 提供船舶营运的安全做法和安全工作环境;
> (2) 对其船舶、人员及环境已标识的所有风险进行评估并制定适当的防范措施;以及
> (3) 不断提高岸上及船上人员的安全管理技能,包括安全及环境保护方面的应急准备。

【理解】以往IMO制定的所有公约和规则中都没有如此明确要求公司的管理目标,这充分体现了ISM规则管理标准不同于技术标准的特点和从管理标准上体现出对公司的要求。在公司达到安全管理目标最低要求上,其所采取的管理措施尤其应该包括以下方面的内容:

(1) 为船舶提供安全管理与操作的做法和安全工作的环境,树立安全第一的思想进行广泛的安全教育;建立相应的组织,保证各项安全措施的落实和对船舶的需求做出反应;切实保证人员的适任适岗和使其满足与其工作相适应的健康条件;制定相应的安全管理程序、操作方案和须知、规范管理和各项操作,要具有安全的工作条件,形成安全氛围提供安全管理与操作必需的资源。

"安全做法"通过制定程序和须知提供。这些程序和须知规定船舶的管理、操作、维护和应急等各项工作的执行人员、方法、步骤和标准,为有关人员提供执行的依据,包括将强制性规定及规则和公司决定采用的建议性规则、指南和标准等具体化解为操作要求,并在岸上和船上得到实施,确保管理活动符合有关的国际和船旗国立法。

"安全工作环境"可大致分为软环境和硬环境。软环境包括船员及岸基人员的安全意识、规章制度等;硬环境包括船舶及设备的技术状况、人员的工作或办公条件等。

(2) 评估对其船舶、人员及环境已认定的风险,制定防范措施,即对本公司营运船舶种类、航行海域和装载货物的特点,评估可能会遇到所有风险,针对这些风险制定防范措施,避免风险的发生或一旦出现这种风险,迅速采取有效的对策、防范措施,以化险为夷。当然采取有效的对策、防范措施,并不完全只限于船舶,也与公司岸上有关,一旦船舶发生风险,公司岸上也要与船舶一起反应,与船舶一道共同抗御风险。需要指出的是,此处所述针对本公司船舶种类及其载运货物的性质特点标识的风险,还应包括海运界公认的风险,譬如装载散装精矿粉和盘圆、卷钢等货物的载运风险。

"已认定的所有风险"包括社会公众以及海运行业认知的风险和本公司就自身的具体

情况认定的风险。

（3）不断提高船、岸人员的安全管理技能。技能是做好工作的基本要求，要求工作人员的安全管理技能应能与设备的更新、技术的进步和环境的变化相适应，不仅是船员，岸上管理人员的技能也要提高。避免海难事故的发生不再仅仅只是船员的职责，也与公司岸上密切相关，这就对改善公司岸上的管理提出了明确要求。公司要建立有关管理程序，制定操作须知，通过各种途径，包括授课、研讨、讲座、演习和训练等，不断提供有效培训，提高人员的安全管理技能，除了做好日常管理工作外，还要做好紧急情况下安全和防止污染的应急准备。一旦出现紧急情况，应能采取相应处理措施，化险为夷。这里的要求也包括船员和岸上人员，只有居安思危、防患于未然，才能保证船舶在最不利情况下的最大安全和防止造成海洋环境污染，要求在公司的安全管理目标中应当包含做好日常管理工作和应急反应的准备。

"防范措施"应在分析所有已认定的风险产生的原因的基础上，有针对性地制定。

"应急准备"可能包括：

- 应急设备（含测试仪器）状况的保持。
- 应急物资（工具、装备、材料、药品和医疗器械等）的配备和保管。
- 应急报警信号的规定。
- 应急部署（应急时的组织和分工）。
- 应急反应措施等。

> 1.2.3 安全管理体系应当保证：
> .1 符合强制性规定及规则；
> .2 对国际海事组织、主管机关、船级社和海运行业组织所建议的适用的规则、指南和标准予以考虑。❶

【理解】本条是对安全管理体系的最根本要求，对其所要达到的保证目标予以描述。如果建立的安全管理体系达不到规定要求，尤其是达不到符合强制性规定、规则的要求，可以说此安全管理体系不符合ISM规则。因此此条所述目标可以视作是判断安全管理体系能力，是否符合ISM规则最主要的具体标准。评价安全管理体系是否符合ISM规则的判断标准及解释，就是以此具体标准为基础的，上述两项目标中强制性管理规定及规则包括国际规定、规则和国内法规、规定两个方面，即本条第1款和第2款的内容。这两个方面都处于同一地位，不可偏废，不应有回旋的余地。对于建议性的规则、指南和标准，只要是对公司适用的，在其所建立的安全管理体系中就应当予以考虑采纳吸收。如"船舶通航服务准则"（A576决议），建议船长在航行于船舶通航服务区域利用VTS服务，公司在建立安全管理体系时应将此适用于本公司的IMO建议性要求纳入其体系文件中。主管机关应当保证公司建立安全管理体系时对此予以考虑，在对公司安全管理体系审核中鼓励公司采纳这些规则、指南和标准。需要指出的是，并不因公司对这些规则、指南和标准的采纳吸收，而改变其非强制的性质。强制性规定及规则包括国际和船旗国两个方面。对于建议性的规则、

---

❶ 参见《规则、建议、指南和其他与安全和保安相关的非强制性文件的清单》（MSC.1/Circ.1371）。

指南和标准，公司应根据自身的具体情况适当的采纳。而一经采纳，公司就应当遵照执行。但这些规则、指南和标准的采纳与实施，不因 ISM 规则而使其具有强制性。

> 1.3 适用范围
> 本规则的要求可适用于所有船舶。

【理解】本条是对适用范围的说明，由于 ISM 规则具有广泛的适用性，所以其适用于所有船舶。所有船舶系指一切船舶，无论其何时建造、是何种类、从事何种用途，都可适用于此规则。换句话说，只要是营运船舶，就有安全与防污染管理要求，就可运用 ISM 规则，该规则的适用范围没有任何限制。

> 1.4 安全管理体系的功能要求
> 每个公司均应建立、实施并保持包括以下功能要求的安全管理体系：
> .1 安全和环境保护方针；
> .2 确保船舶的安全营运和环境保护符合国际和船旗国有关立法的须知和程序；
> .3 船、岸人员的权限和相互间的联系渠道；
> .4 事故和不符合规定情况的报告程序；
> .5 对紧急情况的准备和反应程序；以及
> .6 内部审核和管理复查程序。

【理解】本条是对安全管理体系功能要求的概括性的总体描述，是对 ISM 规则以后几章内容的归纳。每个公司都应建立、实施和保持一个包括船、岸范围内的安全管理体系，这是 ISM 规则的核心要求。每个公司所建立的安全管理体系是唯一的，其所包括的范围应当是公司的岸上"陆地管理部门"和所管理的"船舶"。何谓体系，是若干相互联系和相互制约的组成部分构成的有机整体。何谓"安全管理体系"，是指能够使公司人员有效实施公司安全和环境保护方针的结构化和文件化的体系。安全管理体系：第一，要以实施公司安全和环境保护方针为总体目的，要能够保证此方针得以有效实施，既需要组织整体受到约束，也需要充分的资源支持；第二，安全管理体系必须是文件化的；第三，安全管理体系必须是结构化的。这就是说：一方面安全管理体系必须用文件化的方式将安全与防污染管理工作和操作确定下来，文件化不应是一个简单的文件汇编；另一方面还要有相应的组织机构来保证管理程序和操作须知、方案的落实。

安全管理体系应具有以下功能：

本条第 1 款，要有安全与环境保护方针，要明确安全管理体系所要达到的目标。

本条第 2 款，要建立文件化程序，使船岸涉及船舶安全和防污染管理与其活动都能按照文件化的程序进行策划、组织、实施、审核和检查、切实保证船舶安全和防止污染符合有关国际、国内强制性规定并对适用的建议的规则予以考虑。

本条第 3 款，要明确安全管理体系内实施、管理和审核人员的责任、权力与相互间的联系渠道。在涉及船舶安全与防污染管理及其活动中，使不同人员的责任和权力明确，相互间关系明晰，联系渠道畅通。全面覆盖涉及船舶安全和防止污染的职责，自觉做到"各司其职，各负其责"。安全管理体系内实施、管理和审核监控各方的活动并行不悖，有条不紊。相互协同联系职责不相互重叠、权力不相互交叉，为了共同的目标，达到相互联系，不相干扰；相互制约，又相互促进的目的。

本条第 4 款，是建立事故和不符合规定情况的报告程序，为完善安全管理体系的运行和确保其达到预定目标，安全管理体系应当具有对事故和不符合规定情况按照相应程序报告的功能。报告的目的是对所存在的不足和问题的发现，进而对这些不足和问题采取纠正措施，加强对过程的控制，达到自我完善，不断提高的目的。

本条第 5 款，建立紧急情况的准备和反应程序，涉及船舶发生的紧急情况事先做好各种准备，对其予以标识，制定相应应急计划，建立应急力量确保提供应急资源以及按照实际情况进行应急演习和训练。一旦出现紧急情况，按照制定的应急程序和方案，由船岸共同进行反应，防止仅仅由船舶单方面面对所出现的紧急情况而可能导致严重后果产生。

本条第 6 款，建立内部评审和管理性复查程序，并按此程序对安全管理体系进行内部评审和管理性复查，通过内部评审和管理性复查，审核活动的符合性，评估体系运行的有效性。纠正运行中发现的不符合规定情况、问题和缺陷，确保按本公司具体情况建立的安全管理体系的符合性、适合性和连续性，使其按照预定的轨道运行并保持下去，不断提高船舶安全管理水平，切实保证海上人命安全和防止海域环境遭受污染以及财产受到损失。

公司所建立的安全管理体系应当包括上述六项功能要求。这六项功能要求在 ISM 规则各章中得到具体描述。除第 1、4、5、6 项有专章描述外，第 2 项由 ISM 规则的第 6、7、10 章和 11 章分述，第 3 项由 ISM 规则第 3、4、5 章分述，在概括性描述后，本规则第 2～12 章则是对安全管理体系的具体描述。

第二节　安全和环境保护方针

2　安全和环境保护方针

本章是对如何制定安全和环境保护方针的原则要求。

2.1　公司应当制定安全和环境保护方针，说明如何实现 1.2 所述目标。

【理解】安全和环境保护方针是安全管理体系的第一项功能要求，是安全管理体系的灵魂。公司应当按照规则的要求制定本公司的安全和环境保护方针，安全和环境保护方针首先应当包括 ISM 规则 1.2 条所述的目标，其次要说明如何去实现这些目标的措施。包括规则所述目标，并不是简单直接的照抄目标，要根据 ISM 规则所述的原则予以描述。说明如何去实现安全和环境的目标，要具体说明实现目标所采取的方法、对策和措施、对安全和环境保护方针的表述无固定的形式，但一定要符合本章的规定。在目标中既要包括 ISM 规则规定的所有目标要求，也要突出公司自身目标的量化内容，把规则的要求和公司自身的要求结合起来。措施则是如何实现目标的策略和方法，既要符合强制性管理规则、规定，也要考虑符合本公司情况的有关建议性规则、标准和指南，为实现目标提出的具体途径和提供保证。

在具体写法上，建议将方针分为原则、目标和措施三个层次：原则是对方针的高度概括，以指导公司的安全和防污染工作；目标要突出安全指标的量化内容；措施则为实现目标提供保证。

> 2.2 公司应当保证船岸各级机构均能执行和保持此方针。

【理解】"保证"应有具体的措施或方法，保证的措施或方法可能有：
（1）高级领导层予以承诺。
（2）教育、培训、考核，建立奖惩激励机制等，调动员工执行体系文件规定的积极性和自觉性。
（3）严格实施要求，增强员工遵守体系文件规定的责任意识，保持执行体系文件规定的严肃性。

第三节 公司的责任和权利

> 3 公司的责任和权利❶

本章就公司应承担的责任和享有的权利进行了规定。

> 3.1 如果负责船舶营运的实体不是船舶所有人，则船舶所有人必须向主管机关报告该实体的全称和详细情况。

【理解】在船舶所有人将船舶委托给他方进行营运管理的情况下，要求船舶所有人必须将船舶管理人的全称、详细情况和双方签订的委托管理协议（包括光租协议）报告给船旗国主管机关。船舶所有人向主管机关报告的"详细情况"应至少包括：负责船舶营运公司的注册地点、办公地点、法定代表人、联系人、联系方法等。报告的目的是使船旗国主管机关掌握悬挂其国旗的船舶由谁管理，以便及时识别承担该船安全营运责任的实体，并对其管理情况实施监督。

负责船舶营运的实体不是船舶所有人，在我国体现为船舶光租形式和船舶委托管理形式。作为承担船舶营运责任的管理人或者光租承租人，一旦与船舶所有人签订符合规定的船舶委托管理协议或光租合同，自生效日期开始即已经从船东那里承担了ISM规则规定的所有责任和义务。

> 3.2 对涉及和影响安全和防止污染工作的管理、执行以及审核的所有人员，公司应当以文件形式明确规定其责任、权力及其相互关系。

【理解】"涉及和影响安全和防止污染工作的管理、执行以及审核的所有人员"即与安全和防止污染工作有关的所有人员。此处的管理（manage）指的是指负责某项工作并使其顺利完成；执行（Perform）即实施；审核（verify）在这里是监督、核查的意思。责任、权力和相互关系是针对岗位而言的，包括了公司船、岸两方面涉及安全和防污染工作的所有岗位。体系文件必须规定岗位职责，但不强制要求规定部门职责，是否制定部门职责由公司自定。

---

❶ 参见《公司执行国际安全管理（ISM）规则操作指南》（MSC-MEPC.7/Circ.5）。

体系文件规定"责任、权力及其相互关系"所涉及岗位或部门的范围，应当根据该岗位或部门（如财务部门或其某个岗位）是否承担了所要求的体系及其活动的职责而确定。原则是只要与安全和防污染事物有关的工作均应纳入体系管理范围。公司可根据实际需要并结合本公司具体情况规定岗位适任条件，有关的关键岗位的适任条件要符合主管机关制定的标准。

在一家航运公司中涉及的岗位包括最高管理层、指定人员、海务管理、机务管理、人事管理、航运、调度、文件管理、信息传递、体系审核人员以及船上在岗的所有人员。相互关系包括管理与被管理的关系、主办与协办的关系、执行与监督的关系等，它是与责任和权力联系在一起的。责任和权力的确定本身就意味着相互关系的确立。相互关系应顺畅、协调、不交叉，既互相促进，又互相制约。

各岗位人员共同的责任和权力可能包括：
- 执行公司的安全和环境保护方针。
- （岸上人员）为船舶提供足够的资源和岸上的支持。
- 熟悉职责和执行与本岗位职责相关的安全管理体系文件。
- 充分理解有关的规定、规则和指南。
- 搜集和报告职能范围内有关的规定、规则和指南的变更。
- 要求和接受培训，不断提高安全管理技能。
- 主动发现（尤其是职责内）不符合规定情况并报告，纠正相关的不符合规定情况等。

> 3.3 为使指定人员能够履行其职责，公司有责任确保提供足够的资源和岸基支持。

【理解】本条要求是对指定人员履行其职责提供的前提性保障。公司应提供的资源和岸上的支持大致包括物质、人员、技术、信息等几个方面。

所采取的方法可能包括：
（1）把为船舶提供足够的资源和岸上支持，列入各岗位职责。
（2）制定有关程序或须知，使有关人员能够履行其职责。
（3）规定船长有权提出对资源和岸上支持的要求。
（4）船舶与岸上部门有分歧时，船舶经指定人员或直接向公司最高管理层反映，公司领导指示岸上部门（人员）提供。
（5）授予指定人员在一定的情况下直接提供资源和岸基支持的监控权等。

第四节 指 定 人 员

> 4 指定人员[❶]

为保证各船的安全营运，提供公司与船上之间的联系渠道，公司应当根据情况指定一

[❶] 参见《〈国际安全管理（ISM）规则〉规定的担任指定人员一职所必需的资格、培训和经历的导则》（MSC-MEPC. 7/Circ. 6）。

名或数名能直接同最高管理层联系的岸上人员。指定人员的责任和权力应包括对各船的安全营运和防止污染方面进行监控，并确保按需要提供足够的资源和岸基支持。

【理解】本章描述了指定人员在安全管理体系中的地位和作用，指定人员在公司最高管理层的领导下，对公司安全管理体系的运行进行监控。公司最高管理层应以文件形式任命一名或数名指定人员并明确其职责，不管其称谓如何和是否兼职。设定指定人员的目的：

保证船舶的安全营运和防污染管理。

提供公司与船舶的联系渠道；这种联系渠道不同于船舶在日常操作中与公司间的联系渠道，而是为消除船舶在就安全和防污染事务向公司提出需求或反映问题时可能存在的障碍造成船上与公司最高管理层之间难以有效沟通所提供的特殊联络措施。因此，要求指定人员所处的地位是能够直接同最高管理者联系。

其职责和权力应至少包括：

能直接同最高管理层联系，以保证船舶的安全营运情况得到报告。

对各船的安全营运和防污染方面进行监控。

确保按需要向船舶提供足够的资源和岸上的支持。就指定人员的职责而言，他是船上运行安全管理体系的监控人，是船舶能够按其需要得到足够的资源和岸基支持的保障者。

鉴于指定人员在安全管理体系中的地位和作用，为便于其履行职责应考虑将其置于最高管理层与部门长之间。公司最高管理层应以文件形式任命一名或数名指定人员。当指定人员有多个时，指定人员之间或指定人员与分公司指定人员（或指定人员代表）的关系应作为体系运行监控的整体组成，并明确其职责分工。指定人员可下设办事机构，以协助指定人员履行其职责。

我国主管机关鼓励公司设立专职"指定人员"，除非公司由于规模、人手的缘故，才采取兼职的办法。

第五节　船长的责任和权力

5　船长的责任和权力

本章描述了船长在安全管理体系中的地位和作用。

5.1　公司应当以文件形式明确规定船长的下列责任：
.1　执行公司的安全和环境保护方针；
.2　激励船员遵守该方针；
.3　以简明方式发布相应的命令和指令；
.4　核查具体要求的遵守情况；并且
.5　定期复查安全管理体系并向岸上管理部门报告其存在的缺陷。

【理解】船长是船舶的最高行政首长，对船上的管理负全面的责任。船舶是一个相对

第五节 船长的责任和权力

独立的单位,安全管理体系在船上的运行,船长既是体系实施的责任者又是运行监控者,由船长全面负责安全管理体系在船上的运行。所述船长的五项责任,仅限于安全管理体系运作方面,并不包括船长管理船舶和操纵船舶的责任。

(1) 执行公司的安全和环境保护方针是总要求。船长应组织船员熟悉并实施安全管理体系相关文件,保持船舶、人员和财产安全以及防止环境造成污染。

(2) 激励船员遵守该方针,通过教育、培训、考核和奖惩等方法,激励和调动船员遵守公司安全和环境保护方针的积极性。

(3) 以简明的方式发布相应的命令和指令,保证安全管理体系在船上正常运行。"命令"如夜航命令。"指令"如开航前指令等。

(4) 核查具体要求的遵守情况,是船长作为安全管理体系在船上运行的监控人角色的职责,属于日常性管理工作。按安全管理体系文件要求检查船员执行情况,规则所指的具体要求即是公司安全管理体系的要求,发现不符合规定情况或发生事故、险情应向公司报告。对事故、险情应实施应急反应措施,对不符合规定情况应组织分析调查和确保实施纠正措施。

(5) 定期复查安全管理体系并向岸上管理部门报告其存在的缺陷,是要求船长根据安全管理体系在船上运行的实际情况,审视公司所建立的结构化、文件化的安全管理体系本身(体系文件规定)是否存在问题。"定期复查"需要以一定的形式和适当的间隔期进行,具体间隔期由公司根据自身情况确定。对于随时发现随时上报的体系存在的缺陷,应在复查时予以汇总。船长复查的频次应高于公司复查的频次,船长离任前通常要开展一次复查。船长的定期复查应作为公司复查的输入。

> 5.2 公司应当保证在船上实施的安全管理体系中包含一个强调船长权力的明确声明。公司应当在安全管理体系中确立船长的绝对权力和责任,以便做出关于安全和防止污染事务的决定并在必要时要求公司给予协助。

【理解】为使船长能够承担其在安全管理体系运行中的责任,最高管理层应发布给予船长绝对权力的书面声明,保证船长在必要时得到公司的协助和在安全和防污染事务方面具有绝对的权力,以便从旅客、船员以及船舶和海洋环境的最高利益出发,根据其专业判断采取任何必要的行动。在授予船长绝对权力时,应充分考虑国际海事组织 A.443(XI)号决议的内容,以确保:

(1) 船长根据专业判断做出的有关船舶安全和防污染事务的必要决定不受船东、租船人或任何其他人员的约束。

(2) 船长尤应受到国内法律、共同协议或雇用合同中适当规定的保护,包括享有上诉的权利,使其不致因正当执行其专业决定而遭到船东、租船人或其他任何人不公正的解雇或其他不公正的待遇。

船长有权通过有关责任部门或指定人员,要求公司给予协助。船员和旅客(如果有)必须服从船长指挥。

船舶发生海上事故,危及船上人员和财产的安全时,船长应当组织船员和其他在船人员尽力施救。在船舶的沉没、毁灭不可避免的情况下,船长可以做出弃船决定;但是,除紧急情况外,应当报经船舶所有人同意。

第六节 资源和人员

> 6 资源和人员

本章对船岸人员的适任条件和培训提出要求，主要是针对人为因素所制定的规定。

> 6.1 公司应当保证船长：
> .1 具有适当的指挥资格；
> .2 完全熟悉公司的安全管理体系；以及
> .3 得到必要的支持，以便可靠地履行其职责。

【理解】船长持有相应的适任证书和培训证明，并不等于已具有"适当的指挥资格"。公司应当从资历、业绩、决策和应急反应能力等方面进行考察，以确定船长的指挥资格。在体系文件中，公司应确定"船长适当指挥资格"的标准，应有具体的考核标准和办法，尤其是对聘用的船长进行考察和控制。公司可通过对船长的特殊培训、船长见习、机关实习、综合考评等方式确定船长的指挥资格。

"完全熟悉公司的安全管理体系"，是对船长的特殊要求，以使其能够承担第 5 章规定的绝对权力和责任。完全熟悉，应着重船长对 ISM 规则的充分理解，对公司安全管理体系构成的了解，对体系运作特点的把握，主要管理程序、本公司特殊规定的熟悉等。本规则 6.3 要求的"新聘和转岗人员适当熟悉其职责"，虽然也包括新聘船长，但要求熟悉的内容不同。在具体要求上船长有别于其他船员。

完全熟悉安全管理体系的具体方法，可能包括：向船长提供公司的安全管理体系文件和足够的阅读时间；有关责任人与船长讲解和讨论；考试等。

"必要的支持"，可能包括：权力、人员、物资、技术和信息等各方面的支持。具体的支持方法应在体系文件中加以体现。

> 6.2 公司应确保每艘船舶：❶
> .1 根据本国和国际有关规定，配备合格、持证并健康的船员；
> .2 配备满足船上各种安全操作要求的合适的人员。

【理解】应按照国际、国内有关规定根据船舶的种类、等级、航区等情况，为每艘船舶配备合格、持证并健康的船员，为达到上述目标，公司应制订关于船员聘用、培训、考核、健康检查以及船员调配等方面的程序。

"配备"是对船上人员的职务和数量的要求，首先应满足《最低安全配员证书》的要求，另外还要充分考虑正常情况下船员职责履行、防止船员疲劳值守、船舶紧急情况时的需要、救生艇筏操纵的需要、急救和医护的需要、船员间、船员与旅客间以及船员与外界的语言交流能力等。

---

❶ 参见本组织 A.1047（27）决议通过的《最低安全配员准则》。

"合格"是指具备相应的能力和素质。

"持证"是具体规定各职船员应持有哪些证书和证明，通常包括技术适任证书、专业培训证明、特殊培训证明等。

"健康"通常指具备相关证书或证明，如船员健康证书、预防接种证明（若需要）、饮食从业人员健康证明（若需要）等。

随着 ISM 规则、ISPS 规则、MLC、2006 公约的生效，结合航运界近几年发生的重大安全事故的调查分析结果，配员不足导致的海员疲劳占了相当大的比例，配员不足又与航运业持续低迷、海员工资福利水平上升紧密联系，为此 IMO/ILO 一方面强化了对相关人员的培训标准，另一方面通过规则、公约修订方式要求各缔约国、相关船舶充分配员。

适当配员，应包含关于船上保持安全运营的各个方面，指公司应对船舶安全运营（如狭窄水道航行、货物装卸、洗舱）、保安（船舶保安员配备）、MLC，2006 公约（厨师资格）、海洋环境保护以及紧急情况处理所需的船员数量和等级进行评估，为船舶配备充足的人员，以确保：

a）能够保持所要求的值班标准。

b）高级船员及普通船员能够按照经批准的船舶保安计划（SSP）条款以及 STCW 规则第 A-Ⅷ 项下的运营指导框架履行其职责。

c）不得要求船员的工作时间超过能够保证船舶安全和保安的安全时间；以及

d）高级船员和普通船员的工作时间或工作条件不得对海员健康和安全造成危害。

评估应参见 IMOA.1047（27）决议通过的《最低安全配员准则》。

香港海事处就明确要求船舶在初次申请《最低安全配员证书》时，船公司应提交基于评估做出的配员方案。同样，如果船舶的设备、建造、使用或经批准的船舶保安计划条款发生可能影响到安全配员规模水平的任何变更，或者配员水平不足以满足休息时间的要求，或船舶管理公司发生了变更，船东或船舶管理公司应申请签发新的安全配员证书。

公司配备的船员应当满足船上各种安全操作的需要，船上各种安全操作主要包括：船舶安保、航行安全操作、关键性设备安全操作和可能遇到的紧急情况的操作。

> 6.3 公司应当建立有关程序，以便保证涉及安全和环境保护工作的新聘和转岗人员适当熟悉其职责。凡需在开航前发出的重要指令均应当标明并以文件形式下达。

【理解】本条是对新聘和换岗人员 SMS 职责的熟悉的要求。公司应建立包括船上和岸上的新聘及转岗人员熟悉其职责的程序并做出具体规定，如接受新的工作之前应经过哪些培训，达到什么要求等。公司应对船岸熟悉职责情况进行监控。

"新聘人员"指原不在本公司安全管理体系内工作（包括在本公司但不在体系内工作）新到体系内某岗位任职的人员。

"转岗人员"指原在体系内的某岗位工作，新调至体系内的另一岗位工作的人员。转岗的船员可能包括：本船内职务变动的船员；本公司管理的船舶之间调动的船员；曾在某船某岗位工作，再回到该船原岗位任职的船员，但离开该岗位时间较长，或离开期间安全管理体系发生了较大变化。

熟悉职责的内容，通常包括职责、相关的管理程序、操作方案和须知，相关设备的布置、性能（包括其局限性）及其操作，工作环境尤其是应急环境（如应急设备的布置、撤离路线等）等。要求新聘或转岗人员在规定的时间内完成职责熟悉。

"凡需在开航前发出的重要指令均应当标明并以文件形式下达"在理解上要注意：

(1) 针对新聘或转岗船员。

(2) 在履行职责之前应提供有关安全管理体系及船舶详细情况的资料，使其了解并得到确认。

(3) 为确保安全开航所必须熟悉船上的设备和应急设备。

(4) 公司职能部门对船上货物、航线、性能的特别要求。

所谓的"指令"是上岗船员在开航前必须熟悉的操作须知和预案，目的是保证船员在承担船上职责前做好相应准备。新聘或换岗船员应根据其所上船舶种类、性能、航线、职务等需在开航前熟悉主要须知，作为开航前书面指令中的内容下发。船员上船后按规定期限熟悉其职责，完成相应情况熟悉表的填写并签名确认提交船长审核存档。

开航前指令的范围和内容，应当由公司根据实际情况确定。某些在船舶开航时就可能需要执行的程序和须知，必须"标明并以文件形式下达"，并在开航前熟悉。

6.4 公司应当保证与其安全管理体系有关的所有人员充分理解有关法规、规定、规则和指南。

【理解】要求公司应采取措施制定有关程序或规定以确保与安全管理体系有关的所有人员充分理解国际国内强制性规定、规则和安全管理体系所采纳的建议性规定、规则和指南。

"充分理解"应体现为在程序中包括对培训效果的评估和考核。所采取的措施通常包括：

(1) 列入人员适任条件并在聘用时严格控制。

(2) 配备资料并保持最新、有效，以供学习。

(3) 按照培训计划组织人员执行。

(4) 明确考核的责任人、考核方法和考核标准，具体实施评估和考核。

"有关规定"指的是：国际海事组织的规则和指南、船旗国政府发布的法律和法规、港口国主管机关的要求、有关船级社的规范、行业组织的要求、公司上级主管部门的文件等。对于船岸收集的有关规定按照外来文件及信息的控制要求，配备或传递给相关部门和船舶。公司应采取自学或培训等方法保证相关人员和船员对有关规定、规则和指南要充分的理解。

6.5 公司应当建立并保持有关程序，以便标识为支持安全管理体系可能需要的任何培训，并保证向所有相关人员提供这种培训。

【理解】要求公司建立并保持安全管理体系培训程序，应标明可能需要的任何培训。支持安全管理体系的任何培训可能包括在船培训和岸上培训两块。如培训需求由相关部门和船舶提出应满足熟练操作和应急的需要，经主管部门审定后，列入培训计划并组织实施，以保证相关人员和船员都能得到相应的培训，不断提高安全管理水平和操作技能。

"标识"亦为"辨识"，原文 identify，是"找出并予以明示"的意思。标识的过程，即如何标识，是规则所要求体系文件要解决的问题。安全管理体系文件中必须具有标识的程序，不仅要列出标识的项目或内容。

标识培训项目的方法可以是：定期征集培训需求，包括个人的、部门的、公司指令性的、外部要求的培训；认定培训需求，明确哪些是为支持安全管理体系所需要的；根据这些认定的培训项目制定培训计划。

培训计划应规定各项培训的具体内容、对象、责任人、实施期限等，以便于实施和核查。程序中还应包括对培训效果的评估和考核。

> 6.6 公司应当建立有关程序，以使船上人员能够借此以一种工作语言或他们懂得的其他语言获得有关安全管理体系的信息。

【理解】是关于安全管理体系信息的传递。公司应当建立安全管理体系信息传递程序，该程序应保证船员均能及时得到其懂得文字书写的安全管理资料和信息，通过程序的实施，船员与相关人员能及时获得安全管理体系信息和资料。该信息应使用公司船岸人员的工作语言书写发布和接受。公司安全管理体系的信息包括：安全管理体系文件、安全管理体系文件的修改信息、引用的强制性规定的修改信息。工作语言，特指公司和船上之间体系内使用的语言，如何传递。

公司应当建立与安全管理体系有关的信息传递的程序，规范信息的采集、鉴别、编写（必须用工作语言或船员懂得的语言）、传递方式和途径等。该程序可以是单独的，也可以与其他工作程序结合在一起。如文件或资料可以按本规则第11章"文件"的有关程序进行控制。

> 6.7 公司应当保证船上人员在履行其涉及安全管理体系的职责时能够有效地交流。

【理解】为了便于船员履行职责，公司要保证对来自不同国家或不同地域在同一艘船舶上工作的船员能够有效地进行语言交流，包括涉及外界联系和发生紧急情况时的有效交流，以及客船船员与旅客的交流等。"保证"的方法包括在相关船员的适任条件中，要求具备必要的语言交流能力。

第七节　船上操作方案的制定

> 7　船上操作方案的制定

本章是关于关键性的船上操作方案、须知的制定和人员分配的规定。

> 对涉及人员、船舶安全和防止污染的关键性的船上操作，公司应当建立制定有关程序、方案或须知包括必要的检查清单。与之相关的各项工作，应当明确规定并分配给适任人员。

【理解】"关键性的船上操作"其含义包括两类：一类是特殊操作；另一类是临界操作。特殊操作系指其错误仅在已造成危险情况或事故已发生时才会明显看出的操作，如水密检查、海图作业、货物系固、巡回检查等操作。临界操作系指其错误会立即导致危及人员、环境或船舶的事故或情况的操作，如进出港航行、交通密集区域航行、油轮货物装卸、进入封闭场所等操作。对涉及船舶安全和防止污染的关键性的船上操作,公司应当建立制定有关程序、方案或须知,包括必要的检查清单。

对船舶来说,涉及人员、船舶安全和防止污染的船上的操作很多,既有关键性的也有非关键性的,这里要求公司建立的程序是针对关键性的船上操作,强调的是对关键性操作的控制,而且是通过制定有关程序、方案或须知来实现。由于公司的业务范围和船舶状况有所不同,关键性船上操作项目也各有所异,有了相应的程序、方案或须知,相关部门可以依照要求,让员工把最大的注意力集中到关键性的船上操作上。关键性船上操作项目,应尽可能考虑船舶航线、船舶类型、装运货物等实际情况。

由于关键性船上操作涉及方方面面,而公司内部机构和人员所从事专业又各有分工。各项关键性船上操作程序、方案和须知的制定任务应确切地落实到相应的专业部门或人员,以保证各项关键性船上操作符合强制性规定和考虑适用的建议性规则的要求;同时,也符合公司和船舶的实际情况。在制定操作程序、方案和须知时,可考虑使用检查清单的形式。对船舶来说,检查清单不失为是一种实用而有效的做法,如进入封闭场所通过使用"进入前许可检查表"的形式便于船上人员一目了然地按规定的须知操作,颇具可操作性。特殊操作和临界操作因其操作特性的不同决定其在制定操作方案和须知的侧重面应有所区别,特殊操作由于其具有过失显露的滞后性,在制定程序、方案和须知时应强调预防和检查,要突出防患于未然。临界操作由于其一旦失误会立即导致险情的特殊性,在制定程序、方案和须知时应强调严格执行和密切监督,确保万无一失。对与之有关的各项工作,应当明确规定并分配给适任的人员。这里是指操作程序、方案和须知中所涉及的工作,应当明确规定并分配给能胜任该项工作的人员以确保各项程序、方案和须知有效地执行。前面说过,关键性船上操作对人员、船舶的安全和防污染影响极大,因此在执行过程中,对每个操作环节都不能含糊,要求操作人员、检查人员、监督人员应由相应专业或经相应培训人员来执行,如进入封闭场所操作,对操作人员、监护人员的适任条件都要作明确规定。

船上已有的操作手册(其中有些是经主管机关认可的)可直接作为船舶的操作方案或须知予以使用,如船舶操纵手册、货物装卸手册、货物系固手册、专用压载舱操作手册、原油洗舱操作手册、惰性气体系统操作手册、程序和布置操作手册、防火安全操作手册等。

"检查清单"是"方案或须知"的一种形式,是为便于程序、方案或须知的实施。以清单形式列出的检查要点,由公司根据实际需要而定。"与之相关的各项工作"是指与"制定船上操作程序、方案或须知"有关的各项工作。"分配给适任人员"应当在制定的程序、方案或须知中予以明确。

第八节 应急准备

8 应急准备[1]

本章是关于船上可能出现的紧急情况的应急准备规定。

---

[1] 参见本组织以经修正的 A.852(20)决议通过的《船上紧急情况应急计划整体系统构成指南》。

第八节 应 急 准 备

8.1 对船上可能出现的紧急情况，公司应当予以标识并制定对其做出反应的程序。

【理解】本条要求公司针对船舶营运的风险建立一个程序，强调的是对紧急情况的控制，采用的方法是对其进行标识并制定对其做出反应的程序。因此，该程序应当包含对船上可能出现紧急情况的标识和如何制定应急计划或预案的内容。在船舶的营运过程中出现紧急情况是不可避免的，关键是能在出现紧急情况时立即采取相应措施，做出有效反应，避免或减少损失、如果对可能出现的紧急情况，船上都有反应计划或预案，便能临阵不乱，沉着应战。因此对各种可能出现的紧急情况制定相应的应急计划或预案，是应急准备的基础。在制定船舶的应急计划或预案时，应遵循和考虑国际海事组织、船旗国主管机关和有关行业组织的有关规定和指南的要求，其内容包括：制定应变部署表；船上的职责分工；为控制局势应采取的行动；向公司和有关当局报告的程序；保持船岸间的通信；向第三方请求援助（包括沿岸国、港口有关人员的名单）等。

"紧急情况"是指船舶的安全面临威胁或船舶对环境构成威胁的情况，包括发生险情或事故，如：结构损坏；船舶失控（包括推进系统故障、电站故障、舵设备或舵系统故障）；碰撞；搁浅；触礁；货物移动；货物散漏或污染；火灾；进水；弃船；救助；人员严重受伤；暴力或海盗袭击；恶劣天气损害等。

"标识"是指辨别、找出船舶可能遭遇的紧急情况，是指对本公司船舶可能出现的紧急情况的识别，是阐述的前提。

"反应"是指针对某种紧急情况及其不同的表现形式制定相应的船岸应急计划或预案。如对船上可能发生的油污染紧急情况制定的船上油污应急计划。

8.2 公司应当制定应急训练和演习的计划。

【理解】前条的应急计划或预案确定后，本款则要求船舶根据应急计划或预案涉及的各项操作，制定训练和演习计划并按计划开展日常的训练和演习，以提高人员应急反应技能和积累应付紧急情况的经验。在制定应急行动的训练和演习计划时，应遵循国际海事组织、船旗国主管机关等强制性的有关规定。如制定演习计划应考虑：每个船员每月应至少参加一次弃船和一次消防演习，若有25%以上的船员未参加该船前一个月的弃船和消防演习，应在该船离港后24 h内举行这两项演习；对客船，当旅客在船上的旅行时间超过24 h时应在旅客登船后的24 h内举行紧急集合演习；船上每三个月至少进行一次应急操舵演习等。此外还应考虑公司标明的各种紧急情况的演习计划、在制定训练计划时应考虑：在新船员上船后，应尽快地并不迟于其上船后2个星期，安排其进行使用船舶救生设备（其中包括救生艇筏属具）和使用船舶灭火设备的船上训练；应在不超过4个月的间隔期在船上进行使用吊架降落救生筏的训练等。训练和演习的做法可参照 SOLAS74/Ⅲ-B/19、V/19-2 及 MEPC54（32）决议通过的《船上油污应急计划编制指南》的要求，训练要逼真，演习尽可能模拟实际的紧急情况进行。为使船上的训练切实有效，船舶应配备训练手册，指导船员对本船救生设备和最佳的救生方法的熟悉和练习，训练手册应符合本船的实际情况并得到主管机关的认可。

"训练"是指为熟悉应急设备及其操作而开展的练习，如救生艇筏的登乘、降落和离开，所有救生属具的使用，防火门的关闭及消防设备的使用等。

"演习"是指针对某种紧急情况按应急反应计划进行的综合性演练活动，如消防演习、弃船演习等。

> 8.3 安全管理体系应提供措施，确保公司有关机构能在任何时候对其船舶所面临的危险、事故和紧急情况做出反应。

【理解】本条是当船舶发生紧急情况时对公司岸上机构的要求。为保证船舶的安全和防止污染，公司理所当然地在船舶面临紧急情况时，应为船舶提供足够的资源和岸上支持。为确保公司有关机构能在任何时候对其船舶所面临的危险、事故和紧急情况做出反应，建立岸上应急计划或预案是十分必要的，这样船舶一旦发生紧急情况，岸上机构便能迅速到位，指挥若定，协助船舶化险为夷，转危为安。建立岸上应急计划或预案应遵循和考虑国际海事组织及船旗国主管机关有关规定和指南的要求，其内容可包括：应急反应人员的组成和职责；公司有关应急反应的动员程序（可能包括建立一支应急反应队伍）；对不同紧急情况做出反应遵循的程序；建立和保持船舶与岸上管理部门间联系的程序［可参阅国际海事组织大会 A.548（16）号决议"船舶报告制度和船舶报告要求"，并作为进一步的指导］；船舶资料、布置图、稳性资料、航海图书和表册、船舶安全和环保设备的随时备用；适用于该类紧急情况并有助于在做出反应时对船舶进行系统询问的检查表；需要进行通知和咨询的各有关单位联系名单和通信细节；与船上人员的最近亲属进行通知和联络的程序；发生持久性紧急情况时，对公司初始反应行动的后续安排等。

安全管理体系应提供的措施还可能包括：提高岸基人员应急反应能力，岸基 24 h 不间断的值守，应急联络、通信渠道的保持和畅通，应急资源和人员的配置，应急计划的启动等。

公司岸基也应根据岸上的应急计划或预案定期开展训练和演习，以提高岸基人员的应急反应能力。如机务、海务部门分别开展对某船的资料、布置图、某航区的海图及相关表册准确迅速索取的训练；再如公司选定某一船舶开展船岸联合应急演习等。演习着重应注意：应急启动是否迅速，人员到位是否及时，船岸、岸基部门间联络是否畅通，岸基支持是否得力，指挥是否得当，对外报告求援是否有效等内容。

第九节 不符合规定情况、事故和险情的报告和分析

> 9 不符合规定情况、事故和险情的报告和分析❶

本章是关于不符合规定的情况、事故和险情的处理规定。

> 9.1 安全管理体系应当包括确保向公司报告不符合规定情况、事故和险情并对其进行调查和分析的程序，以便改进安全和防止污染工作。

【理解】本条要求公司建立一个程序确保不符合规定的情况、事故和险情得到报告、

---

❶ 参见《险情报告指南》（MSC-MEPC.7/Circ.7）。

调查和分析，从而改进安全和防止污染工作。不符合规定的情况、事故和险情的报告、调查和分析是为下一步采取纠正措施做准备。因而是纠正的前期工作。而报告、调查和分析三者又是相辅相成的，调查和分析只能在得到报告的前提下进行。

"不符合规定的情况"是指客观证据表明不满足某一具体规定要求的可见情况。

"重大不符合规定的情况"是指对人员或船舶安全构成严重威胁或对环境构成严重危险并需要立即采取纠正措施的可辨别的背离，此外，还包括未能有效和系统执行《国际安全管理规则》的有关条款。

"事故"是指造成人员伤亡或造成环境、船舶及其货物损害事件。

"险情"是指如果进一步发展会造成事故的情况（事故的前兆）。

在体系的运行中对发生的不符合规定的情况、事故和险情不能大事化小，小事化了，而应当都得到报告，这样才能从根本上提高公司的管理技能。不符合规定的情况、事故和险情能否得到报告与相关人员的体系意识密切相关，因此，提高相关人员的体系意识对公司来说显得极为重要。船岸的不符合规定情况可以通过以下活动得到报告：日常的值班、管理、操作、维护、训练、演习、自查和接受检查、内审和外审等。任何不符合规定情况的报告应包含对情况的描述，不符合规定情况的性质及其存在客观证据的确认等信息。不符合规定情况、事故和险情的报告、调查和分析是为下一步采取纠正措施做准备。

当不符合规定情况、事故和险情得到报告后，公司应开展调查和分析工作。调查和分析可以从以下方面考虑（但不限于此）：责任者是否熟悉其职责；是否具备适任资格；是否经过相关培训；是否了解安全管理体系规定的程序和须知；对程序和须知的背离程度；当时的工作环境及其他客观条件；安全管理体系文件是否存在偏差等。

> 9.2 公司应当建立实施纠正措施的程序，包括避免不符合规定情况、事故、险情重复发生的措施。

【理解】在报告和调查、分析工作完成的基础上，本条要求公司建立另一个程序，以保证不符合规定情况、事故和险情的纠正措施得以落实，包括避免不符合规定情况、事故、险情重复发生的措施，从根本上提高和改进安全和防污染管理工作。制定纠正措施的程序用以有效控制纠正措施的具体落实，包括明确有关责任人。如谁负责纠正措施的制定，谁负责纠正措施的实施，谁负责纠正措施的监督验证等。

纠正措施应当切实有效，可以从以下几方面考虑（但不限于此）：责任者重新学习安全管理体系文件，切实熟悉其职责；调换不适任的人员；开展必要的培训；切实掌握安全管理体系规定的程序和须知；提供资源支持改善工作环境及其他客观条件；立即采取纠正行动；对现有的程序和须知进行修改和完善；制定预防措施；在公司范围内传播经验教训等。

第十节 船舶和设备的维护

> 10 船舶和设备的维护

本章目的是通过建立、实施文件化的船舶和设备维护程序，使船舶和设备得到良好和有效的维护,并始终处于适航和适货状态。

> 10.1 公司应当建立有关程序,以便保证船舶按照有关规定、规则以及公司可能制定的任何附加要求进行维护。

【理解】本条要求公司应建立文件化的程序,以对船舶和设备的维护方式方法提出具体的措施。维护程序首先应符合有关规定、规则的要求。规则所指的"船舶"系船体、上层建筑、舱室等的总称,"设备"系指所有设备。它们是船舶安全管理的"硬件",也是保证海上安全与环境保护的最重要的因素之一。文件化的维护程序首先应符合有关规范、规定的要求。

这里所指的"规定、规则"至少应包括以下内容:适用的国际公约、船旗国和港口国的规则、船级社的规范、制造厂的要求等。要充分考虑公司的相关要求和设备制造厂的有关建议,如:公司在船舶和设备维护方面所积累的经验、公司所经营航线的特点对船舶和设备维护提出的要求、公司同类型船舶所得出的经验教训,公司根据设备损坏、故障分析所得出的综合信息,制造厂对所生产设备在维护方面提供的建议等。

> 10.2 为满足这些要求,公司应当保证:
> .1 按照适当的间隔期进行检查;
> .2 任何不符合规定情况得到报告,并附可能的原因;
> .3 采取适当的纠正措施;以及
> .4 保存这些活动的记录。

【理解】为使船舶和设备的技术状态满足法定规则和建议标准,本条要求公司制定船舶和设备的维护措施,并至少应包括所述四项内容。

第1项按照适当的间隔期限对船舶和设备进行检查。"适当"的时间间隔应考虑:适用的法规和规范要求、船舶营运和航线的特点、岸上管理人员、船上配员情况、船舶和设备的技术状况及制造厂的说明等因素从而能够保证船舶和设备持续、正常地发挥应有的效能。规则所指的"检查"包括船舶自身进行的检查测量和公司管理层组织的监督检查。检查的人员应是适任和有经验的船员、适任和有经验的岸上人员。在维护中如果公司依靠第三方技术对船舶或设备进行修理时,应在相应的指令中向这些"分承包方"明确所有要求并对其修理质量进行控制。

第2项报告已知的不符合规定的情况和可能的原因。这里的"不符合规定情况",指的是与船舶和设备等有关的缺陷,尤其在维护保养方面。所谓的"已知"可以来自于:港口国检查、船旗国检查、验船师检验、岸上主管人员的检查和船舶自身的检测等、对已知的缺陷,船舶应分析其可能的原因并利用适当的方法、途径向公司报告。但设备本身难以发现的潜在缺陷不属于"不符合规定情况"。

第3项船舶对已知的缺陷应在找出原因的基础上采取适当的纠正措施。纠正措施应包括可以减少或避免上述情况重复发生的解决办法并在规定的时间内完成。当船上不具备适当的资源和材料以完成纠正措施时,岸上应向船长提供一切所要求的必要支持。对于那些不能由船上人员处理;且不影响船舶安全或环境保护的缺陷,则船岸均应明确这些情况的性质并做好记录,然后再通知相关的部门或人员确定纠正期限及建议采取的预防措施。

第 4 项维护和检查的记录应得到妥善保存。这里所指的"记录"应包括：船旗国当局或船级社要求的法定检验报告和证书、日常维护报告和日常检查记录、船舶和设备缺陷情况和纠正及预防措施的实施情况等。上述记录均应由负有"检查"责任的人员签字。

10.3 公司应当标识那些会因突发性运行故障而导致险情的设备和技术系统。安全管理体系应当提供旨在提高这些设备和系统可靠性的具体措施。这些措施应当包括对备用装置及设备或非连续使用的技术系统的定期测试。

【理解】本条要求在公司安全管理体系中应当标识那些会因突发性运行故障而导致险情的设备和技术系统，公司应制定提高这些设备和系统可靠性的措施。"突发性运行故障而导致险情的设备和技术系统"是指那些在突然发生操作失误时，可能造成船舶置于危险状况的设备和技术系统，通常包括：动力机械和系统、航机、供电设备、自动化设备和系统、防污染设备和应急设备等。所谓"标识"就是要求公司根据所管理船舶类型及营运条件，认定哪些是关键的设备和技术系统。一经"标识"就应针对这些设备和系统的特点制定确保其可靠性的相应的具体措施，包括提出维护、操作、检测等要求，以及在突然失灵时启用替代装置的措施。

10.4 10.2 所述的检查和 10.3 所提及的措施应纳入船舶的日常操作性维护。

【理解】本条指与替代装置有关的备用设备应定期试验和维护以保证单一故障不会导致关键功能的丧失。对非连续使用的技术系统（如烟雾探测系统、救生和消防设备）应进行定期测试并在投入使用前进行检测、公司在日常维护计划中应包括对备用设备和非连续使用的技术系统的维护和定期试验。船舶应保存维护计划已被实施的充分证据，或已经更改的具体说明。船岸应及时联络、沟通维护中的各类信息，岸基应为船舶提供必要的资源支持。

10.2 所述的"检查"和 10.3 所提及的"措施"是 10.1 要求的"程序"的组成部分。"检查"和"措施"要与船舶日常维护保养工作紧密相结合，即日常维护保养计划里要有"检查"和"措施"的有关内容。

第十一节 文 件

11 文件❶

本章的目的是通过建立、实施文件化程序，有效控制与船舶安全和防污染管理相关的文件和资料，确保与安全管理体系有关的所有部门使用相应的有效文件，防止误用失效的文件与资料。

11.1 公司应当建立并保持有关程序，以便控制与安全管理体系有关的所有文件和资料。

---

❶ 参见《经修订的船上须携带的证书和文件清单》（FAL. 2/Circ. 127、MEPC. 1/Circ. 817、MSC. 1/Circ. 1462）。

【理解】本条是要求公司建立有关文件和资料的控制程序。"有关的文件和资料"可以分为内部产生的文件及外来文件和资料。内部产生的文件包括：体系文件、各类记录及其他文件；外来文件和资料包括：强制性的规则、规范，适用的规则、指南、标准和建议，船旗国、港口国的规定，船级社规范、规则，海图、航海出版物、航海通告，船舶与设备的技术资料，如图纸、操作说明书等。不管是内部文件还是外来文件都必须得到有效控制。但由于内部文件和外来文件的产生、变更和获得的方式方法不同，所以这两类文件的控制方法应有所区别，应在相应的程序或须知中分别做出规定。内部文件的"控制"内容包括：编写、审查、批准、修改、发放、保存、废除等活动；外来文件和资料的控制，主要体现在跟踪、确认、配备和使用有效版本等方面。

> 11.2 公司应当保证：
> .1 各有关部门均能够获得有效的文件；
> .2 文件的更改应由经授权的人审查批准；
> .3 被废止的文件应及时清除。

【理解】本条文件和资料的控制应达到以下目标：

第1项与安全和防污染管理有关的部门能够获得最新有效的文件。"有关的部门"应包括：公司职能部门和船舶等、每职能部门和每一艘船舶应配备与本部门或本船的安全和防污染管理活动有关的有效的全部文件。

第2项文件和资料的更改及修正活动应在控制状况下进行。为保证其适用性，更改后的文件审核和批准应由原文件的审批部门进行。若另有指定的审批部门则该部门或人员应获得原审批部门所提供的有关背景材料。所有的更改的内容应有适当的方式予以标识并通知所有使用文件的岸上和船上的有关人员，文件更改后发布和生效的日期应有一定的间隔，以满足船舶周转的特点，确保使用文件的有关人员及时得到更改后的文件。

第3项被废止的文件应当及时清除和销毁。"废止"是指文件版本过时或内容失效。使用场所应撤出这些已被废止的文件，特别应注意在发放部门也要清除这些文件、公司可以根据实际情况对清除出来的废止文件进行销毁处理。当被废止的文件需要保留以作为参考时，负责文件控制的人员应作好相应的标识和记录并妥善保存。当船舶脱离管理公司时，岸基的负责人员应收回所有的安全管理体系文件。

> 11.3 用于阐述和实施安全管理体系的文件可称为"安全管理手册"。文件应当以公司认为最有效的方式予以保存。每艘船舶均应配备与之相关的全部文件。

【理解】本条是指公司应该编制一本《安全管理手册》，作为安全管理体系的灵魂和纲领性文件，手册应详细阐述公司安全和环保方针、公司机构权责规定、指定人员和关于船长权力的声明等，并就ISM规则的其他条款如何在公司实现做出恰当的描述。公司的安全管理体系应覆盖《国际安全管理规则》的全部要求。安全管理体系文件的分发方法、存放地点或持有人数等，应考虑公司和船舶的实际以及便于员工和船员的查阅。公司应考虑指定1名（或几名）岸上人员，负责SMS文件的控制，船舶应由船长或其指定的人员负责船上文件的管理。

文件和资料是公司指导安全和防污染方面管理活动的依据和证实材料。文件和资料管理失控，将对公司的安全管理活动造成重大影响。为保证文件的适用性、系统性和完整性，体现其应有的价值公司应对与安全管理体系有关的所有文件和资料制定和执行控制程序，并对执行的有效性进行评估。建议公司采用编制有效文件总清单的办法，提示和反映文件名称、编号、当前版本号、生效日期、配备部门或持有人等情况，文件总清单也应纳入控制范围，根据文件变化情况定期更新。公司体系文件的构成（数量多少和繁简程度等）及载体（书面印制或电子媒介）应适合于公司员工的文化素质、组织规模、办公条件及其船舶的贸易特性。公司应特别注意对外来文件的控制，应分类明确责任部门利用一切可能的手段，跟踪相关外来文件的变更动态，及时确认与本公司安全和防污染活动的相关性并妥善购置和发放。

第十二节 公司审核、复查和评价

> 12 公司审核、复查和评价

本章的目的是通过建立、实施文件化的审核、评价和复查程序，对公司安全管理体系的适宜性和有效性及其能否达到安全和环境保护方针、目标的情况作出评价。以便采取措施改进和完善安全管理体系，确保安全管理体系正常、有效地运行。

> 12.1 公司应当在不超过12个月的间隔期内对船上及岸基实施内部审核，以核查安全和防止污染活动是否符合安全管理体系的要求。特殊情况下，间隔期不应超过15个月。

【理解】本章第1条规则要求的"内部安全评审"即是我们通常所说的内审，它是安全管理体系中的一个重要条款。通过内审可以验证公司的安全管理体系是否持续满足规定的要求，这里所指的"规定"应包括：安全管理手册、程序文件、操作须知、检查清单等SMS文件和SOLAS、MARPOL等公约及相关技术标准的要求等；通过内审及时发现问题并采取纠正和预防措施使体系不断完善、不断改进；通过内审可以为主管机关的审核做好准备。因此，公司应建立并保持用以策划和实施内审的程序、内审应基于安全和防污染活动作出计划，内容包括：内审的策划和计划、内审的实施、内审报告、跟踪活动和内审记录等。内审的方法是抽样检查，包括面谈、询问、调查、验证等，但内审的范围应覆盖ISM规则的所有要求和公司相关的所有部门，并反映船队整体的运行情况。公司应当在不超过12个月的间隔期内实施船上及岸基内部审核，即使在特殊情况下，间隔期也不应超过15个月。
公司的内审不负责验证安全管理体系文件与ISM规则的符合性。

> 12.2 公司应定期核查所有受托承担涉及ISM事务的相关方开展的工作是否与本规则规定的公司责任相符。

【理解】随着现代社会的发展，社会分工也越来越细化，船舶管理领域也不例外，以西方船舶管理市场为例，其有专业化的海员培训及配员公司、专业化的海图管理及供应公司、专业化的船舶维护保养跟踪管理公司等，这些公司在ISM规则框架下的DOC审核中往往未被覆盖，为此，规则增加了对这些供方的管理要求。具体而言，船舶管理公司如果将部分与ISM相关的工作委托给了另外一个非本公司组织机构内部的一方或者多方，则公司应定期对这些承担涉及ISM工作的各方进行定期核查验证。核查的目的是验证受托方履行ISM规则所规定的公司责任的能力，确保所委托的工作满足ISM规则的要求，但并不免除委托方的责任。例如公司将船舶配员委托给专业的海员派遣机构，再例如公司将部分设备的维护保养职责委托给了外部专业机构等。对受托方的核查结果作为12.3公司定期评价安全管理体系有效性的输入。

12.3 公司应当根据制定的有关程序定期评价安全管理体系的有效性。

【理解】本条是对安全管理体系的定期评价的规定，应由公司最高管理者或其指定的人员主持，公司管理层及相关人员参加，就安全管理体系的连续性、适用性和有效性做出客观的评价，评价的内容可以是安全管理活动和安全管理体系本身，包括内部审核和培训情况、安全和环保目标的实现情况、组织结构、行政管理、资源配置等与安全管理和生产环境的适宜情况等；"定期"的时间间隔应以公司实际情况而定，但至少每年要进行一次。在安全管理体系运行初期，这种时间间隔应相对短些，随着体系运行有效性的提高，可以时间隔作适当调整，但必须满足规则的法定要求。

12.4 审核及可能采取的纠正措施应当按文件规定的程序进行。

【理解】本条审核及可能采取的纠正措施均应按文件规定的程序进行，如内审涉及的计划安排、执行人员、覆盖范围、实施频次、操作依据、结论报告等，应按已制定的程序进行。对审核活动中发现的不符合规定情况可能采取的纠正措施，也应按文件的规定进行制定、实施和验证，所有记录应按文件的规定进行记载和保存。规则强调这些活动应该正规、系统和有序进行，旨在使审核从计划、实施、记录、评价等各个环节，得到具体落实并形成闭环。

12.5 除非由于公司的规模和性质不可能做到，实施审核的人员应当不从属于被审核的部门。

【理解】公司应当规定从事内审工作的人员（内审员）的资格。内审员应进行相关知识的培训，经过资格认可并由公司聘任（授权）。内审员应相对独立于被审核的部门，即审核员与受审的活动和受审区域无直接的责任关系。当公司的规模和性质（如员工数量和组织结构）受到限制时，可不作上述要求，但应寻求较为公平、公正的方法，如采用岗位交叉、部门交叉等形式进行审核。在可能时，内审员的组成应来自于各个部门和各个层面。通常船长在履行其职责期间，不应作为内审员对船舶进行内审。内审员的日常管理应纳入议事日程，以不断提高内审的质量。

12.6 审核及复查的结果应当告知所有负有责任的人员，以提请他们注意。

【理解】内审、评价和复查（如有）的结果和建议均应形成书面材料，并下发告知有关部门和所有负有责任的人员。特别应注意将上述活动中发现的不符合规定情况和形成的决议及时传递到所有相关部门及责任人员，以使拟定的纠正措施或制定的预防措施得到落实。审核报告和评价报告应经主管领导审阅确认签发。

> 12.7 负有责任的管理人员应当对所发现的缺陷及时采取纠正措施。

【理解】负有责任的人员对所发现的不符合规定情况和缺陷都应针对其产生的原因采取纠正措施。查验和审核部门还应对纠正措施的实施情况进行跟踪，直到落实解决为止。责任部门还应按规定提供和保存这些纠正措施已得到实施的充分证据。实施纠正措施有效性的标志是不再重复发生类似的不符合规定情况或缺陷。

内审、评价是安全管理体系得以保持和完善的一个重要环节。通过内审、评价，对公司安全管理体系的适用性和有效性及其能否实现安全和环境保护目标的情况做出评价，以便采取措施改进和完善安全管理体系，确保安全管理体系正常、有效地运行。内审、评价处于不同层次，在内容、形式、参加者等方面都有所区别。

第十三节 审 核 发 证

> B 部分 审核发证

本部分说明了 ISM 规则规定证书对船舶的意义和主管机关给公司及船舶签发 ISM 规则要求的证书时，实施审核和签发证书的规范要求；对公司和船舶取得 ISM 规则规定证书后的监督检查要求和统一公司《符合证明》与船舶《安全管理证书》格式的规定。

> 13 发证和定期审核

本章是"符合证明"或"安全管理证书"签发和其有效性的规定。

> 13.1 船舶应当由持有与该船相关的"符合证明"或符合 14.1 要求的"临时符合证明"的公司营运。

【理解】本条是对公司提出 ISM 规则规定的证书要求，首次从公约角度提出对公司应当持有"符合证明"或"临时符合证明"法定证书的要求、以往公约要求的法定证书仅限于船舶。按照 SOLAS74 公约第Ⅸ章第三条的规定。公司和船舶应符合《国际安全管理规则》的要求；船舶应由持有与其相关的公司"符合证明"或"临时符合证明"的公司营运。公司取得"符合证明"或"临时符合证明"与否，将决定公司能否继续管理从事国际航行船舶，亦即能否在国际航运舞台上继续从事国际航运的竞争，决定国际航运公司生存的大事。

> 13.2 "符合证明"应由主管机关，主管机关认可的机构，或应主管机关的请求由另一缔约国政府，签发给符合本规则要求的公司。"符合证明"的有效期由主管机关确定，但不超过 5 年。该证明应当被视为该公司能够符合本规则要求的证据。

【理解】本条是对公司"符合证明"执行签发的规定。船舶应当由符合《国际安全管理规则》要求，取得"符合证明"的公司营运。显然，"符合证明"是公司符合 ISM 规则营运管理的证据。根据 SOLAS74 公约第Ⅸ章第 4.1 条的规定，公司符合证明（DOC）的签发，允许主管机关本身、主管机关授权的认可机构、或应主管机关请求的另一缔约国政府予以签发。明确了公司符合证明的三种签发方式。公司"符合证明"由主管机关或者主管机关认可的机构签发，是主管机关自身或者由其授权的机构按照"主管机关实施《国际安全管理规则》指南"A788（19）号决议，通过审核后签发。由于海上商业活动的多样性，一些公司经营多船旗国船队，为避免这些公司不必要的重复工作，方便发证，避免在此部分发生混乱，保证经营多船旗船队的公司涉及的所有主管机关完全按照 A788（19）号决议签发公司"符合证明"，在第 66 届海安会上通过的 762 号通函中，纳入了"主管机关对营运多船旗船队的公司审核和发证的补充指南"，对营运多船旗船队的公司和主管机关就公司"符合证明"的签发提出指导意见，公司应在 ISM 规则对其所管理船种强制生效前 12 个月与选定的主管机关接触，提出方案并请求所有主管机关同意。在方案中应明确审核机构负责执行审核的部分。公司选定的主管机关应就此与相关主管机关协商，并达成有关协议，以方便审核发证和防止不必要的重复工作。"符合证明"由发证的主管机关负责。"符合证明"的有效期最长不得超过 5 年，是对该证书时效的限制规定。

13.3 "符合证明"只对其载明的船舶种类有效。所载明的船舶种类以初次审核所认定的船舶种类为依据。其他船舶种类，只有在审核其公司的能力确已满足本规则关于此类船舶种类的要求时才能被载入。关于船舶种类，参阅公约第Ⅸ/1 条的规定。

【理解】本条是"符合证明"对具体船舶适用规定，由于船舶种类的不同，管理要求和适用规定亦不同，签发给公司的"符合证明"是基于其初次审核申请时所管理的船舶种类，取得"符合证明"后公司新增加 SOLAS74 公约Ⅸ/1 中所指明的其他船舶，要使其"符合证明"也能适用新增加的船舶种类，则应在"符合证明"中适用船舶栏内作相应的增加，但是这种增加，应该是在经过对公司进行相应审核，以证明其满足 ISM 规则要求，具有所增加船舶的管理能力后方可增加。

13.4 "符合证明"的有效性应当服从于由主管机关或主管机关认可的机构，或者应主管机关的请求由另一缔约国政府，在周年日前或后 3 个月内实施的年度审核。

【理解】本条是对"符合证明"在 5 年有效期内有效性的规定，虽然"符合证明"有效期最长不超过 5 年，但这种有效期内的有效性还需服从其每年一次的年度审核。年度审核的实施由主管机关、主管机关认可的机构或应主管机关请求的另一缔约国政府实施。时间应是自其"符合证明"签发之日起每周年的前或后 3 个月内进行。

13.5 如果没有申请 13.4 所要求的年度审核，或者有证据表明存在重大不符合规定情况时，主管机关或应主管机关的请求签发证书的缔约国政府应当收回"符合证明"。

13.5.1 如果收回"符合证明"，所有相关的"安全管理证书"、"临时安全管理证书"也应当收回。

【理解】本条是对"符合证明"收回的规定，未能按上条要求进行年度审核或者有证据表明存在"重大不符合规定情况"，表明公司不遵守有关安全管理体系审核规定或者安全管理体系运行失效,则其"符合证明"失去意义,应由原发证机关收回。船舶"安全管理证书"或"临时安全管理证书"与"符合证明"密切相关,"符合证明"是签发"安全管理证书"的前提。"符合证明"的收回,将导致相关"安全管理证书"或"临时安全管理证书"被收回。

> 13.6 船上应当保存一份"符合证明"的副本,以便船长被要求时出示给主管机关或主管机关认可的机构查验,以及用来接受公约第Ⅸ/6.2条规定的监督检查。该副本不必是签发的原件。

【理解】本条是对"符合证明"副本保存的规定。按照"主管机关实施《国际安全管理规则》指南"A788(19)号决议 4.2.4 或者 SOLAS74 公约Ⅸ 4.6.2 条规定,主管机关通过审核后向公司签发"符合证明",同时"符合证明"的副本应送至每艘船舶。明确规定船舶应当获得公司"符合证明"的副本并由船长负责在船保存。副本应视作具有正本同样地位,是公司管理要求符合 ISM 规则的证据。根据"港口国监督程序"A787(19)号决议的规定,实施港口国监督检查的主管机关或其认可的机构执行监督检查时,为检查该船是否由持有相关"符合证明"的公司营运。可要求船长出示"符合证明"的副本,以查验管理该船的公司是否持有与其所管理船舶种类相符的"符合证明"。同样,按照我国船舶安全检查规则,对船舶实施的船旗国监督检查时,也应要求船长出示其管理公司"符合证明"的副本,检查该船是否由持有相关"符合证明"的公司营运。由此可见 ISM 规则的全面相关性,ISM 规则不仅与船公司、船舶有关,也与船旗国主管机关和港口国主管机关相关。

> 13.7 在审核该公司及其船上的管理确已按照经认可的安全管理体系运作后,主管机关或主管机关认可的机构,或者应主管机关请求的另一缔约国政府,应当向船舶签发有效期不超过5年的"安全管理证书"。该证书应当被视为该船舶符合本规则要求的证据。

【理解】本条是就签发船舶安全管理证书的必要性和如何签发的规定。根据 SOLAS74 公约第Ⅸ章第 4.3 条的规定,在审核该公司及其船上的管理确已按照经认可的安全管理体系运作后,主管机关或主管机关认可的机构应当向每艘船舶签发一份"安全管理证书"。船舶"安全管理证书"(SMC)是指发给船舶,表明其公司和船上的管理已按照认可的安全管理体系(SMS)运作的文件。根据"主管机关实施《国际安全管理规则》指南"A788(19)号决议中上述船舶"安全管理证书"的定义,此证书是发给船舶,表明管理该船的公司岸上和船上的管理按照认可的安全管理体系运作。船舶管理与公司岸上管理密不可分,是受岸上管理支配的,只有岸、船的管理都按照经主管机关审核认可的安全管理体系运作,才能向船舶签发"安全管理证书"。

> 13.8 "安全管理证书"的有效性应当服从于由主管机关或主管机关认可的机构,或者是应主管机关的请求由另一缔约国政府实施的至少一次的中间审核。如果只进行一次中间审核,且"安全管理证书"的有效期为5年,中间审核应当在证书的第二和第三个周年日之间进行。

【理解】本条是对安全管理证书在 5 年有效期间内其有效性服从于中间审核的规定,

即安全管理证书在其 5 年有效期间内,应进行至少一次中间审核。这种审核也可能是多次,在其有效期内到底进行多少次中间审核,取决于主管机关。如果此种中间审核只进行一次,则审核安排应当在该证书签发之日起的第二和第三个周年日间实施。

> 13.9 除了 13.5.1 的要求之外,如果没有申请 13.8 要求的中间审核,或者有证据表明存在重大不符合规定情况时,主管机关或应主管机关请求签发该证书的缔约国政府应当收回"安全管理证书"。

【理解】本条是对"安全管理证书"收回的规定。除了因"符合证明"收回,导致"安全管理证书"收回外,如果未能申请中间审核或者发现船舶在运行安全管理体系中存在"重大不符合规定情况",则"安全管理证书"亦要被主管机关或应主管机关请求签发该证书的缔约国政府收回。"安全管理证书"因不申请中间审核而失效,安全管理体系运行存在"重大不符合规定情况"也视作证书失效,失效的证书应由发证的主管机关予以收回。

> 13.10 尽管有 13.2 和 13.7 的规定,当换证审核在所持"符合证明"或"安全管理证书"有效期届满之前 3 个月内完成时,新签发的"符合证明"或"安全管理证书"应当自完成换证审核之日起有效,且有效期自原证书有效期届满之日起不超过 5 年。

【理解】本条是对"符合证明"和"安全管理证书"经换证审核换发新证书后有效期计算的规定。公司或船舶经初次审核取得现有"符合证明"或"安全管理证书",如果现有"符合证明"或"安全管理证书"按规定在其到期失效前 3 个月内完成换证审核,则新证书从换证审核完成之日起开始有效,有效期都从现有证书失效之日算起,最长不超过 5 年。此种证书的有效期实际不小于 5 年。

> 13.11 当换证审核在所持"符合证明"或"安全管理证书"有效期届满之日 3 个月前完成时,新签发的"符合证明"或"安全管理证书"应当自完成换证审核之日起有效,且有效期自完成换证审核之日起不超过 5 年。

【理解】所持"符合证明"或"安全管理证书"在其按规定到期失效前 3 个月以前完成换证审核,则新证书的有效期,从其换证审核完成之日算起,最长不超过 5 年。

> 13.12 当换证审核在原"安全管理证书"有效期届满之日后完成时,新签发的"安全管理证书"应当自完成换证审核之日起有效,且有效期自原证书有效期届满之日起不超过 5 年。

【理解】原"安全管理证书"在有效期届满之日后完成换证审核,则新证书的有效期,从其换证审核完成之日算起,有效期从现有证书失效之日算起,最长不超过 5 年。

> 13.13 如果在原"安全管理证书"有效期届满日前换证审核已完成,但新证书还未签发或未到船,则主管机关或主管机关认可的机构可以对原证书予以不超过 5 个月的展期签注。

【理解】 原"安全管理证书"在有效期届满之日前已完成换证审核，但新证书还未签发或未到船，则主管机关或主管机关认可的机构可以对原证书予以不超过 5 个月的展期签注。

> 13.14 当"安全管理证书"有效期届满时，如果船舶不在将要对其进行审核的港口，主管机关可以对其"安全管理证书"有效期予以不超过 3 个月的展期，但此种展期只能是在适当、合理的情况下并且是出于允许该船航行至接受审核的港口的目的。被给予证书展期的船舶到达接受审核的港口后，在没有取得新证书的情况下不允许离港。换证审核完成后，新"安全管理证书"的有效期自原证书展期前届满日起不超过 5 年。

【理解】 当"安全管理证书"有效期届满时，有时候即使船舶在港，但是当时实施换证审核也许并不可行；也可能对于主管机关/认可组织的审核员来说，不太可能抵达船舶所在港口。在这个情况下，主管机关可以对其"安全管理证书"有效期予以不超过 3 个月的展期，允许船舶驶往下一个港口接受该审核，被给予证书展期的船舶到达接受审核的港口后，在没有取得新证书的情况下不允许离港。需引起注意的是，展期不允许是因为"商业原因"，比如快速周转或者为下一订租而出航，这些都不被视为可接受的原因。重要的是，公司要仔细管理和计划 SMC 换证审核的时间安排，以确保审核在时间允许的范围内进行，不要拖到最后一刻。

第十四节　核发临时证书

14　核发临时证书

本章是签发"临时符合证明"和"临时安全管理证书"审核发证的要求。

> 14.1 对于下列公司，为便利其初始实施本规则，在审核该公司业已建立的安全管理体系满足本规则 1.2.3 的目标要求后，可向其签发一份"临时符合证明"，但前提是该公司已做出在"临时符合证明"有效期内运行满足本规则全部规定的安全管理体系的计划：
> .1 公司新成立，或
> .2 现有"符合证明"新增船舶种类。
> 该"临时符合证明"应由主管机关或主管机关认可的机构，或者应主管机关的请求由另一缔约国政府签发，有效期不超过 12 个月。船上应当保存一份"临时符合证明"的副本，以便船长被要求时出示给主管机关或主管机关认可的机构查验，以及用来接受公约第Ⅸ/6.2 条规定的监督检查。该副本不必是签发的原件。

【理解】 本条是签发公司"临时符合证明"的规定。对于新成立或者现有"符合证明"不能满足公司新增加管理船舶种类的要求时，为方便公司初始实施《国际安全管理规则》，可对公司签发"临时符合证明"。其条件是公司应建立起符合《国际安全管理规则》1.2.3 目标的安全管理体系并制定安全管理体系在 6 个月内满足《国际安全管理规则》全部要求的实施计划。经主管机关、主管机关认可的机构或者应主管机关请求的另一缔约国政府审核确认后方可签发"临时符合证明"。"临时符合证明"的有效期，自签发之日起最长不超过12个月，其法定作用与"符合证明"相同，副本的保存也与"符合证明"的副本保存相同，当船舶受到主管机关或主管机关认可机构的查验或按公约第Ⅸ/6.2条规定进行监督检查时，应当出示"临时符合证明"的副本。

> 14.2 下述情况下可向船舶签发"临时安全管理证书"：
> .1 新造船交付使用；
> .2 公司新承担一艘船舶的营运责任；
> .3 船舶换旗。
> 该"临时安全管理证书"应由主管机关或主管机关认可的机构，或者应主管机关的请求由另一缔约国政府签发，有效期不超过6个月。

【理解】本条是签发"临时安全管理证书"的规定、对于新交付使用的船舶、公司新增加管理种类船舶和公司船舶更换国旗时，可以给船舶签发"临时安全管理证书"，证书签发同"安全管理证书"，但其有效期自证书签发之日起不超过6个月。

> 14.3 特殊情况下，主管机关或应主管机关请求的另一缔约国政府，可以对"临时安全管理证书"做自其届满之日起不超过6个月的展期。

【理解】本条是对"临时安全管理证书"展期的规定，在特殊情况下，签发该证书的机关可对此证书自其失效日开始展期6个月。

> 14.4 "临时安全管理证书"应在审核下述情况后签发给船舶：
> .1 "符合证明"或"临时符合证明"覆盖了该船种；
> .2 公司在该船实施的安全管理体系涵盖了本规则的关键要素并在为签发"符合证明"的审核中已做评估或在为签发"临时符合证明"的审核中已表明；
> .3 公司已做好3个月内对该船进行内审的计划；
> .4 船长和高级船员熟悉安全管理体系以及其实施的计划安排；
> .5 已标明的重要指令在开航前已下达；
> .6 已用工作语言或船上人员懂得的其他语言提供了有关安全管理体系的信息。

【理解】本条是对"临时安全管理证书"签发的条件规定，主管机关给船舶签发"临时安全管理证书"，应满足以下条件：第一，主管机关必须核实公司具有与此类船舶相关的"符合证明"或者"临时符合证明"；第二，公司建立的船、岸安全管理体系中包含了《国际安全管理规则》的"涉及安全和防污染管理人员的责任、权力与相互间关系""船长的绝对权力""新聘和转岗人员适当熟悉其职责""制定关键性操作方案""应急反应""不符合规定情况、事故和险情的报告、分析和纠正"等关键条款，且主管机关给公司签发"符合证明"或者"临时符合证明"时对上述关键条款进行了审核；第三，公司已做好3个月内对船舶进行审核的计划；第四，船长及适任证书持证船员已接受公司安全管理体系的熟悉培训。并且熟悉公司在6个月内实施满足《国际安全管理规则》全部要求安全管理体系的计划；第五，对给船舶的重要指令在开航前已标明并下达；第六，与公司安全管理体系相关的信息已用工作语言或船上人员懂得的其他语言提供给船员使其在安全和防污染管理中能有效交流。船员能利用与安全管理体系相关的信息履行其职责。

第十五节 审 核

> 15 审核

本章是对主管机关审核公司安全管理体系的规定。

15.1 本规则要求的所有审核，应当按照主管机关充分考虑国际海事组织制定的指南后认可的程序进行。

【理解】根据"主管机关实施《国际安全管理规则》指南"A788（19）号决议，该指南适用于主管机关，明确规定对主管机关的基本原则，是审核负责船舶营运公司的安全管理体系和其所管理的船舶运行公司的安全管理体系，是否与《国际安全管理规则》相符，并签发"符合证明""安全管理证书"。

主管机关对"公司及其船舶的管理是否按照认可的安全管理体系运作"的审核，也即安全管理体系审核。何谓审核，汉语中的"审核"，意即指对文字材料或数字材料的审查核定。在英语中"审核"一词有两个单词，其一为："Audit"，意即通过查询见证人和证明人的验证方法，账本进行系统的官方检查。此意与汉语的审核较接近。另一为："Verification"，意为确定、验证、核实、证明或查验，一般用于确认事物的真实性或准确性。何谓安全管理体系审核，安全管理体系审核是指为判断安全管理体系是否符合ISM规则，安全管理活动和有关结果是否符合安全管理体系规定和计划安排，以及这些安全管理体系规定和计划安排是否得到有效并适合于达到安全和防污染目标的系统而独立的审查。对公司岸、船的审核，主要是审核公司所建立的安全管理体系与ISM规则的要求是否相符；是否符合有关强制性管理规定、规则；是否对适于本公司的建议性规则、标准和指南给予考虑；审核安全管理体系是否能确保达到ISM规则所规定的目标。审核安全管理体系满足安全管理目标的能力；安全管理体系满足安全和防止污染具体标准的能力。

需要指出的是，对安全管理体系是否符合强制性规定、规则的审核，不重复也不替代其他法定证书的检验。对公司与ISM规则符合性审核不免除公司、船长或任何其他与船舶管理或营运有关的实体或个人的责任。参加审核的审核员有责任遵守审核管理要求，对审核所涉及的文件保密并谨慎处理特许的信息资料。

所有审核均应按照主管机关制定的有关审核程序和规定实施、为规定公司和船舶申请审核发证的条件，规范航运公司及相关船舶安全管理体系的审核发证行为，明确审核方和被审核方的权利、责任和义务，以及为了实施对航运公司安全管理体系审核发证工作的过程控制，统一审核发证具体工作行为，保证审核发证工作质量。

第二章 ISM 规则条款解析

第十六节 证　书　格　式

> 16　证书格式
> 16.1 "符合证明""安全管理证书""临时符合证明"和"临时安全管理证书"应当按照本规则附录所示格式制作。如果所用语言既非英文又非法文，证书文字应当包括其中一种。
> 16.2 除了本规则13.3的要求，"符合证明"和"临时符合证明"中所载明的船舶种类可加以签注以反映安全管理体系所规定的对船舶营运的限制。

【理解】本章是对主管机关签发的公司"符合证明"和"临时符合证明"格式的统一规定和证书文字的要求。

第十七节　NSM 规则简介

一、NSM 规则产生的背景

NSM 规则的出台是全面提高我国水上交通安全管理水平的需要，直接动力是 ISM 规则在我国国际航行船舶实施所取得的巨大成效。我国国际航行船舶实施 ISM 规则以来，航运公司的安全管理工作日趋规范化，职责清晰，分工明确；船岸联系渠道畅通，各类信息传递及时，对船舶的监控加强；船舶和设备维修状况改善，维修费用降低；船岸应急反应能够按程序有步骤地进行，应急措施可操作性强；事故指标明显下降。1998 年进行的事故指标调查显示，实施 ISM 规则前后，单船年度事故率（平均每条远洋船舶每年发生事故的次数）由 16.3% 降低到 4.1%，单船年度死亡人数由 0.029 人降低到 0.005 人，单船年度事故经济损失由 16.55 万元降低到 13.43 万元。

由于我国国内航运公司安全管理水平相对较低，管理成本偏高，船舶技术状况较差，船员素质普遍不高，水上重特大交通事故时有发生，如"11.24"大舜轮、"6.22"合江事故等，水上交通安全形势严峻。提高我国国内航行船舶的安全管理水平，对改善我国水上交通安全现状、扭转我国水上交通安全管理的被动局面，显得尤为突出和重要。鉴于 ISM 规则在我国国际航行船舶实施取得的巨大成效，当时的交通部安全监督局自 1997 年起就开始研究 ISM 规则的国内化问题。2001 年，"ISM 规则国内化研究"课题通过了交通部组织的专家评审。在其主要研究成果的基础上，2002 年 7 月交通部制定并发布了《中华人民共和国船舶安全营运和防止污染管理规则》（简称 NSM 规则）。NSM 规则的实施，有利于从根本上改变我国水上安全管理状况，同时也是我航运业发展和社会稳定的需要。

二、NSM 规则适用范围和实施日期

《国内安全管理规则》于 2003 年 1 月 1 日起对第一批国内航行船舶（载客定额 50 人及以上跨省航行的客滚船、旅游船、高速客船和 150 总吨及以上的气体运输船和散装化学品船）生效。

于 2004 年 7 月 1 日对第二批国内航行船舶（载客定额 50 人及以上所有跨省航行的客船和 500 总吨及以上的油船）生效。

自 2007 年 7 月 1 日起对第三批国内航行船舶（500 总吨及以上沿海跨省航行的散货船和其他货船）生效。

三、ISM 规则与 NSM 规则的联系和区别

1. 联系

NSM 规则源于 ISM 规则。NSM 规则是结合我国国内航运安全管理的实际情况，由 ISM 规则改写而成，两者的原理、思路、结构、形式、内容和要求等各方面基本相同。

2. 区别

（1）适用的范围不同。ISM 规则适用于国际航行船舶及公司，NSM 规则仅适用于国内航行船舶及公司。

（2）所要求符合的强制性规定和标准不同。根据 ISM 规则所建立的安全管理体系应保证符合国际和国内的强制性规定和标准；根据 NSM 规则所建立的安全管理体系则只要求保证符合国内的强制性规定和标准以及少数适用的国际规定和标准。

（3）NSM 规则增加了对"船舶管理协议"的要求。NSM 规则"公司的责任和权利"中，要求船舶所有人和船舶管理人应当签订"船舶管理协议"并向主管机关报告，同时对管理协议的内容也作了具体的明确。

（4）部分条款的文字调整。由于 ISM 规则的原文不是中文，在改写为 NSM 规则时，参考译文，对部分条款的文字作了适当的调整，以使其文字表述更符合中文的表达方式和语言习惯，以便于国内航运公司实施时容易理解与接受。

（5）部分 ISM 规则修正案内容未纳入。2002 年 7 月制定并发布的 NSM 规则迄今尚未进行修订，ISM 规则于 2002 年 7 月以后修改和完善的内容，NSM 规则暂未予以纳入。

为了便于理解，采用下面对两个规则进行的比较，在理解上只对 NSM 和 ISM 规则有区别部分做出解释，相同部分则不作说明。

国际船舶安全营运和防止污染管理规则（ISM 规则） MSC.104（73）号决议修正的大会 A.741（18）号决议（2002 年 7 月 1 日生效）	中华人民共和国船舶安全营运和防止污染管理规则（试行）（NSM 规则） 交海发（2001）383 号 （2003 年 1 月 1 日生效）
前言	前言
1 本规则旨在提供船舶安全管理、安全营运和防止污染的国际标准。	1 为了保障水上交通安全，保护水域环境，应用《国际船舶安全营运和防止污染管理规则》（ISM 规则）的原理，结合我国实际情况，制定本规则。
2 大会通过的第 A.443（XI）号决议，敬请各国政府采取必要措施，以保证船长在海上安全和保护海洋环境方面正当履行其职责。	2 本规则是为了提供船舶安全营运和防止污染的管理标准。

第二章 ISM规则条款解析

3 大会通过的A.680（17）号决议，进一步认识到需要建立适当的管理组织，使其能够对船上的某些需求做出反应，以达到并保持安全和环境保护的高标准。	3 考虑到航运公司及其船舶状况各有不同，本规则依据安全和防污染要求的一般原则和总体目标制定。
4 认识到航运公司或船舶所有人的情况各异以及船舶操作条件的大不相同，本规则依据一般原则和目标制定。	
5 本规则用概括性术语写成，因而具有广泛的适用性。显然，无论是在岸上还是在船上，不同的管理层次对所列条款需要有不同程度的了解和认识。	4 本规则用概括性术语写成，船岸不同层次的管理人员应当对所列条款具有适应其岗位需要的理解和认识。
6 高级领导层的承诺是做好安全管理工作的基础。就安全和防止污染而言，各级人员的责任心、能力、态度和主观能动性将决定其最终结果。	5 高级领导层的承诺是做好安全管理工作的基础，各级责任心、能力、态度和主观能动性则对船舶的安全和防污染起决定性作用。
7 本规则中添加的脚注旨在提供参考与指导，不作为本规则的要求。然而，按照第1.2.3.2段要求，所有相关指南、建议等均应予以考虑。考虑到该文献可能已经被修改或更新的资料所取代，任何情况下读者都应使用文件脚注中提到的参考文献的最新版本。	
A部分 实施	第一部分 实施
1 总则	1 总则
1.1 定义 以下定义适用于本规则的A和B部分。	1.1 定义 以下定义适用于第一部分和第二部分。
1.1.1 "国际安全管理（ISM）规则"系指由国际海事组织大会通过的，并可由该组织予以修正的"国际船舶安全营运和防止污染管理规则"。	1.1.1 "本规则"系指中华人民共和国交通部颁布的"中华人民共和国船舶安全营运和防止污染管理规则"。

【释义】这是对《国际安全管理规则》和《国内安全管理规则》的界定，前者指由国际海事组织大会A741（18）号决议通过且由该组织修正的《国际船舶安全营运和防止污染管理规则》，亦称ISM规则。后者指中华人民共和国海事局交海发（2001）383号颁布实施的《中华人民共和国船舶安全营运和防止污染管理规则》，可称NSM规则。

1.1.2 "公司"系指船舶所有人,或已承担船舶所有人的船舶营运责任并在承担此种责任时同意承担本规则规定的所有责任和义务的任何组织或法人,如管理人或光船承租人。	1.1.2 "公司"系指中国籍船舶的所有人,或已承担船舶所有人的船舶营运责任并同意承担本规则规定的所有责任和义务的任何组织或法人,如船舶管理人或光船承租人。
1.1.3 "主管机关"系指船旗国政府。	1.1.3 "主管机关"系指中华人民共和国海事管理机构。
1.1.4 "安全管理体系"系指能使公司人员有效实施公司安全和环境保护方针的结构化和文件化的体系。	1.1.4 "安全管理体系"系指能使公司人员有效执行公司安全和环境保护方针的结构化和文件化的体系。
1.1.5 "符合证明"系指签发给符合本规则要求的公司的文件。	1.1.5 "符合证明"系指签发给公司,表明该公司符合本规则要求的证明文件。
1.1.6 "安全管理证书"系指签发给船舶,表明其公司和船上管理已按照认可的安全管理体系运作的文件。	1.1.6 "安全管理证书"系指签发给船舶,表明其公司和船上管理已按照认可的安全管理体系运作的证明文件。
1.1.7 "客观证据"系指通过观察、衡量或测试获得并能被证实的有关安全或安全管理体系要素存在和实施的量或质的信息、记录或事实声明。	1.1.7 "客观证据"系指通过观察、衡量或测试获得并被证实的有关安全或安全管理体系要素的量或质的信息、记录或事实声明。
1.1.8 "评述"系指在安全管理审核过程中做出的并由客观证据证实的事实声明。	
1.1.9 "不符合规定情况"系指客观证据表明不满足某一具体规定要求的可见情况。	1.1.8 "不符合规定的情况"系指已发现的客观证据表明不满足某一具体规定要求的情况。
1.1.10 "重大不符合规定情况"系指对人员或船舶安全构成严重威胁或对环境构成严重危险,并需要立即采取纠正措施的可辨别的背离,包括未能有效和系统地实施本规则的要求。	1.1.9 "重大不符合规定情况"系指已发现的对人员或船舶安全构成严重威胁或对环境构成严重危险,并需要立即采取纠正措施的事项和情况,包括未能有效和系统地实施本规则的有关要求。
1.1.11 "周年日"系对应于有关文件或证书有效期届满之日的每一年中的该月该日。	1.1.10 "周年日"系指对应于有关证明文件有效截止日期的每年的该月该日。
1.1.12 "公约"系指经修正的1974年国际海上人命安全公约。	

1.2 目标	1.2 目标
1.2.1 本规则的目标是保证海上安全，防止人员伤亡，避免对环境，特别是对海洋环境造成损害以及对财产造成损失。	1.2.1 本规则的目标是保证水上交通安全，防止人员伤亡，避免对环境，特别是对水域环境造成危害以及对财产造成损失。

【释义】与 ISMC1.2.1 不同在于用"水域环境"代替"海域环境"，为适用航行于内河和湖泊船舶的需要。

1.2.2 公司的安全管理目标应当包括： 1.2.2.1 提供船舶营运的安全做法和安全工作环境； 1.2.2.2 对其船舶、人员及环境已标识的所有风险进行评估并制定适当的防范措施；以及 1.2.2.3 不断提高岸上及船上人员的安全管理技能，包括安全及环境保护方面的应急准备。	1.2.2 公司的安全管理目标应包括： 1.2.2.1 提供船舶营运的安全做法和安全工作环境； 1.2.2.2 针对已认定的所有风险制定防范措施； 1.2.2.3 不断提高船、岸人员的安全管理技能以及安全及环境保护方面的应急反应能力。
1.2.3 安全管理体系应当保证： 1.2.3.1 符合强制性规定及规则； 1.2.3.2 对国际海事组织、主管机关、船级社和海运行业组织所建议的适用的规则、指南和标准予以考虑。	1.2.3 公司的安全管理体系应保证： 1.2.3.1 符合强制性规定及标准； 1.2.3.2 充分考虑国际海事组织、主管机关、船舶检验机构和行业组织所建议的规则、指南和标准。
1.3 适用范围 本规则的要求可适用于所有船舶。	1.3 适用范围 本规则适用于国内航行船舶及其公司。
1.4 安全管理体系的功能要求 每个公司均应建立、实施并保持包括以下功能要求的安全管理体系：	1.4 安全管理体系的功能要求 公司应建立、实施并保持包括以下功能要求的安全管理体系：
1.4.1 安全和环境保护方针；	1.4.1 安全和环境保护方针；
1.4.2 确保船舶的安全营运和环境保护符合国际和船旗国有关立法的须知程序；	1.4.2 保证船舶的安全和防污染操作符合有关规定和标准的工作程序和须知；

【释义】与 ISM 规则的不同之处在于：NSMC1.4.2 中，用"有关规定和标准"代替"有关的国际和船旗国立法"。因为：国内航行船舶不需要符合"国际立法""有关规定和标准"，它比"立法"更具体，更具有可操作性。用"工作程序和须知"代替"须知和程序"，将"程序"放在"须知"之前，表现出两者的关系。

1.4.3 船、岸人员的权限和相互间的联系渠道；	1.4.3 船、岸人员的职责、权限和相互间的联系渠道；

1.4.4 事故和不符合规定情况的报告程序；	1.4.4 事故和不符合规定情况的报告程序；
1.4.5 对紧急情况的准备和反应程序；以及	1.4.5 对紧急情况的准备和反应程序；以及
1.4.6 内部审核和管理复查程序。	1.4.6 内部审核和管理复查程序。

【释义】NSMC1.4.6中用"内部评审、有效性评价"代替"内部评审"，区分了"内审"和"评价"两项管理活动，避免引起对内审和评价的混淆。

2 安全和环境保护方针	2 安全和环境保护方针
2.1 公司应当制定安全和环境保护方针，说明如何实现1.2所述目标。	2.1 公司应当制定安全和环境保护方针，其内容应能说明如何实现1.2条所述目标。
2.2 公司应当保证船岸各级机构均能执行和保持此方针。	2.2 公司应当采取措施，确保船岸各级机构均能始终贯彻执行此方针。

【释义】NSMC2.2中明确要求"采取措施"，强调"确保"和"始终贯彻"，力度加大。

3 公司的责任和权力	3 公司的责任和权力
3.1 如果负责船舶营运的实体不是船舶所有人，则船舶所有人必须向主管机关报告该实体的全称和详细情况。	3.1 如果负责船舶安全和防污染管理责任的实体不是船舶所有人，则船舶所有人与该实体必须签订符合以下规定的船舶管理协议，并将双方的详细情况报告主管机关：
	3.1.1 当船舶安全和防污染与生产、经营、效益发生矛盾时，应当坚持安全第一和保护环境的原则；
	3.1.2 船舶管理公司同意承担本规则所规定的所有责任和义务；
	3.1.3 在不妨碍船长履行其职责并独立行使其权力的前提下，船舶管理公司对处理涉及船舶安全和防污染的事务具有最终决定权。

【释义】与ISM规则本节的不同在于：要求船东和管理船舶的责任人，双方均必须"向主管机关报告"；将签定"船舶管理协议"及其内容要求由原来的审核规则提升至管理规则。

3.2 对涉及和影响安全和防止污染工作的管理、执行以及审核的所有人员，公司应当以文件形式明确规定其责任、权力及其相互关系。	3.2 对管理、执行以及审核监控安全和防污染工作的所有人员，公司应当以文件形式明确规定其责任、权力及其相互关系。

【释义】与ISM规则的不同在于：用"执行以及审核监控"代替"从事和审核"，将"从事"分解为"执行"和"监控"，并将"监控"与"审核"合并，分工更合理。	
3.3 为使指定人员能够履行其职责，公司有责任确保提供足够的资源和岸基支持。	3.3 为使指定人员能够履行其职责，公司有责任确保对其提供足够的资源和岸基支持。
【释义】与ISM规则的不同在于本节明确规定了"提供足够的资源和岸基支持"的途径，是由公司提供给（"对其"）指定人员，然后当然再由指定人员提供给船舶。而ISM规则本节只要求提供足够的资源和岸上的支持，未规定提供的途径，可直接提供给船舶。	
4 指定人员	4 指定人员
为保证各船的安全营运，提供公司与船上之间的联系渠道，公司应当根据情况指定1名或数名能直接同最高管理层联系的岸上人员。指定人员的责任和权力应包括对各船的安全营运和防止污染方面进行监控，并确保按需要提供足够的资源和岸基支持。	4.1 公司应当任命指定人员，以直接同最高管理层联系，提供公司与船舶的联系渠道。
	4.2 公司应当以文件形式明确规定指定人员的责任和权力。指定人员的责任和权力应包括：
	4.2.1 对公司船岸的安全和防污染工作进行监控；
	4.2.2 确保公司向船舶提供足够的资源和岸基支持。
【释义】与ISM规则不同在于设置指定人员的目的是"直接同最高管理层联系，提供公司与船舶的联系渠道"，而不再包括"保证各船的安全营运"；指定人员的责任和权力表述的更明确；指定人员的责任和权力增加了对岸上机构安全管理活动的监控。	
5 船长的责任和权力	5 船长的责任和权力
5.1 公司应当以文件形式明确规定船长的下列责任：	5.1 公司应当以文件形式明确规定船长的下列责任：
5.1.1 执行公司的安全和环境保护方针；	5.1.1 执行公司的安全和环境保护方针；
5.1.2 激励船员遵守该方针；	5.1.2 激励船员遵守该文件；
5.1.3 以简明方式发布相应的命令和指令；	5.1.3 以简明方式发布相应的指令；
5.1.4 核查具体要求的遵守情况；并且	5.1.4 核查具体要求的遵守情况；
5.1.5 定期复查安全管理体系并向岸上管理部门报告其存在的缺陷。	5.1.5 复查安全管理体系并向公司岸上管理部门报告其存在的缺陷。

5.2 公司应当保证在船上实施的安全管理体系中包含一个强调船长权力的明确声明。公司应当在安全管理体系中确立船长的绝对权力和责任,以便做出安全和防止污染事务的决定,并在必要时要求公司给予协助。	5.2 公司应当保证在安全管理体系中包含一个强调船长权力的明确声明,确定船长的绝对权力和责任,以便船长能够就安全和防止污染事务做出决定,并在必要时要求公司给予协助。
6 资源和人员	6 资源和人员
6.1 公司应当保证船长:	6.1 公司应当保证船长:
6.1.1 具有适当的指挥资格;	6.1.1 具有适当的指挥资格;
6.1.2 完全熟悉公司的安全管理体系;以及	6.1.2 完全熟悉公司的安全管理体系;
6.1.3 得到必要的支持,以便可靠地履行其职责。	6.1.3 得到必要的支持,以便可靠地履行其职责。
6.2 公司应确保每艘船舶: .1 根据本国和国际有关规定,配备合格、持证并健康的船员; .2 配备满足船上各种安全操作要求的合适的人员。	6.2 公司应当保证按照有关规定为每艘船舶配备合格并健康的船员。
6.3 公司应当建立有关程序,以便保证涉及安全和环境保护工作的新聘和转岗人员适当熟悉其职责。凡需在开航前发出的重要指令均应当标明并以文件形式下达。	6.3 公司应当建立有关程序,以便保证涉及安全和环境保护工作的新聘和转岗人员适当熟悉其职责。凡需在开航前发出的重要指令均应当标明并以文件形式下达。
6.4 公司应当保证与其安全管理体系有关的所有人员充分理解有关法规、规定、规则和指南。	6.4 公司应当保证安全管理体系内的所有人员充分地理解有关规定、标准和相关指南。
6.5 公司应当建立并保持有关程序,以便标识为支持安全管理体系可能需要的任何培训,并保证向所有相关人员提供这种培训。	6.5 公司应当建立并保持有关程序,以便标识为支持安全管理体系可能需要的任何培训,并保证向所有相关人员提供这种培训。
6.6 公司应当建立有关程序,以使船上人员能够借此以一种工作语言或他们懂得的其他语言获得有关安全管理体系的信息。	6.6 公司应当建立有关程序,确保船员能够及时获得有关安全管理体系的信息。

【释义】与 ISM 规则不同在于:不涉及语言问题,因为国内航行船舶不存在这个问题;"及时获得",要求更高。

6.7 公司应当保证船上人员在履行其涉及安全管理体系的职责时能够有效地交流。	6.7 公司应当保证船员在履行其涉及安全管理体系的职责时能够有效地交流。

【释义】与ISM规则不同在于：对与之有关的各项工作，由"明确规定并分配给适任人员"改为"明确规定由适任人员承担"，较之ISMC表述更直接更清晰。

7 船上操作方案的制定 对涉及人员、船舶安全和防止污染的关键性的船上操作，公司应当建立制定有关程序、方案或须知包括必要的检查清单。与之相关的各项工作，应当明确规定并分配给适任人员。	7 船上操作方案的制定 对涉及船舶安全和防污染的关键性的船上操作，公司应当建立如何制订有关方案和须知（包括必要的检查清单）的程序。与之相关的各项工作，应明确规定由适任人员承担。
8 应急准备	8 应急准备
8.1 对船上可能出现的紧急情况，公司应当予以标识并制定对其做出反应的程序。	8.1 公司应当建立程序，以标识、描述船上可能出现的紧急情况，并明确对这些紧急情况如何做出反应。
8.2 公司应当制定应急训练和演习的计划。	8.2 公司应当制定应急行动的训练和演习计划。
8.3 安全管理体系应提供措施，确保公司有关机构能在任何时候对其船舶所面临的危险、事故和紧急情况做出反应。	8.3 安全管理体系应提供措施，确保公司能在任何时候对其船舶所面临的危险、紧急情况和事故做出反应。
9 不符合规定情况、事故和险情的报告和分析	9 不符合规定情况、事故和险情的报告和分析
9.1 安全管理体系应当包括确保向公司报告不符合规定情况、事故和险情并对其进行调查和分析的程序，以便改进安全和防污染工作。	9.1 公司应当建立程序，确保不符合规定的情况、事故和险情及时报告公司，并保证进行调查和分析，以便改进安全和防污染工作。
9.2 公司应当制定实施纠正措施的程序，包括避免不符合规定情况、事故、险情重复发生的措施。	9.2 公司应当建立实施纠正措施的程序。
10 船舶和设备的维护	10 船舶和设备的维护
10.1 公司应当建立有关程序，以便保证船舶按照有关规定、规则以及公司可能制定的任何附加要求进行维护。	10.1 公司应当建立有关程序，保证船舶及设备按照有关规定和标准以及公司可能制定的任何附加要求进行维护。
10.2 为满足这些要求，公司应当保证：	10.2 为满足这些要求，公司应当保证：

第十七节 NSM 规则简介

10.2.1 按照适当的间隔期进行检查；	10.2.1 按照适当的间隔期进行检查；
10.2.2 任何不符合规定情况得到报告，并附可能的原因；	10.2.2 任何不符合规定的情况及可能的原因得到报告；
10.2.3 采取适当的纠正措施；以及	10.2.3 采取适当的纠正措施；
10.2.4 保存这些活动的记录。	10.2.4 保存这些活动的记录。
10.3 公司应当标识那些会因突发性运行故障而导致险情的设备和技术系统。安全管理体系应当提供旨在提高这些设备和系统可靠性的具体措施。这些措施应当包括对备用装置及设备或非连续使用的技术系统的定期测试。	10.3 公司应当制定有关程序，以便标识那些会因突发性运行故障而导致险情的设备和技术系统。并提供具体措施以提高这些设备和系统可靠性。这些措施应当包括对备用装置及设备或非连续使用的技术系统的定期测试。
10.4 10.2 所述检查和 10.3 所提及的措施应纳入船舶的日常操作性维护。	10.4 第 10.2 条所述检查和第 10.3 条所提及的措施应纳入船舶的日常操作性维护。
11 文件	11 文件
11.1 公司应当建立并保持有关程序，以便控制与安全管理体系有关的所有文件和资料。	11.1 公司应当建立有关程序，对与安全管理体系有关的所有文件和资料进行控制。
11.2 公司应当保证：	11.2 公司应当保证：
11.2.1 各有关部门均能够获得有效的文件；	11.2.1 在所有相关场所均能够获得有效的文件；
11.2.2 文件的更改应由经授权的人审查批准；	11.2.2 文件的更改应由经授权的人审查批准；
11.2.3 被废止的文件应及时清除。	11.2.3 被废止的文件应及时清除。
11.3 用于阐述和实施安全管理体系的文件可称为"安全管理手册"。文件应当以公司认为最有效的方式予以保存。每艘船舶均应配备与之相关的全部文件。	11.3 用于阐述和实施安全管理体系的文件可称为"安全管理手册"。公司应以最有效的方式保存文件。每艘船舶均应配备与之相关的全部文件。
12 公司审核、复查和评价	12 内部审核、有效性评价和管理复查
12.1 公司应当在不超过 12 个月的间隔期内对船上及岸基实施内部审核，以核查安全和防止污染活动是否符合安全管理体系的要求。特殊情况下，间隔期不应超过 15 个月。	12.1 公司应当定期开展内部审核，以核查安全和防污染活动是否符合安全管理体系的要求。除非由于公司的规模和性质不可能做到，实施内部审核的人员应当不从属于被审核的部门。

12.2 公司应定期核查所有受托承担涉及 ISM 事务的相关方开展的工作是否与本规则规定的公司责任相符。	12.2 公司应当定期评价安全管理体系的有效性，必要时还应当对安全管理体系进行管理复查。
12.3 公司应当根据制定的有关程序定期评价安全管理体系的有效性。	12.3 内部审核及管理复查的结果应当告知所有负责任的人员，以提请他们注意。
12.4 审核及可能采取的纠正措施应当按文件规定的程序进行。	12.4 负有责任的管理人员应当对所发现的缺陷及时采取纠正措施。
12.5 除非由于公司的规模和性质不可能做到，实施审核的人员应当不从属于被审核的部门。	12.5 内部审核、有效性评价、管理复查及可能采取的纠正措施应当按文件规定的程序进行。
12.6 审核及复查的结果应当告知所有负有责任的人员，以提请他们注意。	
12.7 负有责任的管理人员应当对所发现的缺陷及时采取纠正措施。	
B 部分　审核发证	第二部分　审核发证
13　发证和定期审核	13　发证和定期审核
13.1 船舶应当由持有与该船相关的"符合证明"或符合 14.1 要求的"临时符合证明"的公司营运。	13.1 船舶应当由持有与该船相关的"符合证明"或符合 14.1 条要求的"临时符合证明"的公司营运。
【释义】与 ISM 规则的不同在于：船舶持有的"符合证明"或"临时符合证明"必须是主管机构核发的，不能是复印件。 注：2015 年 3 月，中华人民共和国海事局发布新的《航运公司安全管理体系审核发证规则》规定，海事管理机构不再签发"符合证明""临时符合证明"和"安全管理证书""临时安全管理证书"的副本，公司和船舶应当持有相关证书的复印件作为副本使用。	
13.2 "符合证明"应由主管机关、主管机关认可的机构，或应主管机关的请求由另一缔约国政府，签发给符合本规则要求的公司。"符合证明"的有效期由主管机关确定，但不超过 5 年。该证明应当被视为该公司能够符合本规则要求的证据。	13.2 对于符合本规则要求的公司，主管机关将签发有效期不超过 5 年的"符合证明"。该证明作为公司符合本规则要求的证据。
13.3 "符合证明"只对其载明的船舶种类有效。所载明的船舶种类以初次审核所认定的船舶种类为依据。其他船舶种类，只有在审核其公司的能力确已满足本规则关于此类船舶种类的要求时才能被载入。关于船舶种类，参阅公约第Ⅸ/1 条的规定。	13.3 "符合证明"只对适用的船舶种类有效。船舶种类以初次审核确定的为准。"符合证明"新增船种，必须通过审核并证实公司的管理能力满足本规则关于该船种的要求。

13.4 "符合证明"的有效性应当服从于由主管机关或主管机关认可的机构，或者应主管机关的请求由另一缔约国政府，在周年日前或后3个月内实施的年度审核。	13.4 "符合证明"的有效性服从于由主管机关在周年日前、后3个月内实施的年度审核。
13.5 如果没有申请13.4所要求的年度审核，或者有证据表明存在重大不符合规定情况时，主管机关或应主管机关的请求签发证书的缔约国政府应当收回"符合证明"。	13.5 如果公司没有申请13.4条所要求的年度审核，或者有证据表明存在重大不符合规定情况的，主管机关将收回"符合证明"。
13.5.1 如果收回"符合证明"，所有相关的"安全管理证书""临时安全管理证书"也应当收回。	13.5.1 如果收回"符合证明"，所有相关的"安全管理证书""临时安全管理证书"也应收回。
13.6 船上应当保存一份"符合证明"的副本，以便船长被要求时出示给主管机关或主管机关认可的机构查验，以及用来接受公约第Ⅸ/6.2条规定的监督检查。该副本不必是签发的原件。	13.6 船上应当保存一份"符合证明"副本，以便船长在接受主管机关查验时出示。
13.7 在审核该公司及其船上的管理确已按照经认可的安全管理体系运作后，主管机关或主管机关认可的机构，或者应主管机关请求的另一缔约国政府，应当向船舶签发有效期不超过5年的"安全管理证书"。该证书应当被视为该船舶符合本规则要求的证据。	13.7 经审核，船上的管理及操作符合经认可的安全管理体系要求的，主管机关或主管机关认可的机构，将向船舶签发有效期不超过5年的"安全管理证书"。该证书作为船舶符合本规则有关要求的证据。
13.8 "安全管理证书"的有效性应当服从于由主管机关或主管机关认可的机构，或者是应主管机关的请求由另一缔约国政府实施的至少一次的中间审核。如果只一次中间审核，且"安全管理证书"的有效期为5年，中间审核应当在证书的第二和第三个周年日之间进行。	13.8 "安全管理证书"的有效性应当服从于由主管机关或主管机关认可的机构进行的至少一次的中间审核。如果只一次中间审核，且"安全管理证书"的有效期为5年，中间审核须在证书的第二和第三个周年日之间进行。
13.9 除了13.5.1的要求之外，如果没有申请13.8要求的中间审核，或者有证据表明存在重大不符合规定情况时，主管机关或应主管机关请求签发该证书的缔约国政府应当收回"安全管理证书"。	13.9 除了13.5.1的要求之外，如果没有申请13.8要求的中间审核，或者有客观证据表明存在重大不符合规定情况的，主管机关将收回"安全管理证书"。

13.10 尽管有 13.2 和 13.7 的规定，当换证审核在所持"符合证明"或"安全管理证书"有效期届满之前 3 个月内完成时，新签发的"符合证明"或"安全管理证书"应当自完成换证审核之日起有效，且有效期自原证书届满之日起不超过 5 年。	13.10 公司应当在"符合证明"或"安全管理证书"有效期届满前申请换证审核。当换证审核在所持"符合证明"或"安全管理证书"有效期届满之前 3 个月内完成时，新签发的"符合证明"或"安全管理证书"应当自完成换证审核之日起有效，且有效期自原证书届满之日起不超过 5 年。
13.11 当换证审核在所持"符合证明"或"安全管理证书"有效期届满之前 3 个月前完成时，新签发的"符合证明"或"安全管理证书"应当自完成换证审核之日起有效，且有效期自完成换证审核之日起不超过 5 年。	13.11 当换证审核在所持"符合证明"或"安全管理证书"有效期届满之前 3 个月前完成时，新签发的"符合证明"或"安全管理证书"自完成换证审核之日起有效，且有效期自完成换证审核之日起不超过 5 年。
13.12 当换证审核在原"安全管理证书"有效期届满之日后完成时，新签发的"安全管理证书"应当自完成换证审核之日起有效，且有效期自原证书有效期届满之日起不超过 5 年。	
13.13 如果在原"安全管理证书"有效期届满日前换证审核已完成，但新证书还未签发或未到船，则主管机关或主管机关认可的机构可以对原证书予以不超过 5 个月的展期签注。	
13.14 当"安全管理证书"有效期届满时，如果船舶不在将要对其进行审核的港口，主管机关可以对其"安全管理证书"有效期予以不超过 3 个月的展期，但此种展期只能是在适当、合理的情况下并且是出于允许该船航行至接受审核的港口的目的。被给予证书展期的船舶到达接受审核的港口后，在没有取得新证书的情况下不允许离港。换证审核完成后，新"安全管理证书"的有效期自原证书展期前届满日起不超过 5 年。	
14 核发临时证书	14 核发临时证书

第十七节 NSM 规则简介

14.1 对于下列情况，为便利公司初始实施本规则，在审核该公司业已建立的安全管理体系满足本规则1.2.3的目标要求后，可向其签发一份"临时符合证明"，但前提是该公司已做出在"临时符合证明"有效期内运行满足本规则全部规定的安全管理体系的计划：	14.1 新成立的公司或对"符合证明"增加船种的公司，主管机关在审核公司安全管理体系满足本规则1.2.3条目标要求后，向其签发有效期不超过12个月的"临时符合证明"，但该公司必须做出在"临时符合证明"有效期内实施满足本规则全部要求的安全管理体系的计划。"临时符合证明"的一份副本应当保存在船上，以便船长在接受主管机关查验时出示。
14.1.1 公司新成立，或	
14.1.2 现有"符合证明"新增船舶种类。	
该"临时符合证明"应由主管机关或主管机关认可的机构，或者应主管机关的请求由另一缔约国政府签发，有效期不超过12个月。船上应当保存一份"临时符合证明"的副本，以便船长被要求时出示给主管机关或主管机关认可的机构查验，以及用来接受公约第Ⅸ/6.2条规定的监督检查。该副本不必是签发的原件。	
14.2 下述情况下可向船舶签发"临时安全管理证书"：	14.2 新造船舶交付使用或公司新承担对某一船舶的安全和防污染管理责任的，经主管机关或主管机关认可的机构审核确认满足下述要求后，向船舶签发有效期不超过6个月的"临时安全管理证书"：
14.2.1 新造船舶交付使用；	14.2.1 "符合证明"或"临时符合证明"覆盖了该船舶种类；
14.2.2 公司新承担一艘船舶的营运责任；	14.2.2 公司已向船舶提供了安全管理体系文件及相关信息；
14.2.3 船舶换旗。 该"临时安全管理证书"应由主管机关或主管机关认可的机构或者应主管机关的请求由另一缔约国政府签发，有效期不超过6个月。	14.2.3 公司已做好3个月内对该船实施内部审核的计划；
	14.2.4 高级船员熟悉安全管理体系及其实施的计划安排；
	14.2.5 已标明为重要的指令已在开航前已下达。

14.3 特殊情况下，主管机关或应主管机关请求的另一缔约国政府，可以对"临时安全管理证书"做自其有效期届满之日起不超过6个月的展期。	14.3 特殊情况下，主管机关可以对"临时安全管理证书"的有效期做出不超过6个月的展期。
14.4 "临时安全管理证书"应在审核下述情况后签发给船舶：	
14.4.1 "符合证明"或"临时符合证明"覆盖了该船种；	
14.4.2 公司在该船实施的安全管理体系涵盖了本规则的关键要素并在为签发"符合证明"的审核中已做评估或在为签发"临时符合证明"的审核中已表明；	
14.4.3 公司已做好3个月内审核该船的计划；	
14.4.4 船长和高级船员熟悉安全管理体系以及其实施的计划安排；	
14.4.5 已标明的重要指令在开航前已下达；	
14.4.6 已用工作语言或船上人员懂得的其他语言提供了有关安全管理体系的信息。	
15 审核	15 审核管理
15.1 本规则要求的所有审核，应当按照主管机关充分考虑国际海事组织制定的指南后认可的程序进行。	有关安全管理体系审核发证的规则及程序，由中华人民共和国海事局制定。
16 证书格式	16 证书
16.1 "符合证明""安全管理证书""临时符合证明"和"临时安全管理证书"应当按照本规则附录所示格式制作。如果所用语言既非法文又非英文，证书文字应当包括其中一种。	"符合证明""安全管理证书""临时符合证明"和"临时安全管理证书"由中华人民共和国海事局确定格式并统一制定。
16.2 除了本规则13.3的要求，"符合证明"和"临时符合证明"中所载明的船舶种类可加以签注以反映安全管理体系所规定的对船舶营运的限制。	

第三章 安全管理体系的建立

第一节 SMS 概述

安全管理体系的英文全称为 Safety Management System，SMS 是其英文简称。

根据《国际安全管理规则》的要求，船公司及其所属船舶建立符合《国际安全管理规则》的安全操作及防污染管理体系，并经主管机关或其授权的机构认证审核，凡是审核合格的公司将取得公司《符合证明》（Document of Compliance）（简称 DOC），其所属船舶在具有公司《符合证明》副本（复印件）的情况下，经审核合格，可取得船舶《国际安全管理证书》（简称 SMC）。

一、SMS 的基本概念

什么是安全管理体系？安全管理体系，简言之，就是能使公司人员和船上人员有效地实施公司和船舶安全及防止污染方针的结构化和文件化的体系。它是由组织、职责、程序、活动过程和资源等所组成。换句话说，也就是符合《国际安全管理规则》要求所建立的船公司或船舶安全营运及防污染管理体系。

SMS 要求公司以文件的形式落实其管理程序，以保证岸上和船上涉及安全和环境保护的条件、活动和任务，都能按照公司的要求，进行计划、组织、实施、审核、检查。SMS 是由人制定和维持的，因此，SMS 的参与人员的责任和权限以及有关人员间的联络线路是该体系的基础。一旦确定并形成文件，岸上和船上有关安全和环境保护的任务和活动就成为 SMS 的支柱。SMS 使公司能够对照文件来衡量自己的工作，并为确定和实现、改进管理留出余地。

二、公司建立安全管理体系的优点

1. 对公司

（1）能够提高租船市场的竞争力。《国际安全管理规则》从加强管理体系的角度出发，对船公司及其所属船舶改进、完善原有的管理体系，提供国际标准的全面指导。因此，实施《国际安全管理规则》，就能使船公司按照《国际安全管理规则》的要求，建立起适合本公司实际情况的能够有效运作的船舶安全管理体系，为船舶提供安全操作方法和安全工作环境，健全抵御灾害的防范措施，并能不断地提高船、岸人员的安全意识和安全管理技能，把影响安全，防止污染的因素置于预控之中，最大限度地减少人为事故的发生，从而降低劳动成本，增加企业效益，也使租船人得益。

（2）能够改进企业内部管理。实施《国际安全管理规则》，可以使领导者的方针、政策在全员中落实，部门之间分工明确，员工职责分明、工作程序清楚，从而提高办事效率。还可以使安全和防污染管理走上规范化、系统化的良性循环，提高工作效率，赢得货主信任，增加企业内部的凝聚力，提高市场的竞争力。

（3）符合船旗国（FSC）和港口国（PSC）的要求。公司建立并有效的运行 SMS 有利船舶顺利通过 PSC/FSC 的检查。

（4）减少各类事故，避免重大海难事故，取得比市场优惠的保险金。

2. 对船员

船员的安全与船舶的安全及货物的安全一样，是海上运输的最高原则。珍惜生命保障安全，也是每个船员的心愿。实施《国际安全管理规则》，构建并有效运行 SMS，就是维护船员切身利益。

（1）能为船员提供充分培训和紧急应变程序的实际演练，使船员能够不断地提高安全操作的技能和自身素质。

（2）《国际安全管理规则》要求，定期对船员进行健康检查，并建立健康记录，可以及时发现疾病并得到积极治疗。

（3）实施《国际安全管理规则》，合理定员，避免超负荷工作和超期在船上工作，可以减少或避免船员的身心健康受到伤害。

（4）规则要求，每个船员的责任、权限和相互关系，都要有明文规定，这样就可以更好地做好本职工作，避免职责纠纷。

总之，实施《国际安全管理规则》，构建并有效运行 SMS，才能为船员提供安全操作方法及安全工作环境，最大限度地防止事故发生。而一旦发生紧急事件，也可避免船员的自身损害。

三、安全管理体系的特点与特性

如前所述，实施 SMS 可以降低企业的损失，其所得到的潜在节约费用数额远远超过花费实施和保持 SMS 所支出的费用，并因此能改善企业的整体安全管理水平。权衡比较，其利莫大焉。SMS 具有下述特点和特性。

1. SMS 的特点

（1）工作程序化。部门和每个人员的工作及船舶操作严格按程序执行，减少了人为因素和随意行为的出现。

（2）活动规范化。明确改善的政策，确定船岸联系的方式、方法和途径，船长职责及部门间关系分工明确，责任落实，使整个企业运行规范化。

（3）行为文件化。将整个体系用书面语言加以描述，形成一整套文件。员工遵循文件进行工作和操作。职责、程序明确，不会产生职责不清，权利重复、交叉现象，便于检查，有利于提高企业整体运作水平。

（4）运行适用性。SMS 是以现有的管理为基础，进行优化后而建立的科学管理体系，所以具有适用性。

（5）事故预防性。SMS 可以达到预防事故发生的目的。强调管理在先，注重预控，而且要求对不符合规定的情况、险情予以报告，并进行分析、调查原因后采取纠正措施，避免类似的情况再出现,从而防止事故的发生。

(6) 监督完善性。SMS 要求进行定期的内部审核和外部审核,发现问题和不符合规定的情况后,要分析原因并予以改进,督促改进,形成动态管理机制。

(7) 技术保证性。SMS 保留并运用了现有的技术规定,并为这些技术规定的有效发挥提供了保证。

(8) 培训优先性。SMS 对培训工作相当重视,要求在每项工作开展时,均需先给予培训,且贯彻始终。只有通过培训手段,使员工对所要进行的工作熟悉后,才能做到"工作程序化、活动规范化",才能有效防止事故的发生。

2. SMS 的特性

(1) SMS 是一个闭环、动态的、自我调整和完善的管理系统。

(2) SMS 涉及船舶安全和防止污染的一切活动。

(3) SMS 是唯一的,一个公司只能有一个 SMS,船、岸的安全和防止污染管理活动都只受到一个 SMS 的控制。

(4) SMS 把船舶安全和防污染管理中的策划、组织、实施和检查等活动要求,集中、归纳、化解和转化为相应的方针、程序和须知。

(5) SMS 本身使所有文件受控。

四、建立 SMS 的基本原则

1. 安全管理体系的建立应遵循的原则

(1) 克服应付观点。安全管理体系建立以后,主管机关除了组织初次审核外,还将通过公司和船舶安全管理体系期间审核来检查实施情况,港口国监督机关也将对安全管理体系运行情况进行监督检查。如果应付或只建立而不真正实施,一是不能过关,二是无论准备阶段做出多大努力,都可能因为实施不力而被吊销证书或滞留。因此,必须自始至终树立"一切为了提高安全管理水平"的观念,并以此指导建立和实施安全管理体系的全过程。

(2) 领导重视亲自抓。安全管理体系的建立和实施乃至安全管理新机制的形成,是一项长期任务。由于涉及公司安全和环境保护的方针目标和管理的方方面面,涉及公司的改革,而且准备工作繁重,需要大量的人力和资源投入,公司主要领导必须给予高度重视并亲自抓。

(3) 与深化企业改革相同步。航运企业的安全管理涉及企业的方方面面,是企业整体管理水平的综合反映。我国航运企业安全管理的现状,与《国际安全管理规则》的要求普遍存在着差距,许多企业的差距还比较大。要满足新的要求,就得改变现行的许多制度、做法和程序。要充分认识到,因循守旧、抱残守缺既不能解决老的问题和理顺各种关系,也不能满足新的要求。同时也要认识到,实施《国际安全管理规则》本身就是对航运公司传统管理模式、方法的改革,必然涉及公司内部、船岸之间、最高管理层与部门之间、部门和船舶之间、部门和部门之间、管理人员与管理人员之间的职能、权利和责任的重新分配,甚至涉及机构和人员的调整。随着我国社会主义市场经济体制的逐步建立,许多航运企业都在全面深化改革,我们要把建立安全管理体系与深化企业改革同步考虑,以建立安全管理体系为切入点，推动安全管理体系新规则新机制的建立和企业改革的深化，以促进航运企业整体管理水平的提高。考虑到安全管理体系与安全管理新机制的一致性，为了避免"两张皮"，各公司不应分别由两部门或工作班子来抓体系和新机制的建立工作。

（4）充分重视全员特别是责任部门和人员参与的重要性。为了推进《国际安全管理规则》的实施，公司要建立专门的班子或机构，必须确定专职推进人员，但由于安全管理体系要靠与安全和防污染相关的各责任部门、船舶并全员实施，而不是靠专门推进机构和人员自己实施。在建立过程中，既需要专门人员、机构（或工作班子）的全面投入，也需要公司各有关部门及全员的参与和支持。否则，所建立的安全管理体系就可能由于脱离实际，或由于认识上的差异和态度上的问题在实施中受阻，实施《国际安全管理规则》是一项全新的工作，普遍存在缺乏经验的问题。因此有些公司希望借鉴外国或国内其他公司的经验是可以理解的。但是，最了解自身管理水平的是自己，因此各公司可以争取外部的咨询和支持，但最终必须立足自己，而不是依靠外部。

（5）抓住三个关键。《国际安全管理规则》的重点是加强和理顺公司对船舶的安全管理，从而使船上的管理符合强制性规定和规则的要求。同时，规则也明确规定，船长在处理涉及船舶安全和防污染的问题上具有绝对的权利。因此，在建立安全管理体系过程中，既要突出规范岸上管理这个重点，也要把属于船长的权利还给船长。同时，考虑到指定人员既作为公司最高管理层和船上之间的联系渠道，也负责对船舶安全和防止污染事务进行监控和按需要提供足够的资源和岸上支持，应选择适当人员担任，给予其恰当的地位并让其尽早参与建立安全管理体系的工作。

2. 建立 SMS 应注意的事项

（1）高级领导层承担责任及领导层的直接介入是 SMS 建立与实施的关键性因素。公司全体人员应明白及做到持久安全无事故，需要公司最高领导人和高级领导层以及所涉及的所有人员一贯不折不扣地履行所承担的职责，没有这种尽职尽责，一切努力都将付诸东流。最高管理层应承诺并积极参与 SMS 的建立，动员其他人员为这一目标努力作出贡献。

（2）充足的资源投入是建立和实施 SMS 的必要条件。建立 SMS 所需要的物力、财力因公司的规模及其现有安全体制的差别而不同，但应给予足够的投入。SMS 的运行并不意味着投入的结束，而高级管理层必须不断评估 SMS 所需要的资源投入，以保持其满意的工作水平。总之，应考虑配备适当的人力、物力和财力，这是建立和保持 SMS 所必需的。

（3）船上和岸上人员的共同参与。为了消除船岸之间联系可能存在的障碍，关键要将船岸人员的管理宗旨和工作程序紧密地结合为一体，SMS 必须为其所涉及的人员所接受，这些人员也必须对建立、实施和保持 SMS 具有一种主人翁精神。为此，船上和岸上人员都要参加到 SMS 的建立、实施和保持中去。船、岸人员都要认真理解和积极执行安全管理方针，以达到各自所制定的目标。

（4）SMS 的建立必须符合《国际安全管理规则》、强制性规定和标准。每艘船必须根据本船情况，对船舶构造及设备按照《国际安全管理规则》的要求进行标识，制定相应的操作须知与应急措施，对备用设备、应急设备要定期检查和试验，使之保持良好工作状态。

（5）SMS 的实施和保持。SMS 的有效实施所需要的时间也同样因公司的规模及其现有的安全管理水平的差异而有所不同。应充分估计到建立 SMS 所需要的时间，应加强船岸间 SMS 运行的经常性联系,以及对 SMS 的运行进行反馈,这是保持体系正常运行的必要手段。

五、安全管理体系的要素结构

安全管理体系是由组织机构、责任、程序、过程和资源所组成。在这 5 大要素中,安全和防止污染操作过程是中心,其他 4 个要素是为其服务或使其运转所必须有的辅助要素。5 大要素,缺一不可,相辅相成,其中责任是关键、组织结构是支柱、程序是依据、操作是核心、人员和资源是保证。

(1) 组织结构是指船公司为实施安全和环保方针,保证其安全运输生产而设置的职能部门,具有明确的责任、权力和相互关系。一般的组织结构图应能显示其机构设置、岗位设置以及他们之间的隶属关系。

(2) 程序是指为进行某项活动所规定的途径。

(3) 责任是指各级人员、各岗位的职权和相互关系。

(4) 过程是指将输入转化为输出的一组彼此相关的资源和活动。现代安全管理活动都是通过过程展开的,安全目标的管理也要通过对组织内部各种过程进行控制来实现。无论什么公司,开展什么安全管理活动,都可以把这项活动作为或分解为一个或若干个过程,其目的就在于把影响安全的各项活动过程处于人的监控之下,并排除全过程所有阶段中导致不符合规定的原因。因此,任何一个公司都需要识别、组织和管理其过程网络和接口,才能创造、改进和提供稳定的安全效果。这就是过程监控原理。

所谓过程就是将输入转化为输出的一组彼此相关的资源和活动,如图 3-1 所示。

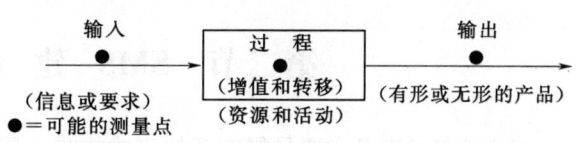

图 3-1 过程的概念模式

从图 3-1 中可以看出,过程有以下特征:

(1) 任何一个过程都有输入和输出,输入是实施过程的基础或依据,输出则是完成过程的结果。完成一个过程就是将输入的信息或要求转化为输出的有形或无形的产品。

(2) 过程本身是一种增值转换,价值的增加来源于投入过程中的资源和活动的结合所产生的结果。

(3) 为确保过程的质量,对输入端和输出端以及过程中的适当阶段应进行必要的检查、审核和验证。

每个公司的存在都是为了实现价值的增值。这个增值往往是通过组织内由一系列过程构成的"过程网络"来实现的。过程网络体现了各个过程组合的结构,特别是接口关系。过程网络一般比较复杂,这是因为过程既存在于职能之中,又可跨越职能。所以要完成一个过程,就要合理地分配职能并明确规定他们之间的接口。

为建立和实施一个有效的 SMS,公司应根据自身的具体情况,强调主要过程并按先后次序排列过程,确定实施这些过程的活动及其相应的职责、权限、程序和资源。一个有效的 SMS 不只是过程的总和,更重要的是使这些过程相互协调和兼容。

《国际安全管理规则》具体地运用了过程监控原理,规则的内容形成了一个闭式的安全管理环。这个安全管理环科学地揭示了船舶安全营运形成过程的特有客观规律，构成 SMS 的各类要素，并把这些要素分解为若干个活动过程，通过制定与实施程序文件监控这些过程，又通过编制与实施安全管理手册，使 SMS 有效地运行，从而把安全工作的重点切实转到预防为主的轨道上。

六、建立安全管理体系的步骤

实施《国际安全管理规则》的核心，是要建立一个安全管理体系，要以科学严密的管理措施，避免由人为因素造成船舶安全及污染事故，保障船舶和人身安全，维护航运公司利益。建立安全管理体系一般可以分为以下 9 个步骤：

(1) 建立 SMS 的准备（包括咨询、成立建设工作小组、配备资源、对最高管理层和建设小组的培训、制定计划等）。

(2) 公司管理现状评估。

(3) 安全管理体系的设计。

(4) 安全管理体系文件的编写。

(5) 制定运行计划和 DOC 的临时审核。

(6) SMS 在代表船舶和岸基的运行（包括培训和船舶临时 SMC 的审核）。

(7) 内审、有效性评价。

(8) 初次审核。

(9) 各船舶的运行。

第二节 SMS 建立的准备

建立体系的准备主要是指在开始正式推进《国际安全管理规则》前需要做的工作，主要包括：公司高层领导统一思想认识并承诺对建立体系予以全面支持和参与、SMS 工作班子的筹建、充足的资源配置、全体员工的动员培训、咨询对象的确定和制定计划等。

一、咨询

建立安全管理体系，可以由企业自己完成，也可以请咨询机构或咨询人员帮助，如果采用咨询的办法并不意味着将建立安全管理体系的责任转移到咨询机构或咨询人员。企业的各级管理者仍然需要身体力行地参与安全管理体系的各阶段的工作。

二、成立建立 SMS 专门工作小组

公司高层领导应考虑适合完成该任务的人力资源，包括主管该项推进任务的人员、SMS 工作小组和各部门的推进人员。

1. 主管 SMS 工作的人员应具备的素质

(1) 一定的学历要求（最好是多学历）。

(2) 有船上工作经历和岸上管理经验。

(3) 强烈的事业心、责任心和敬业精神。

(4) 求真务实、开拓进取精神和良好的工作方法。
(5) 较强的工作能力、协调能力、逻辑思维能力和处理事务的能力。
(6) 具有一定的法律知识和企业管理以及质量管理的知识。

2. 组建专门工作班子

应考虑要有船上工作的资历，各专业人员的合理组合，如：驾驶、轮机、机电和企业管理人员。

三、配备充足的资源

建立符合《国际安全管理规则》要求的公司安全管理体系除了选配合适的人员以外，还应从实际需要出发，配备一定的设备。

总经理赋予主管人员以建立体系所需的必要职责和权力，这种权力应与所承担的职责相一致，以保证推进工作顺利进行；建立符合《国际安全管理规则》的安全管理体系是按照规则的要求，结合本公司特点，建立一整套涉及海务、机务和其他人员管理的文件化体系，因此公司应充分考虑这一特点，配备如：高质量的复印机、足够容量的电脑设备、方便船岸联系的传真机和通信设备等、购买一定数量的参考资料所需的资金和文件制作所需的专项费用等。

四、认知培训

由有关专家（或咨询公司）对公司领导层和专门工作小组进行《国际安全管理规则》培训，是开始建立 SMS 最重要的工作。只有公司高层深入理解规则，才会真正把建立 SMS 的工作放在重要的位置，公司高层才能做出正确的决策。只有专门工作小组全面理解规则，建立 SMS 的工作才能够得以正确的规划和推动。否则，走弯路是难免的。实践中有些公司既不培训高层领导，也不培训专门工作小组，由于公司领导和专门小组人员都不能正确理解规则要求，只认为建立 SMS 就是写文件，结果编写出来的 SMS 文件既不能全面覆盖规则的所有要素，也缺乏系统性，甚至文件之间出现矛盾，无法通过外部审核。也有的尽管专门工作小组成员中有人充分理解了规则，但是由于领导缺乏对规则的理解，对工作小组提出正确的计划得不到批准和实施。通过多年来实践证明建立一套既符合规则要求，又满足公司实际情况的文件化体系是完全可以办到的，但要使全体员工都能按此执行并且做出成效需要不断地努力，因此，在最初建立体系时就应进行全面动员和培训，要根据不同对象，分层次地进行宣传和教育，使相关人员了解和熟悉《国际安全管理规则》，调动一切积极因素，提倡和鼓励全员参与和投入。

在具体实施时，应注意对象的层次性。即不同的培训对象，其培训内容和要求应当有所不同。比如对高层领导主要侧重对安全意识的培养和新管理理念的培养；对专门小组要求完全理解规则；对全体员工进行的有关《国际安全管理规则》认识性培训，即规则的背景、实施意义、规则特点、目标等内容。

五、制定工作计划

1. 推进方法的选择

良好的工作方法可以取得事半功倍的效果，这是一个众所周知的道理。实施《国际安全管理规则》，建立安全管理体系必须采用正确的推进方法，以获得满意的效果。常用的方法有：准确估计工作量、合理编制推进计划、采用倒计时方式、责任到人、按时完成、奖罚分明、抓好落实。其中，学会编制和运用计划是十分重要的。

2. 制定工作计划

建立安全管理体系是一项十分复杂和涉及面很广的工作，没有详细的工作计划是无法按期完成的。一般情况下，建立 SMS 的全过程需要 10 个月以上的时间（到通过初次审核）。表 3-1 建立 SMS 工作计划表为一范例，为公司制定提供一份参考资料，可以根据该表格以接受外部审核的时间为基准，采用倒排时间的办法来确定各任务具体的实施日期。编制计划还应综合考虑高层领导的认识和承诺，SMS 工作班子组建及对《国际安全管理规则》熟悉所需的时间；公司的规模和现有安全管理水平；人力资源和培训工作；体系设计、编写等工作；实际有效运行所需的时间；船上体系建立运行及船员培训所需要的时间等。

表 3-1　　　　　　　　　　建 立 SMS 工 作 计 划 表

顺序	推进阶段	工 作 内 容	所需时间
第一阶段	准备	（1）选择咨询公司（可选）； （2）专门建设工作小组组建； （3）高层领导及专门工作小组培训； （4）实施全体动员和分层次培训； （5）资源的配备； （6）计划的制定	1 个月
第二阶段	现状评估	（1）船岸执行文件调查； （2）职责、职能调查； （3）原有安全和防污染管理情况调查； （4）强制性规则和推荐性标准指南适用评估； （5）船长权利保证及职责履行情况的调查； （6）评估报告起草及呈报	1 个月
第三阶段	体系设计	（1）确定方针； （2）调整组织结构； （3）职能分配； （4）定文件结构； （5）拟文件项目	半个月
第四阶段	文件编写	（1）体系文件编写计划（含时间安排）； （2）体系文件编写人员培训； （3）体系文件的编写、修改、审核、批准、打印、校对、制作和发放	2 个月
第五阶段	临时 DOC 审核	（1）制定运行计划； （2）申请 DOC 临时审核； （3）进行 DOC 的临时审核	半个月
第六阶段	体系运行	（1）船岸全面的培训，包括规则的培训，体系文件的培训，运行培训，相关文件的培训； （2）在公司运行； （3）代表船的运行计划及实施；	3 个月

续表

顺 序	推进阶段	工 作 内 容	所需时间
第六阶段	体系运行	(4) 船舶临时 SMC 的审核； (5) 不符合规定的处理； (6) 船岸联合演习； (7) 有效性评价； (8) 各项安全和防污染管理记录的完善； (9) 体系文件的调整	3 个月
第七阶段	内审、有效性评价	(1) 内审； (2) 内审的纠正； (3) 有效性评价； (4) 有效性评价中发现问题的纠正；	1 个月
第八阶段	初次审核	(1) 审核的申请和安排； (2) 外审认证准备； (3) 外审认证及获得 DOC 和 SMC； (4) 外审不符合规定情况的纠正	1 个月
第九阶段	各船舶的运行	(1) 根据公司船舶的情况，制定相应的运行计划实施； (2) 培训和临时审核； (3) 内审； (4) 外部审核	每船至少 3 个月

计划表批准后，可以在进行下一步工作前，制定每项任务的分计划，分计划与该计划的不同是，任务要到人、时间要到天。

第三节 现状评估与体系设计

一、评估

一个有效的安全管理体系必然要涉及与安全和防污染管理有关的机构设置及职责职能分配，也必然涉及按照管理程序实施的管理活动和过程控制，更会涉及实施管理所需的资源，包括人员、资金、装备、材料、技术和软件的支持等。因此，在按规则要求建立公司安全管理体系之前，必须对公司原有安全和防污染管理状况做出评估。

评估主要包括执行文件情况的调查，各级机构编制和岗位职责调查，涉及安全管理基本工作流程的调查，安全和环境保护方针的调查，船长权力履行情况调查及其调查材料汇总分析和符合性评估等。

1. 公司的安全和防污染现状的调查

(1) 执行文件调查。对现有执行文件的调查路径和方法，可根据航运公司组织机构情况来展开，但应着重于岸上部门和船舶两个方面进行，执行文件的调查应分类进行。分类的方法可按性质划分，即外来文件和内部文件；也可按内容进行分类，这样分类将有利于调查材料的汇总分析和对照规则进行评估。对内部文件主要是保持它们的适用性和符合性，而对外部文件则主要是保持它们的有效性。

（2）机构和岗位职责调查。安全管理体系的建立涉及规则有关要求对公司各部门及岗位职责的分配。因而，进一步明确有关从事、管理和审核安全和防污染的所有工作人员的职责、权力和相互关系是必要的。

（3）基本工作流程调查。工作流程是实施安全和防污染管理的基础，是顺利完成安全管理工作的保证。工作流程的合理与否将直接影响到工作效率和结果。

工作流程是各项管理活动的载体，航运公司各项安全和防污染管理活动按规定的流程进行运作，即能圆满完成一个活动过程。工作流程的调查就是要从某项活动的起源开始，按规定的流向，经过若干个必须经过的环节，最终到达此项工作流程的终点。

（4）船长履行职责权力情况调查。船长如何正确贯彻执行公司（船东）的指令，确保运输生产任务的完成和船舶财产及船员生命的安全；公司如何确保船长权力并及时获得正确的信息和对船长履行职责的支持以及船岸之间有效地信息交流，是十分重要的。

调查可通过编制问卷表形式进行，也可以进行个别了解和座谈形式进行，问卷表内容一般可包括船长正当履行职责权利能否使船长满意？公司能否提供船长足够的岸基支持？公司是否和船长保持有效的信息交流？

（5）已发生事故调查。

1）海事的性质分类：海损、机损、火灾、污染、伤亡、货损事故。

2）海事的原因分类：责任性、非责任性、可抗拒、不可抗拒。

3）海事的分析：海事的概况、特点、成因，以及各种曾出现的险情等。

4）预防措施：硬件管理，软件管理。

2. 汇总分析和符合性评估

经过调查之后，应着手将所有调查材料进行汇总分析。按照分类将调查情况输入计算机进行处理（有条件的应建立调查情况数据库），对照规则条款规定进行逐条分解，并找出与之相对应的执行文件进行排列分析和评估，分别标列出满足、不满足和不完全满足规则要求的文件名称及规则条款，对公司现有安全防污染执行文件和管理状况进行预评估，以确定是否能满足要求，然后写出公司的安全和防污染管理评估报告，总结各项调查结果，提出建立安全管理体系尚须解决的有关问题并报送公司总经理（董事长）进行审核批准，在建立公司的安全管理体系中逐一加以解决。

现状调查后进行对比分析的目的是为了合理地展开 SMS 要素，为体系设计提供依据，根据公司的实际，建立一个完整、科学的 SMS 体系。

体系情况分析：分析本公司建立 SMS 的人、机、环境条件，以便根据所处的状况、等级，考虑如何满足 SMS 要素的要求。汇总分析的主要内容如下所述。

（1）组织结构分析。分析本公司管理机构设置是否适应 SMS 的需要。建立 SMS 的本身就是对传统管理的改革，因此必然涉及公司船岸之间、最高管理层与部门之间、部门与船舶之间、部门与部门之间、管理人员与管理人员之间的职能、权力和责任的重新分配，甚至涉及机构的调整。

（2）船舶营运特点分析。分析船舶的营运方式、航线航区、安全航行等，以确定 SMS 要素的实施程序。

(3) 管理、技术和操作人员组成、结构及水平状况分析。分析船员要素、安全管理技能以及安全体系文件氛围的情况。

(4) 船舶和设备运行状况符合技术标准、工作标准以及管理标准情况分析。分析安全记录、报表、工作须知等运转情况。

(5) 不符合规定情况、事故和险情分析。分析已发生的事故、险情和不符合规定情况、发生的基本条件及其作用机制。

(6) 管理基础工作情况分析。分析公司的管理责任制、标准、培训教育和信息交流等基础性管理情况。

3. 评估的方法

有关执行文件的评估应注意以下几点。

(1) 对这些强制性规定和标准等的评估要求来自于规则第 1.2 的规定。

(2) 推荐的评估内容。因各个航运公司的情况和操作条件不同，不能完全照搬，有关行业性组织所推荐的规定须依据每个航运公司所属的船种、航线和管理机构等情况的不同而决定取舍。有关其他方面的预评估须以《国际安全管理规则》为基准，逐条逐项地进行：

1) 本公司性质是船舶所有人，还是管理人或光船承租人？

2) 公司安全和环境保护方针、目标是否制定？如何保证公司各级机构和人员都能遵循和执行此方针？

3) 公司及船舶各部门和各级岗位职责、权限和相互关系是否清楚？

4) 公司有否类似"指定人员"这样的监控岗位和人员？

5) 公司对船上需要的支持能否及时并充分地提供？

6) 公司保证船长的权力行使和职责履行的声明是否已经落实？

7) 公司是否已有船长的考核任用管理规定以保证船长具有适当指挥资格、完全熟悉公司安全管理体系和得到必要的支持？

8) 公司有否关于按照有关要求为每艘船舶配备合格并健康的船员？

9) 公司及船舶的新上岗人员是否有职责熟悉的规定？

10) 船岸员工的培训是否有相应的程序规定？

11) 公司如何保证所有负责安全和防污染管理的人员对新的法律、法规和规定的学习和熟悉？

12) 公司如何保证船岸之间进行有效的信息传递和交流？

13) 船上关键性操作是否已经制定了相应的程序？如何制定？对于这些关键性操作相关人员是否能保证熟悉和适任？如何进行监控？

14) 公司是否针对航海界公认的以及本公司认定的海上风险等各种可能出现的紧急情况予以标识，并阐述这些紧急情况的特征以及制定船岸做出反应的规定？公司如何做出对船上最有力的支持？船上应如何进行应急抢险行动？相应的指导性文件是否已经备妥？

15) 公司是否已经制定有关船舶发生已标明的各类事故时的原因调查和统计处理规定？

16）船舶日常安全管理中发生的不符合规定的情况、险情和事故如何报告给公司？船舶如何进行原因分析并采取措施加以纠正？公司是否存在有相应的报告和评审记录？有否相应的程序规定？

17）公司有否关于实施纠正措施的程序规定？

18）公司对船舶及设备的维护是否已有规定？尤其当规则公约对船舶维护有规定时，公司如何遵照执行并制定有关按特殊规定和附加要求进行船舶及设备的维护？在具体的船舶维护中是否规定了适当的检修周期？发现不符合规定情况如何报告（如：设备上的缺陷等）？如何采取相应措施予以纠正并保持这些维护过程的各种记录？

19）公司是否已经制定有关船舶及其设备的日常维护和定期检测试验计划以保证船舶各类关键设备均处于良好状态？

20）公司对外来文件和内部产生的文件有否进行控制的规定（包括编、审、批、发）？

21）公司有否对涉及安全和防污染操作管理（包括海事局安全检查等方面）进行内审和管理评审的规定？船舶有否定期复查的规定？

对上述所列内容实施评估结束之后，应写出评估报告，并结合体系设计情况，提出公司及船上安全管理体系的基本构架和文件组成呈报公司最高领导层审查批准并予以执行。

4. 安全和防污染管理评估报告

（1）评估报告及其作用。评估报告应全面反映公司安全和防污染管理的现状，详细描述公司的管理体制、机构设置、船舶情况、船员情况、规章制度、事故情况、违章记录以及实施《国际安全管理规则》准备工作等具体情况。

（2）评估报告的要求。

1）要注重数据说话，汇总对比分析的记录、信息及资料。

2）提供的客观事实，要具有可追溯性。

3）要明确对比要素的重要性以及现有安全和防污染管理开展的深度和广度。

4）要注意发动相关职能部门的人员共同参与，以便于解决接口问题。

二、体系设计

1. SMS 设计遵循的原则

在对公司安全和防止污染管理调查、评估的基础上，可着手对照规则要求进行公司 SMS 的设计。公司 SMS 设计主要遵循以下原则。

（1）公司安全管理体系应覆盖规则的要求。

（2）公司涉及安全与防污染管理各职能部门及岗位的职责、权力要明晰，关系清楚，不能存在职责、权力的交叉或空白和关系含混不清的现象。

（3）职能部门或岗位间的关系接口衔接良好、顺畅，在实际中能有效运行，不要造成运行阻滞。

（4）SMS 的建立必须符合有关的强制性规定，必须符合《国际安全管理规则》、SOLAS74、MARPOL73/78、LOAD LINE66、STCW78/95 等国际强制性规定和国内有关强制性规定，同时，还要对国际组织、国内主管机关及船级社和有关海运行业组织所建议适用的规则、指南、标准给予充分考虑。

2. 设计步骤

建立安全体系好比一项大的建筑工程，必须先搞好设计。因此，在现状调查和评估的基础上做好 SMS 的设计是十分重要的。SMS 设计主要包括以下五个环节。

首先要确定安全和环境保护方针符合规则的要求，是公司对安全和环境保护的追求和目标，是对货主的承诺，是公司安全管理体系的核心、全体员工行为准则及方向。

其次是职能分析和确定机构。公司管理机构的确定是分配职能和确定管理程序的基础。在分配职能和编写管理程序之前，必须先进行职能分析和确定机构。确定机构时，要坚持精简效能的原则，避免职能交叉。

第三是职能分配。体系设计的核心问题是职能分配，把规则中的各个要素分配到有关职能部门（或者岗位），并将各要素转换为相应的工作职责和权限分配到各职能部门中去；职能分配是指对 SMS 要素逐级展开、分解、细化为各项安全和防止污染活动，并对各处室进行职责和权限的分配。进行职能分配是要坚持一项职能由一个部门负责的原则，当一项要素必须由多个部门负责时，要明确主要负责部门或撤并相关部门。

第四是提出文件结构层次，确定程序文件的范围。

第五是提出文件清单。

第四节　SMS　文　件

如前所述，安全管理体系（SMS）是适于并控制公司所有有关安全与污染活动，SMS 的建立实施与取得成效，是采用和依靠文件化管理，控制实践来实现和完成的。因此对于安全体系文件的制定、编写、形成文件化，不仅是建立 SMS 至关重要任务，而且是具有决定性意义的。

根据规则的要求，所有涉及安全和防止污染的活动都应予以标识并应得到控制，以书面写成方针、程序，形成系统有序的文件。公司应建立并保持与安全和防污染管理有关的所有文件和资料的程序。文件也应确保对安全管理和防污染的方针与程序的共同理解和正确实施。

一、体系文件的构成

1. 文件的分类

体系文件按内容分，可分为三个层次。

（1）第一层次是安全管理手册。在此层次文件中包括最高领导层的政策声明，方针目标及落实《国际安全管理规则》各项规定的具体要求等。它由最高管理层作出决定，发布指令，并向专业管理层人员下达。安全管理手册的内容包括：目标与方针、组织结构、职责分工、安全与防污染的管理、人员与配备、资格与培训、文件管理、行政管理与计划、应急部署等项。

（2）第二层次是程序文件。其基于安全管理手册，为其支持性文件。即把安全管理手册所规定的要求，按岗位分工具体化，同时明确各岗位间的相互关系。例如：从事、审核和管理安全和防污染活动人员的职责,权力与相互间的关系;从事、审核和管理安全和防污染工作的程序包括海务、机务管理,船舶与设备维修保养及程序,运输管理等。

(3) 第三层次是须知文件。包括操作须知,设备使用说明,维修保养操作等指导文件,是具体说明如何进行每一项工作的文件。例如:船员配备;技术及培训;技术管理;采购与供应;船舶航行记录与报告、格式;船舶有关数据统计与评估;特殊的关键操作须知等。

2. 体系文件的结构

《规则》来源于 ISO 9000 族标准,它是一个涉及航运公司的安全和防污染的管理标准即是一个"技术标准"和"质量管理"相结合的规则。因此,安全管理体系文件的基本构架与质量体系文件要求是相同的。两者的不同之处主要是《国际安全管理规则》的要素少于质量体系标准的要素。

从理论上讲,安全管理体系文件在层次结构上应当是宝塔形结构如图 3-2 所示。宝塔的顶部是安全和环保方针,中部是管理程序,底部是须知和记录。换句话说,管理程序由须知和记录支持,安全和环保方针由管理程序支持。从图中可以看出,安全管理体系文件是呈正三角形的结构。安全管理手册处于最高层,它是体系的概述;安全管理程序文件是安全管理手册的进一步展开和补充,是一个承上启下的处于中间层次的文件;安全管理须知,是对安全管理程序文件的展开和补充,是具体操作活动的业务指导书。三层文件由上到下逐级展开,由下至上逐级支持。

在实践中,一般是将安全和环保方针编入安全管理手册,并由该手册对整个安全管理体系作系统的描述。在安全管理手册之下,作为安全管理体系第二个层次的文件,即公司及船舶安全和防污染管理文件,一般是形成程序手册(也可分成程序手册和职责手册等),对职责、管理程序、计划和措施做出规定(包括记录)。在程序手册之下,作为船舶操作及维护文件,一般是船舶操作、维护的须知、方案、规程及其记录等(图 3-3)。

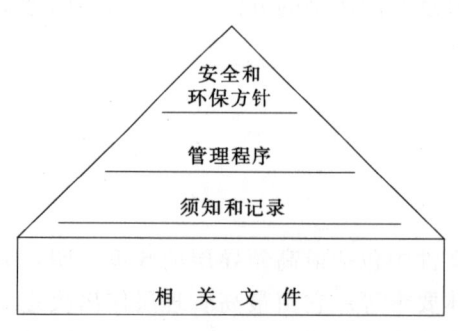

图 3-2 安全管理体系文件层次结构示意

图 3-3 安全管理体系文件层次结构示意

3. 安全管理体系文件的要求

《国际安全管理规则》除在第 1 章中对安全管理体系的功能要求做出规定外,还在其他各章中对构成安全管理体系的文件及其主要内容提出了明确要求。具体见表 3-2。

第四节 SMS 文 件

表 3-2　　　　　　　　　　规则对安全管理体系文件的要求

序号	规则章节号	《国际安全管理规则》对 SMS 文件的要求	文件层次
1	2.1	安全和环境保护方针	M
2	3.2	从事安全和防污工作及负责其管理、评审人员的责任、权力和相互关系规定（职责手册）	P
3	4	指定人员任命（包括职责、权力证明）及其通信联络方法	M
4	5.2	公司强调船长权力的声明	M
5	6.1	保证船长具有指挥资格和完全熟悉公司 SMS 的规定（可纳入船员聘用程序）	P
6	6.2.1/6.2.2	船员聘用及配备规定（程序）	P
7	6.3	新聘及调岗人员熟悉职责程序	P
8	6.3	保证重要指令在开航前下达的须知（可纳入熟悉职责程序）	P
9	6.4	保证所有人员充分理解有关规定、规则和指南的规定（可纳入培训程序）	P
10	6.5	标明并保证提供 SMS 所需支持性培训的程序（可与规则 6.4 要求一同考虑并纳入培训程序）	P
11	6.6	以上工作语言向船员提供 SMS 相关信息的程序	P
12	6.7	保证船员履行 SMS 规定职责时有效交流的规定（可纳入船员聘用程序）	P
13	7	制定关键性船上操作方案和须知的程序	P
14	7	关键性船上操作方案和须知*	I
15	8.1/8.3	船上紧急情况的标明、阐述和反应程序（含措施）*	P/I
16	8.2	应急行动的训练和演习计划	P/I
17	9.1/10.2	不符合规定的情况、事故和险情的报告、调查和分析程序*	P
18	9.2/10.2 12.3/12.6	不符合规定情况纠正程序	P
19	10.1/10.2 10.4	船舶维护程序和/或须知*	P/I
20	10.3/10.4	重要设备和技术系统的标明程序及提高设备和技术系统可靠性的措施*	P/I
21	11.1/11.2 11.3	SMS 及其相关文件、资料的控制程序	P
22	11.3	安全管理手册	M
23	12.1/12.4 12.5/12.6	SMS 内部评审程序	P
24	12.2	定期核查所有受托承担涉及 ISM 事务相关方程序	P
25	12.3	SMS 有效性评价	P

注　M 为手册 Manual；P 为程序 Procedure；I 为须知 Insrtuction。
* 一般是多份文件。

4. 安全管理的实施系统与监控系统的关系

规则第 3、4、5 章是对公司 SMS 在组织机构和职责方面所提出的要求，即强调航运公司除了在日常安全管理部门到最高管理层的实际运作系统外，还必须有一个对该系统运行情况进行监控的系统，以此来保证各项安全管理信息及时得到相互传递，强化并保证 SMS 运作的有有效性。因此，这两个系统既是紧密的联系，又是相互独立的；既不能超越职权，也不能越俎代庖。公司最高管理层将依靠这两个系统来实行安全和防污染的有效管理。

5. SMS 文件结构、层次和相互间接口

SMS 文件从设计到编写，要求对 SMS 文件从结构、层次和标准格式等进行全面设计，力求系统化、规范化，力求做到层次清晰，结构合理和协调有序。同时还要注意不同层次文件之间的接口，处理好文件与文件的相互关系。

二、体系文件的编写

编制安全管理体系文件，首先是制定安全管理方针，其由最高领导者指定专人起草，征求公司管理层意见后，经审核和经最高领导人批准后确定。大量体系其他文件，是要把安全管理方针分解成公司各部门的安全管理的具体目标和实施措施，并由各部门承担编写，经最高领导层审议后由各分管领导签署实施。

1. 体系文件编制遵循的原则

（1）简明扼要。文件体系应力求简练短小，简明扼要。

（2）以上层文件为基础，下层文件可引用上层文件，不必重复抄录。

（3）文件不能互相矛盾。下级文件如与上级文件有特殊的不一致地方，应事先得到上级文件编制部门的批准，然后进行特别说明；未经授权情况下发生文件矛盾，应以上级文件为准，并将发现的矛盾转至更改相关的下级文件；同一级文件如发生矛盾，按职责权限分，以责任方的文件为准；对发生矛盾未能解决的，由上一级组织进行协调和裁定，或由管理层议决。

2. 体系文件编写要求

由于安全管理体系文件是由多层次的文件构成。因此，编写体系文件时应满足和充分考虑以下问题。

（1）体系文件的系统性。体系文件应反映一个组织安全管理体系的系统特征，应对安全和防污染管理形成的全过程和影响安全管理的技术因素和人员的控制做出规定。

（2）体系文件的法规性。体系文件是一个组织实施安全管理活动的行为准则。体系文件总体上应遵循《国际安全管理规则》的要求以及有关法定规则的要求。同时，还应结合本组织特点进行编写，对于组织内部而言，体系文件是必须执行的法规性文件。

（3）体系文件的见证性。体系文件可作为客观证据（适用性证据和有效性证据）向第三方证实本组织安全管理体系及其运行的情况。

（4）体系文件的适宜性。体系文件应根据公司特点、组织规模，安全管理活动的具体性质采取不同形式。安全管理体系文件的适宜性和协调性在很大程度上取决于人员的素质和技能以及培训程度的有机结合。在任何情况下，都应寻求体系文件的详细程度与人员的

素质、技能和培训等因素相适宜，以使体系文件保持一个合理水平，便于有效贯彻。

3. SMS 文件编写分工及签署

（1）SMS 文件的内容。

1）公司安全管理手册。

2）安全与防污染管理程序。

3）安全与防污染管理须知。

4）安全管理记录。

5）内部引用文件和外部受控文件。

（2）公司安全管理手册的编制与签署。体系文件应由规定人员编写，文件编写每一阶段完成后，须经讨论并试验运行，在试验运行前要进行培训，让相关人员了解文件规定的含义和操作方法。

试运行后发现问题应及时反馈并改写文件，全套文件完成后，须进行统一的审核，确认界面、接口衔接良好，无交叉和矛盾之后，方可批准并经管理者评审后进入下一个阶段，如此反复进行，直到全部完成，经总经理批准并签署。

（3）船舶操作手册的编制与签署。

1）由 SMS 办公室或规则实施小组组织有经验的人员按船舶类型编写范本或指南，各船舶主管人员在有经验的船长指导下编写。

2）经总经理或其授权的主管领导批准并签署。

（4）公司安全与防污染管理程序文件。

1）由 SMS 办公室或实施小组辅导，各主管部门负责编写。

2）经总经理或授权的主管领导批准并签署。

（5）船舶安全管理与防污染程序文件。

1）由 SMS 办公室或规则实施小组组织有技术经验的人员编写范本，由船舶各部门负责编写。

2）经总经理或授权的主管领导批准并签署。

（6）公司安全与防污染管理须知。

1）由各主管部门负责编写。

2）经总经理或授权的主管领导批准并签署。

（7）船舶安全与防污染管理须知。

1）由有经验的船长辅导各岗位人员编写。

2）由主管部门负责人批准并签署。

（8）公司和船舶安全与防污染管理记录。

1）由各主管部门负责制定。

2）由主管部门负责人批准并签署。

（9）公司安全管理体系引用的公司原有规章制度构成体系的一部分，由各业务主管部门制定，经总经理或授权的主管领导批准。

三、SMS 文件的控制

安全管理体系确立之后所形成的文件体系的全部文件，无论是何层次，都属于已建成的 SMS 受控文件或称作实施规则的受控文件。

1. SMS 文件控制原则
（1）标明需要控制的 SMS 文件。
（2）标明在发放前负责审批和签署人员。
（3）应保证清除一切被废止文件。
（4）相应处所应有全部相关文件。
（5）应保持一份体系文件总清单。
（6）体系文件应使船、岸相关人员易于取得。
（7）文件的修订状态应易于识别。
（8）文件的修订要遵照原文件同样的审查和批准程序。

概而言之，文件体系的控制与管理，应建立在人的行为、公司期望的行为以及体系原理三者的基础上。

2. 体系文件的发布与管理
（1）体系文件的发布。
1）体系文件按规定的标准，统一进行登记、编号。
2）体系文件一律由 SMS 办公室或规则实施小组负责统一发布。
3）SMS 办公室或规则实施小组需掌握一份现行有关的公司体系文件清单。
4）SMS 办公室或规则实施小组还需掌握一份外部受控文件清单，以便随时掌握外部受控文件的更改情况。

（2）体系文件的管理。
1）SMS 办公室或规则实施小组应规定体系文件的发送管理办法，以保证所有应持有文件的收文部门在文件生效日期之前获得文件。
2）文件发布时应附有 SMS 办公室或规则实施小组定期编制的体系有效文件清单和体系文件签收登记回执。收文部门在收到文件时应在登记表上签字，并将回执返回到 SMS 办公室或实施小组。
3）SMS 办公室或规则实施小组应制定本公司体系文件管理办法，收文部门应该按该办法存放和使用文件，指定专人负责文件的跟踪管理，保证每个人执行的是现行的有效文件。

（3）体系文件的修改。
1）文件发放后，实施过程中如发现文件有缺陷，问题或与新颁的法规等不符时，执行部门应以书面形式报 SMS 办公室或规则实施小组，并提出详细的修改意见。
2）对于小的修改，SMS 办公室或规则实施小组负责报总经理或主管领导批准后，由主管部门负责修改。
3）修改后的文件需对修改部门进行明显的标识。
4）SMS 办公室或规则实施小组需按体系文件管理办法进行发布、撤销、消除原有文件。
5）收文部门在收到经修改的文件后，必须在文件生效日期之前通知所有有关人员，并要有回执反馈至 SMS 办公室或规则实施小组。
6）各部门需组织对修改后的文件培训，以便使文件得到正确的执行。

7) 以上所述均需做好实际活动记录。

(4) 对外来文件，原始资料的管理。

1) 对国际和国内的法规，规范，公约等外来文件由安监部门、技术部门等主管部门负责收集、分发和管理。

2) 原始技术文件夹和资料由技术部门负责收集和分发，由档案管理部门负责归档。

3) 所有外来文件和原始资料分发前，均需发布外部受控文件清单。

4) 外部受控文件修改本的发送和管理按体系的文件管理办法处置。

(5) 文件的废止、清除与归档。

1) 过时文件在任何操作现场不得出现。

2) 留作备查的过时文件，要加以标识，并妥善保管，不得出现在操作现场，以避免误用。

3) SMS办公室或规则实施小组在发布文件时，应按规定对过时文件进行清除和销毁处理。

4) 收文部门在收到文件后，应对照SMS办公室或规则实施小组提供的体系文件清单，立即撤出过时文件进行销毁或移交SMS办公室或规则实施小组处置。

5) 所有需保留的过时文件均由SMS办公室或规则实施小组负责标识并归档。

6) 当船舶脱离公司时，应将所有文件交SMS办公室或规则实施小组处理。

7) 所有版本的安全管理体系文件，SMS办公室或规则实施小组均需归档保留。

8) 电脑中存放的体系文件，需及时备份，并保留所有的安全管理体系文件。

(6) 文件的装订。全部体系文件，包括各种手册，应尽量做成活页，便于查找，便于修改时更换被修订的页码。

第五节 SMS 的 运 行

SMS在公司岸基和船舶的运行，意味着船舶安全和防污染管理突破传统的管理模式，变传统的、彼此独立的海务管理、机务管理和人事管理为整体的、系统的、规范有序的管理，使船舶安全和防污染管理进入一个全新的体系管理模式。

与传统的技术目标管理有很大的区别的是，SMS是形成管理机制，要达到三个方面的国际标准，即船舶按照管理标准、安全操作标准和防污染管理和操作标准。这三个标准的实现，要靠SMS的正常、有效的运行来实现。确切地说，SMS在公司岸基地和船舶运行，是要用公司的安全和环保方针、目标和操作规定，即公司的SMS文件所有要求来规范岸基和船上的安全和防污染管理，指导船舶操作。具体而言，就是应用体系设计好的组织机构、体系文件规定的程序和须知，激励和发挥SMS内人员的积极性、创造性，尽职尽责做好涉及安全和防污染的所有操作，实现公司的方针和目标，预防和避免各类事故的发生。

一、运行方法

1. 戴明循环法

戴明循环法，即PDCA循环的概念最早是由美国质量管理专家戴明（W. E. Deming）

于20世纪50年代初提出的,所以又称为"戴明环"。它是全面质量管理所应遵循的科学程序。全面质量管理活动的全部过程,就是质量计划的制订和组织实现的过程,这个过程就是按照PDCA循环,不停顿地周而复始地运转的。

2. PDCA循环的内涵

ISO 9001:2000标准0.2条款的"注"指出,PDCA方法可适用于所有过程。其模式可简述如下(图3-4):

P——策划:根据顾客的要求和组织的方针,为提供结果建立必要的目标和过程。

D——实施:实施过程。

C——检查:根据方针、目标和产品要求,对过程和产品进行监视和测量,并报告结果。

A——处置:采取措施,以持续改进过程业绩。

(1) PDCA方法适用所有过程。PDCA循环理论存在于所有领域,既包括人们的专业工作,也包括日常生活,它被人们持续地、正式或非正式地、有意识或下意识地使用于自己所做的每件事和每项活动。

(2) PDCA循环的主要步骤。

1) 分析和评价现状,以识别改进的区域。

2) 确定改进的目标。

3) 寻找可能的解决办法,以实现这些目标。

4) 评价这些解决办法并作出选择。

5) 实施选定的解决办法。

6) 测量、验证、分析和评价实施的结果,以确定这些目标已经实现。

7) 正式采纳更改。

8) 必要时,对结果进行评审,以确定进一步改进的机会。

其中,1)、2)、3)、4)即P——策划;5)即D——实施;6)即C——检查;7)、8)即A——处置(实质是纠正)。以上所述,即为解决问题所必须遵从的一个过程、4个阶段和8个步骤(图3-5)。

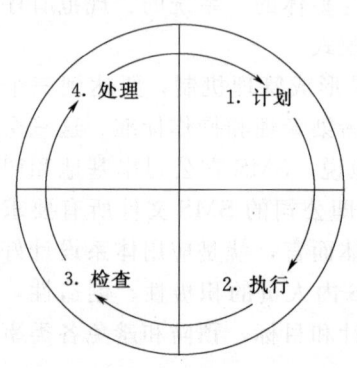

图3-4 PDCA循环4个阶段

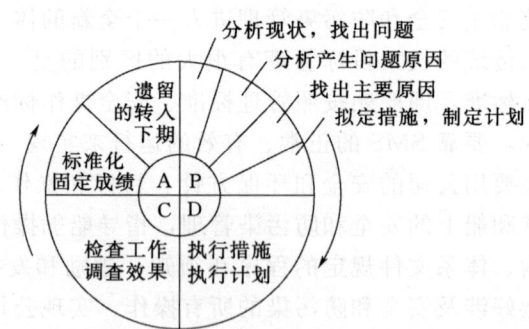

图3-5 PDCA循环8个步骤

3. PDCA循环的特点

(1) 闭环管理。策划—实施—检查—处置(纠正)是使用资源将输入转化为输出的活动或一组活动的一个过程,必须形成闭环管理,4个阶段缺一不可。那么,PDCA循环的

4个阶段是否只能分成8个步骤？可视具体情况而定。

（2）大环套小环。大环套小环，一环扣一环，小环保大环，推动大循环，如图3-6所示。

在PDCA循环的4个阶段中，每个阶段都有自己小的PDCA循环。比如，ISO 9001：2000标准的管理职责5）和资源管理6）是PDCA循环的P阶段，产品实现7）是D阶段，测量、分析8）是C阶段，改进8）是A阶段。而"改进"中的"纠正措施"则是该标准大的PDCA循环中A阶段的小PDCA循环。

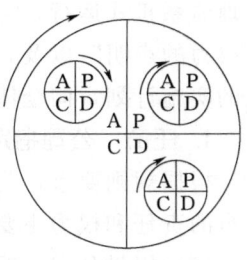

图3-6 大循环套小循环

应当指出，PDCA循环中的A是关键环节。若没有此环节，已取得的成果无法巩固（防止问题再发生），人们的质量意识可能没有明显提高，也提不出上一个PDCA循环的遗留问题或新的质量问题。所以，应特别关注A阶段。

（3）循环前进，阶梯上升。由图3-7可见，若按照PDCA循环前进，就能达到一个新的水平；在新的水平上再进行PDCA循环，便能达到一个更高的水平。

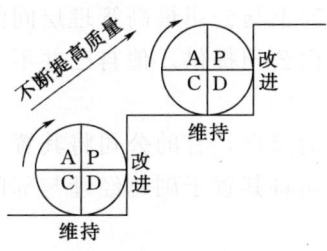

图3-7 循环前进，阶梯上升

在质量管理体系中，PDCA循环是一个动态的循环，它可以在组织的每一个过程中层开，也可以在整个过程的系统中展开。它与产品实现过程及质量管理体系其他过程的策划、实施、控制和持续改进有密切的关系。

4. PDCA循环的灵活运用

日本著名质量管理专家池泽辰夫主张灵活运用PDCA方法，可先从CA入手，然后再进入PDCA循环，即先"检查""处置"（纠正）前一循环的实施效果后，再进入"策划"阶段。池泽辰夫举例说，在制定年度方针、目标及实施计划方案时，应回顾上一年度方针、目标的实现情况，即对上年度的PDCA循环效果进行充分验证后，再制定本年度的计划。

池泽辰夫先生的说法是对PDCA循环认识上的深化。事实证明，毫无准备地进入策划阶段与检查前一循环的实施效果后再进入策划阶段，其效果截然不同。所以，进行PDCA循环时，尤其要注意CA环节，在此基础上进行策划，对提高策划的水平和有效性有着重要的意义。

5. PDCA循环法在运行SMS中的应用

如前所述，PDCA循环法这一个过程控制的方法，事实上应用于SMS建立、实施和保持的全过程，也就是上述中大环套小环的特点。在这里，我们侧重介绍戴明环在运行SMS中的应用的一个小环，即运行。运行SMS的过程同样包括"策划、实施、检查与处置（纠正）"4个阶段，即①运行计划建立阶段（P）；②实施阶段（D）；③检验阶段（C）；④纠正阶段（A）。

把SMS运行分成以下4个阶段是相对的，实际过程往往能截然分开，而是有紧密联系、交叉进行，在工作中边计划，边操作，边检查边纠正的情况是经常存在的。

二、第一步——运行计划建立阶段（PLAN）

体系文件编制完成后，将进入SMS的运行。安全管理体系运行是航运公司的一件大事，一般应召开专门的安全管理体系运行发布会。由公司总经理（董事长）宣布公司安全管理体系正式运行，宣读公司的安全和环境保护方针、目标、和措施；宣读公司关于"船长权力的声明"以及总经理对指定人员的授权声明及指定人员的职责权力。同时，根据制定的实施计划，向全体员工和船舶提出安全管理体系运行的要求。

1. 任命"公司指定人员"

根据规则要求，公司应指定1名或数名能够直接与最高管理层联系的指定人员。指定人员的责任和权力主要包括有以下三点：

（1）提供公司与船舶间联系渠道。

（2）对公司和船舶安全管理体系的实施进行监控。

（3）对船舶的安全和防止污染管理，确保按需要提供足够的资源和岸上支持。

指定人员作为公司安全管理体系运行的监控者，同时也是船上与公司最高管理层间的联系渠道。但是，指定人员履行职责所需的资源和岸上支持应由公司提供。他自己并不一定直接拥有足够的资源支配权。

指定人员所处的特殊身份，需要他在公司内处在一个合适的层次，有的公司将其置于总裁与副总裁之间，也有的将其置于部门长之上，也还有的公司将其置于副总经理与部门长之间，当然，也有的由副总经理兼任。

考虑到公司指定人员在公司内履行安全管理体系方面起着非常关键的作用，通过多年的ISM规则的实施，在2007年10月19日，海安会制定了国际安全管理规则（ISM规则）下指定人员经验、资质和培训指南（MSC - MEPC.7/Circ.6），提出了对船公司具有ISM规则规定职责的指定人员的资质、培训和经历提出了以下要求。

（1）指定人员至少应该接受过以下正规教育：

1）主管机关或其认可机构承认的高等院校管理、工程或自然科学相关专业毕业，或者

2）具有依据经修订的1978年STCW公约所发证的高级船员资质和海上经历，或者

3）其他正规学校毕业且不少于3年从事船舶管理的高层工作经历。

（2）指定人员应接受过ISM规则规定的安全管理要素方面的培训，特别是关于：

1）对ISM规则的认识和理解。

2）强制性规则和规定。

3）适用的规则、指南和标准。

4）查验、质询、评估和报告等评估技巧。

5）安全管理的技术和操作方面。

6）必要的海运和船上操作知识。

7）至少参加过一次与海运相关的管理体系审核；而且

8）与领导层和船上人员能够有效沟通。

（3）指定人员应该具有以下经历：

1）将与ISM规则有关的事项提交最高管理层，并获得安全管理体系改进方面的持续支持；判断安全管理体系的要素是否满足ISM规则的要求。

2）通过运用已确定的内部审核原则，判断公司和船舶安全管理体系的有效性，以确保满足法规和规则的要求。

3) 评估安全管理体系在确保符合法定和入级检验范围外的其他规则和规定,以及能够查验其是否符合这些规则和规定方面的有效性。

4) 评估国际海事组织、主管机关、船级社、其他国际主体和海运行业组织为提升安全文化所推荐的安全做法是否予以考虑;而且

5) 从危险发生、危险境况、险情、事件和事故中获取和分析数据,并利用所获取的教训改进公司和船舶的安全管理体系。

(4) 公司的必备条件和记录。公司应提供包括资质、培训和经验等方面的培训课程,以及与满足 ISM 规则相关的适当程序,该程序应包括实践培训和持续更新等内容。公司还应该提供能够表明指定人员已具备承担 ISM 规则规定义务的相应资质、培训和经验的文件化证据。

2. 运行计划的制定

制定运行计划是运行 SMS 的基础,公司和船舶运行 SMS 时,都应当在对现状进行充分分析和评价后,制定出确切可选的计划,该计划也是公司和船舶接受临时审核必需的文件。以下分别给出公司和船舶运行计划的样本,供读者使用中参考。

(1) 公司运行计划。

六个月内实施满足 ISM 规则全部要求的安全管理体系的计划

我司 SMS 体系文件于××××年××月××日开始生效,现就 SMS 体系六个月内实施满足《国际安全管理规则》全部要求作出计划如下:

(一) 文件学习与宣贯

公司召开 SMS 宣贯动员大会,总经理主持。××××年 7 月上旬岸基主管及员工集中培训安全管理有关文件;7 月中旬开始相关部门和人员学习 SMS 文件,熟悉与本岗位职责相关的文件并作好学习记录

(二) 运行体系

自公司取得临时 DOC 证书之日起,公司开始运行 SMS 体系,各相关主管及人员按照 SMS 要求履行职责,所有与船舶安全和防污染的活动严格按照体系文件规定程序执行管理,按体系文件的要求做好记录并逐步建立台账。

代表船在公司取得临时 DOC 证书之后,船舶安全和防污染委托管理协议生效时开始运行安全管理体系。

(三) 相关工作安排

a) ××××年 8 月下旬向主管机关申请并接受 DOC 临时审核。

b) 自船舶安全和防污染委托管理协议生效后,代表船申请并接受 SMC 临时审核。

c) 自公司取得临时 DOC 证书后一个月内举行内审员培训。

d) 代表船取得临时 SMC 后一个月内进行船岸联合演习。

e) 体系试运行两个月后公司岸基和代表船进行内审,对发现的不符合情况按程序实施纠正措施。

f) 体系试运行两到三个月之间,公司召开 SMS 有效性评价会议,必要时对文件进行修改。船岸继续加强执行 SMS,公司各主管适时检查公司或船舶 SMS 运行情况并及时改进。

g）体系运行三个月后向主管机关申请并接受公司 DOC 和代表船 SMC 初次审核。

ABC 船务有限公司
××××年××月××日

（2）船舶运行计划。

"ABC"轮六个月内实施满足 ISM 规则全部要求的安全管理体系的计划

公司 SMS 各相关部门、"ABC"轮船长：

我司于××××年10月9日取得了临时 DOC，根据与 DEF 船务公司签订《安全防污染管理合同》，现对 ABC 轮的 SMS 运行做出以下安排，请公司各主管及"ABC"轮遵照执行。

一、"ABC"轮六个月体系运行安排

1. 公司岸基人员在 SMS 运行的过程中，加强对 SMS 文件及相关的公约、法律、法规的学习，同时督促船舶开展对 SMS 文件及相关的公约、法律、法规的学习、建立各岗位的相关台账。

2. "ABC"轮在 SMS 建立和运行中，首先公司人事主管组织"ABC"轮全体船员对 ISM 规则和 SMS 文件进行宣贯、培训和学习，在此基础上由船长组织全体船员集中学习和自学形式相结合，进行系统化的学习 ISM 规则和体系文件，做好学习记录，各岗位建立相关台账；同时船舶各岗位应将各自主管的设备按 SMS 文件的要求进行标识。

3. 机关各职能部门和"ABC"轮做出相应的工作计划（如培训计划、应急训练计划、船舶维护保养计划、内审计划等）。

4. "ABC"轮各自岗位全面清点各自管辖的技术资料、物料、备件，并建立相关登记清册。

二、"ABC"轮正式运行 SMS

××××年12月，"ABC"轮正式运行 SMS。

三、内部审核

××××年2月对"ABC"轮组织一次内审，对内审发现的不符合规定的情况实施整改。

四、船岸联合演习

3月份公司和"ABC"轮组织进行一次船岸合成联合演习。

五、船长复查

"ABC"轮组织一次船长定期复查安全管理体系（内审和船岸联合演习后）。

六、初次审核

申请并接受"SMC"初次审核（4月上旬）。

ABC 船务有限公司
××××年××月××日

三、第二步——实施阶段（DO）

1. 配备安全管理体系文件

应根据公司制定的文件配备方案，为公司各部门和船舶配备 SMS 文件。具体的规定

第五节 SMS 的运行

在本章第四节中进行了详细的阐述,此处不再赘述。

2. 进行运行培训

实践证明,任何一部强制性法规的实施,首先要通过对人员的培训,才能普及和贯彻实施。同样,ISM 规则作为 IMO 最新颁布的强制性规定且具有浓厚的西方文化、思维方式特点,如不进行培训,难以理解接受。因此,运行 SMS 必须以培训为前提,通过全员培训,根据不同层次,进行针对性培训,使岸基工作人员和船员对《国际安全管理规则》和实施 SMS 有一个较深刻的理解,才能很好地执行,提高船舶的安全和防污染管理水平。

(1) 培训目的。

1) 使岸基工作人员和船员学习理解《国际安全管理规则》的精神实质和核心要求,掌握 SMS 运行的方法和运行的主要步骤。

2) 能按运行计划,正确、有效地在日常工作改变管理方法,运行与保持 SMS,实现公司的管理目标。

(2) 培训内容。

培训应该在公司和船舶同步实施。

1) 加强培训。在原来构建初期进行认识性培训的基础上实施加强培训,包括 ISM 规则基础理论、相关知识、SMS 基本要求、运行步骤等。

2) 公司 SMS 培训,介绍公司 SMS 概况,建立过程,文件内容及控制要求,实施 SMS 计划及文件和记录表格要求。

3) 业务培训,包括实施安全和防污染管理的全部操作所涉及的业务技术,即按岗定责、尽职尽责、具备本职工作应具备的业务技术素质和能力,做到能通晓和熟练自己的业务技术,适任本职工作。一旦转换岗位,又能尽快掌握新的工作业务技术和操作能力。此项培训不要求严格时间规定,但要有计划实施培训,不断提高全体岸基和船员的业务技术和实际操作水平。

4) 应急培训,包括应变部署和演练的培训。体系文件中各种紧急情况、应急状态、应变程序的培训,使公司岸基员工和船员树立起良好的应急观念,增强应急意识,熟悉应变程序、熟练应变操作,丰富应急经验,使公司岸基员工和船员在紧急状况下能保持冷静,通过有序紧张的努力,克服困难、战胜困难,转危为安,减少损失,最大限度保证安全。

(3) 做法和注意事项。

1) 培训工作要贯彻始终,实施计划的每一步都要先开展培训,以便统一思想,统一认识,保持步调一致。

2) 培训工作按对象分层次,内容不同,深度不同,范围不同。有的培训要全员参加,有的则以部门(船舶)为主,业务范围为主。

3) 培训要让每一个人都知道什么是 SMS,如何运行,每个人岗位职责、权力及相互间的关系都要了然于心,这样,SMS 运行才会正常、有效。

4) 要做好培训记录,列表登记培训课出席情况,必要时要求人员签到,保存名单备案。

5) 培训结束或在每个培训阶段,进行考核。

6) 培训不必拘泥于形式，可以是开放式的研讨，也可是封闭式教学。总之，每次培训目的要明确，准备要充分，做到形式多样，方法灵活，讲究实效。

7) 在公司岸基和船舶培训考试成绩优秀者中选拔内审员，为后期内审的开展做准备。

8) 针对船舶的培训要注意到特殊性：

a. 根据船上 24 小时值班的特点，每次培训课分别讲两次，确保每个船员都能参加培训，有所提高。

b. 船舶的主要领导（船长、轮机长和大副）应到公司培训，其他船员如果条件许可也应到公司培训，如果条件不许可，可以在船舶进行。

c. 在船舶运行前，应由公司对全体船员实施规则和 SMS 的系统培训，这样效果会更好，当然培养船舶主要领导作为培训的推进员也至关重要。

3. 临时 DOC 审核

按照运行计划，向主管机关或认可的审核机构提交公司临时 DOC 审核的申请，并做好审核准备。

4. 代表船舶运行的启动和船舶临时 SMC 审核

（1）SMS 在船启动。公司通过 DOC 临时审核、船舶培训完成和船舶具体操作文件（一般称为单船操作手册）编写结束，即具备了船舶运行 SMS 的条件，当然也可以在公司取得临时 DOC 前对船舶试运行 SMS。船舶 SMS 启动运行是一个分水岭，表明船舶的安全与防污染管理从此告别传统的管理模式，进入一个全新的体系管理模式。

SMS 在船舶启动应由船长或公司的领导作一个简短的动员和说明，宣布船舶 SMS 启动时间，强调自 SMS 启动开始之日起，本船的安全和防污染管理要按照研究好的计划和 SMS 文件的规定去执行，和公司的 SMS 同步运行。船舶的法定记录和有关台账、记事簿都要清晰明确地记载这一重大事件。

法定记录如航海日志和轮机日志的记载，可参照以下内容填写：

本轮于××××年××月××日，在公司安全质量办公室（部）的指导、协助下，对全体船员进行了《国际安全管理规则》及公司 SMS 培训，且在普及的基础上还对重要岗位和关键操作人员进行了深入培训。全体船员对《国际安全管理规则》有了明确的认识，对公司 SMS 有了清晰的了解，涉及的船舶具体操作文件业已编写结束，基本具备 SMS 在船运行条件，本船于××××年××月××日××××时按照公司 SMS 模式，正式启动投入公司 SMS 运行，特此记载备案。

××××年××月××日

以上记录应记录在重大事件栏中，如果同时进行了 SMC 临时审核，还应当将审核开始和通过的时间也记录在法定日记中。

（2）代表船 SMC 临时的审核。如果船舶具备了临时审核的条件后，公司职能部门应制定船舶 SMS 运行计划，向主管机关或认可的审核机构提交临时 SMC 审核的申请，并做好审核的准备。

5. 应急演习和训练

为 SMS 有效运行，应按公司 SMS 文件中制定的应急计划，经常进行演练和训练并不断提高水平，旨在加强员工的隐患意识、应变意识和自我保护意识，提高对突然出现的各种紧急状态的应变能力。

(1) 船舶的演习和训练。船舶要制定各项应急操练的计划，计划应包括完成所有操练的周期，应急计划的演练应定期举行，要参照 SOLAS74 III B/19、V/19-2 及 MEPC54(32) 决议通过的《船上油污应急计划编制指南》的要求，训练要逼真，演习尽可能模拟实际的紧急情况进行。为使船上的训练切实有效，船舶应配备训练手册，指导船员对本船救生设备和最佳的救生方法的熟悉和练习，训练手册应符合本船的实际情况并得到主管机关的认可。

"演习"是指针对某种紧急情况按应急反应计划进行的综合性演练活动，如消防演习、弃船演习等。

"训练"是指为熟悉应急设备及其操作而开展的练习，如救生艇筏的登乘、降落和离开，所有救生属具的使用，防火门的关闭及消防设备的使用等。

演习和训练应保持正规的记录，特别应该指出的是，演习和训练是说明船舶有能力对各种紧急情况作出正确处置的有力证据，也是 SMS 在船有效运行的客观证据，必须认真记录，记录应对演练过程完整描述，且予妥善保管。缺乏记录，应视为未进行演练。

通过增强自救、互救和处理紧急的技能，使船员在艰苦的海上工作中，对实现海上安全目标充满信心。

(2) 公司的应急训练。运行 SMS 中，公司岸基也应根据岸上的应急计划或预案定期开展训练和演习，以提高岸基人员的应急反应能力。如机务、海务部门分别开展对某船的资料、布置图、某航区的海图及相关表册准确迅速索取的训练；再如公司选定某一船舶开展船岸联合应急演习等。演习着重应注意：应急启动是否迅速，人员到位是否及时，船岸、岸基部门间联络是否畅通，岸基支持是否得力，指挥是否得当，对外报告求援是否有效等内容。

6. 运行中侧重的工作

SMS 是以文件形式来体现和支撑公司的安全和防污染管理活动，要有效地实施、运行公司的 SMS，相关部门/船舶和相关人员必须做好以下几方面的工作。

(1) 认真阅读、理解和掌握 SMS 文件。

1) 明确与本部门/船舶和本岗位相关的文件：

a. 安全管理手册是最高层次的文件，SMS 相关部门/相关人员和船上的高级船员必须通读并掌握。

b. 安全和防污染管理的程序文件是按照 ISM 规则的要求来编制，SMS 相关部门/相关人员学习、理解和掌握即可。

c. 公司的安全和防污染管理的须知文件一般只与岸基地有关，只要 SMS 相关部门/相关人员学习、理解和掌握这些文件。

d. 船舶安全和防污染管理的须知是船舶安全和防污染操作的依据。岸基主管人员和船上所有船员，特别是高级船员应学习、理解和掌握这些文件。

e. 船舶的单船操作文件，岸基主管人员和船舶设备主管人员必须学习、理解和掌握操作规程。

2) 明确本部门/船舶和本岗位在 SMS 中的责任、权利和相互关系。体系内的各职人员必须明确所在部门和本人岗位的职责,什么工作必须去做,什么工作可以做,什么工作不必做,这些都应做到心中有数。此外,船舶安全和防污染的很多工作不只是靠一个部门就能完成的,需几个部门团结协助才能完成,所以,还应了解与其他部门/岗位的相互关系。

3) 明确本部门/船舶和本岗位须开展的安全和防污染管理活动。体系内各职人员必须学习、理解和掌握与本职责岗位有关的所有程序、须知和操作方案,应做什么,何时,何地,如何做都一清二楚。

4) 明确本部门/船舶和本岗位须填报的安全管理记录,并认真做好相关运行记录。体系内的各职人员必须明确本部门/船舶本岗位须填报的安全管理记录,并认真做好相关运行记录。

(2) 按 SMS 文件规定开展各项安全管理活动。通过学习文件,熟悉本岗位职责和相关工作,就可以正常开展工作了。

1) 与公司岸基有关的安全和防污染管理活动:

a. 船员新聘用、转岗,在船适任控制、离任评估、解聘,建立聘用人员档案。

b. 新聘和调至新岗位人员熟悉教育,对船长,大副和轮机长进行上岗前培训。

c. 提出培训需求,制定公司年度培训计划并落实计划。

d. 船舶年度教育培训计划的审批,执行情况的监督。

e. 船岸通信联系的实施。

f. 船舶证书管理。

g. 对船舶进行定期的检查以监督关键性操作方案和须知的执行情况。

h. 进行船岸联合演习,检查公司岸基对船舶发生事故,险情作出的反应。

i. 对船舶发生事故,险情进行调查、分析、确认并验证船舶采取积极的纠正措施。

j. 对以上发现的缺陷和不符合规定情况(船舶自查、公司检查、FSC、PSC 发现的)纠正措施的实施情况进行验证,需要时提供必要的岸基支持。

k. 审批船舶上报的维护保养计划,审阅船舶维护保养计划执行情况,处理船舶上报的设备维护中存在的不符合,审阅船舶上报的主要设备运行和测量参数报告,审核船舶的备件和物料申请并及时提供船舶修理。

l. 按文件规定对文件和资料进行有效的控制,保持文件和资料的最新有效;提出文件修改意见,按文件控制程序进行修改,发放和供应。文件和资料包括:SMS 文件,相关的规则,规定和指南,航海资料和技术资料等。

m. 接受内审,对船舶进行 SMS 内审。

n. 评价公司安全管理体系的有效性。

o. 接受外审。

p. 对内部审核,外部审核,船长定期复查安全管理性体系中发现的缺陷及时采取纠正措施等。

2) 与船舶有关的安全和防污染管理的活动:

a. 新聘和调至新岗位的船员按规定进行熟悉教育,船长应完全熟悉公司的 SMS。

b. 船舶年度教育培训计划的制定和培训计划的落实。

c. 按照已制定和批准的关键性操作方案和须知,包括必要的检查清单,来进行船舶有关操作。

d. 按照公司规定和要求进行船舶通信。

e. 制定紧急情况的演习计划并按计划开展操练和演习,船长作好评价,参与公司安排的船岸联合演习。

f. 发生事故,险情还向公司报告,并按规定进行调查,分析,采取适合的纠正措施。

g. 发生不符合规定情况应按规定报告,并进行调查,分析,采取适合的纠正措施。

h. 船长复查 SMS 并向公司报告。

i. 制定维护保养计划,提交批准,按批准的计划实施并上报,主要设备运行和测量参数的上报,备件的控制,物料的控制,对备用装置设备或非连续性使用的技术系统的定期测试,上报维护保养中发现的不符合等。

j. 按文件规定对文件和资料进行有效控制,保持文件和资料的最新有效。文件和资料包括:SMS 文件,相关的规则,规定和指南,航海资料和技术资料等。

k. 接受内审和外审。

l. 对内部审核,外部审核,有效性评价,船长定期复查安全管理性体系中发现的缺陷及时采取纠正措施等。

(3) 认真做好体系运行记录。体系的运行记录是体系运行的充分依据和档案,不可掉以轻心。没有体系的运行记录,等于体系没有运行。这也是体系审核的一条法则。

四、第三步——检验阶段(CHECK)

进行体系运行的检查、评价和审核,对于体系的检验,包括定期评价、内部审核和船长定期复查安全管理性体系。即每隔一定时间,要对前期的 SMS 具体操作进行一次回顾检查,审视安全和防止污染管理过程是否并符合《国际安全管理规则》要求,要从中找出问题,发现对 SMS 文件进行修改的依据。常见的检验手段有以下几种。

(1) 部门(岗位)和船舶自查。通过定期和不定期的自查,及时发现和纠正日常营运中存在的不符合规定情况,并按照规定处理,确保 SMS 的有效运行。

(2) 公司定期检查。公司定期对岸基各部门和船舶进行检查。履行自己岗位职责,更重要的是确保 SMS 有效运行重要手段,通过检查发现管理中存在的问题、不符合规定情况、人员的素质情况、公司管理中存在的薄弱点和船舶需要提供的支持等。

(3) 船长定期复查安全管理体系。体系文件中船舶操作文件占了大部分,船舶的日常就按此开展,通过日常的操作才能发现 SMS 中存在的问题。船长通过定期复查 SMS 在船运行情况,并向公司报告其不足之处,有助于完善公司的 SMS,确保 SMS 符合国际、国内最新的强制性规则及规定的要求。

(4) 内部审核。公司应制定内审程序,组织人员对新建体系进行审核。内审是审核安全和防污染管理活动是否符合 SMS 的要求,内审中发现的不符合规定情况若影响到体系的有效性,或有系列性缺陷,就需要更改体系文件,调整后再进行一次内审,直到体系有效运行为止。

(5) 有效性评价。评价是在内审通过后,由领导层对体系的有效性评价,通常由总经理主持，对体系运行有效性进行总体评价。所发现的问题及做出的决定，要及时通知体系有关部门予以纠正或实施。

五、第四阶段——纠正阶段（ACTION）

在体系运行中对出现的问题，采用了"不符合规定情况、事故和险情的报告和分析"这一"精髓"程序，对发现的问题予以纠正，以便对运行 SMS 过程进行改进，并不断完善。

SMS 中建立一个程序确保不符合规定的情况、事故和险情得到报告、调查和分析，从而改进安全和防止污染工作。不符合规定的情况、事故和险情的报告、调查和分析是为下一步采取纠正措施做准备。因而是纠正的前期工作。而报告、调查和分析三者又是相辅相成的，调查和分析只能在得到报告的前提下进行。

1. 报告和分析

在体系的运行中对发生的不符合规定的情况、事故和险情，不能大事化小，小事化了，而应当都得到报告，这样才能从根本上提高公司的管理技能。不符合规定的情况、事故和险情能否得到报告与相关人员的体系意识密切相关。因此，提高相关人员的体系意识对公司来说显得极为重要。船岸的不符合规定情况可以通过以下活动得到报告：日常的值班、管理、操作、维护、训练、演习、自查和接受检查、内审和外审等。任何不符合规定情况的报告应包含对情况的描述，不符合规定情况的性质及其存在客观证据的确认等信息。不符合规定情况、事故和险情的报告、调查和分析是为下一步采取纠正措施做准备。

当不符合规定情况、事故和险情得到报告后，公司应开展调查和分析工作。调查和分析可以从以下方面考虑（但不限于此）：责任者是否熟悉其职责；是否具备适任资格；是否经过相关培训；是否了解安全管理体系规定的程序和须知；对程序和须知的背离程度；当时的工作环境及其他客观条件；安全管理体系文件是否存在偏差等。

2. 实施预防措施和纠正措施

在报告和调查、分析工作完成的基础上，应制定和实施预防和纠正措施，以保证不符合规定情况、事故和险情的纠正措施得以落实，从根本上提高和改进安全和防污染管理工作。制定预防和纠正措施用以有效控制纠正措施的具体落实，包括明确有关责任人。如谁负责纠正措施的制定，谁负责纠正措施的实施，谁负责纠正措施的监督验证等。

纠正措施应当切实有效，可以从以下方面考虑（但不限于此）：责任者重新学习安全管理体系文件，切实熟悉其职责；调换不适任的人员；开展必要的培训；切实掌握安全管理体系规定的程序和须知；提供资源支持改善工作环境及其他客观条件；立即采取纠正行动；对现有的程序和须知进行修改和完善；制定预防措施；在公司范围内传播经验教训等。预防措施，是为防止潜在的不安全因素、缺陷或其他不希望情况的发生，消除其原因所采取的措施。

3. 体系的完善

安全管理体系启动运行，经过内审、评价和外审认证，从而获得公司"符合证明"（DOC），但并不说明体系可以停顿。相反，还应当在这个基础上，继续强化体系运行、做好体系文件的修改、抓好机制健全改进，进一步推动体系深入发展，逐步走向更加规范、更加科学，真正起到对各类事故的预控，达到保护人员、财产和环境的目标。

（1）体系的运行是螺旋上升。纵观《国际安全管理规则》内容，其规定是一个封闭的环路，而且具有不断自我完善的机制。同时，从体系运行看也具有这种功能，即体系运行——内部安全管理评审——纠正措施及落实——改进体系运行。由此，安全管理水平整体上将不断地得到提高。而且，外审认证以后，每年还将重复进行内审、评价、年度审核签证……如此周而复始，完成更高层次和水平的运行，促使安全管理体系持续运行。即体现 PDCA 循环中"循环前进，阶梯上升"的特点。

（2）体系的完善应着眼于有效性。无论是质量体系还是安全管理体系，追求有效性是体系运行永恒的主题。要做到这点必须从发挥整个体系的最大效能出发，按照系统化管理要求，健全信息反馈机制、增强培训功能、促进各项管理深入发展，调整组织机构、人员结构并使其更加合理化，以改进日常安全防污染管理。通过加强 SMS 文件的理解执行和各项管理活动的过程控制以及提高工作质量来进一步促进体系良好运行。体系运行有效性得到提高的明显标志是，事故得到有效控制和效率效益的提高。

（3）完善体系的重点是提高人的素质。《国际安全管理规则》前言第 5 条强调，各级人员的责任心、能力、态度和主观能动性则对船舶的安全和防污染起决定性作用。由此可见，即使体系通过外审获得了"符合证明"（DOC），还是要从完善和改进体系的需要出发，通过加强宣传教育，来增强整个船岸人员的工作责任心；通过不断加强培训，以此来提高每个员工的安全管理技能；通过加强工作考核，来全面衡量人员工作绩效，以此不断增进船岸员工队伍的整体素质。

（4）体系的不断改进和完善。《国际安全管理规则》是强制性的规则，按照该规则要求，一经建立并运行安全管理体系将不断地运行下去。

第六节 SMS 的 保 持

公司在通过符合证明（DOC）的初次审核，取得 5 年期的符合证明后，必须保持 SMS 在岸基和船舶的持续有效的运行，才能保证符合证明在其有效期内继续有效。符合证明的有效期（一般为 5 年）从属于年度审核，因此，如果公司通不过 DOC 的年度审核，得不到 DOC 的年度签注，持有的 DOC 将自动失效，公司管理的整个船队将退出国际航运市场，后果将十分严重的。

同样，船舶取得安全管理证书（SMC），是船舶实施安全管理体系走的第一步，能否在安全管理证书的有效期内保持其有效，取决于在安全管理体系（SMS）能否保持有效的运行，否则，安全管理证书将被取消，船舶不得不退出营运，就要重新申请审核。

因此，公司在取得符合证明和船舶取得安全管理证书（SMC）后还必须保证 SMS 的持续有效的运行，才能保证 DOC 和 SMC 的持续有效。这就要求岸基和船舶不断按照公司的安全管理体系，国际及国内的强制性规则和国际海事组织、主管机关、船级社和海运行业组织所建议适用的规则、指南和标准开展各项安全管理活动并做好记录，确保 SMS 持续和有效地运行。

保持公司岸基和船舶 SMS 持续运行的手段主要有以下几个。

(1) 认真履行职责。岸基管理人员和船上人员应认真履行自己的职责。

(2) 加强监控。指定人员加强对岸基和船舶安全和防污染活动的监控。

(3) 报告分析和纠正措施。船舶按规定上报事故、险情和不符合规定情况；公司对事故、险情和不符合规定情况进行调查、分析、采取有效的纠正措施。纠正措施可能包括：在公司内部交流，以避免不仅在本船而且在公司其他船上发生类似的问题，制定新程序和修改现有的程序和须知，加强对人员的培训，以便改进公司的 SMS，提高安全和防污染的能力。船舶落实纠正措施。

(4) 部门（岗位）和船舶自查。通过定期和不定期的自查，及时发现和纠正日常营运中存在的不符合规定情况，并按照规定处理，确保 SMS 的有效运行。

(5) 公司定期检查。公司定期对岸基各部门和船舶进行检查。履行自己的岗位职责，更重要的是确保 SMS 的有效运行；通过检查发现管理中存在的问题、不符合规定情况、人员的素质情况、公司管理中存在的薄弱点和船舶需要提供的支持等。

(6) 船长复查。体系文件中船舶操作文件占了大部分，船舶的日常操作就按此开展，通过日常的操作才能发现 SMS 中存在的问题。船长通过定期复查 SMS 在船运行情况，并向公司报告其不足之处，有助于完善公司的 SMS，确保 SMS 符合国际、国内最新的强制性规则及规定的要求。

(7) 船旗国检查（FSC）和港口国检查（PSC）。当前船旗国检查和港口国检查的力度在不断加强，其检查侧重点在消防和救生、应急设备和航行安全等方面，这些方面也是 SMS 中对船舶和设备维护的侧重点；船舶只有保持 SMS 的有效运行，才能为顺利通过船旗国检查和港口国检查打下基础，通过检查以发现问题，并予以整改；落实相应的纠正措施并制定有关的预防措施，使 SMS 得到有效保持并不断完善。

(8) 行业组织检查（类似于第二方审核）。从事国际航行的油船、气体运输船、化学品船若要在国际市场站稳脚跟，必须通过相关组织的检查，如 SHELL、BP、TEXACO、EXXON、CDI（化学品船）等，这些行业组织的检查除了自身行业特点的要求外，基本也是围绕 ISM 规则、强制性规则及规定的要求开展的，所以，船舶 SMS 体系若能够持续保持有效的运行，通过这些行业组织的检查也自然不会成为问题。

(9) 内部审核。内审是一次全面的、细致的、深入的检查岸基和船舶体系运行效果和质量的机会，并为外部审核做准备。

(10) 外部审核。外审是对公司岸基和船舶是否保持安全管理体系有效运行的检验，外审结果将决定是否对 DOC 进行年度签注和换发以及对 SMC 进行签注和换发。

公司岸基和船舶 SMS 通过运行——内审——年度审核/期间审核/FSC/PSC——纠正——确认——运行，如此周而复始，反复进行，能促使 SMS 不断地改进并不断提高其运行水平，使船舶安全和防止污染工作达到一个新的高度。

保持 SMS 在岸基和船舶的有效运行，必将使公司及其船舶的安全和防污染管理出现一个崭新的局面；增强公司全体员工的安全意识，隐患意识和自我保护意识；这样，不仅在技术管理上与国际接轨，在安全和防污染管理上也与国际接轨，使公司朝着 SMS 文件设定的安全和环境保护方针大踏步前进。

第四章 内部审核、复查和评价

第一节 内部审核概述

一、审核的基本概念

1. 审核的概念

根据 ISO 9000：2000 的解释，审核指为获得审核证据并对其进行客观的评价以确定满足审核准则的程度所进行的系统的、独立的并形成文件的过程。在英语中，审核一词常用 Audit 或 Verification 来表示。Audit 意为查询听来的口述证据；Verification 意为确定、验证、核实、证明或查验，一般用于确认事物的真实性或准确性。

2. 审核的种类

根据审核的实施者和审核的目的不同，审核可分为 3 类：

（1）第一方审核。第一方审核出于内部目的，也称为内部审核，由组织（公司）自己以组织（公司）的名义进行。对于小企业来说，可由具有资格和能力的咨询公司来协助进行内部审核。但若有条件最后还是自行开展这一活动，因为培养和锻炼出来的内审员队伍，可以成为管理的骨干。

以《国际安全管理规则》为依据的安全管理体系的第一方审核，即内部审核，一般不接受由咨询公司来进行内审的做法。

（2）第二方审核。第二方审核由组织（公司）的顾客或由其他人以顾客的名义进行。由于产品日趋复杂，顾客若不具备这种审核能力，往往请咨询公司进行。对于一个组织（公司）来说，既要接受顾客的审核，又需要对自己的供方展开这种审核，特别是对供方进行评定以及供方的过程涉及重要质量特性时。

目前安全管理体系中还没有第二方审核的相关规定。而随着航运的发展和规则的深入实施，规则中有必要加入第二方的审核，比如油货公司和承租人对船公司的审核（顾客对组织），船公司对专业船员公司和物料、备件供应商的审核（组织对顾客）。

（3）第三方审核。第三方审核由外部独立的组织进行，如认证机构对组织（公司）的审核。这种审核通常导致符合要求的认证或注册。

在实施《国际安全管理规则》中的第三方审核，就是俗称的外部审核（简称外审），这里的外部组织为船旗国政府的主管机关或者主管机关授权的认可组织（一般为船级社），该审核分为两类别，一类是对公司的审核，审核后取得"符合证明"（DOC），另一类是对船舶的审核，审核后取得"船舶安全管理证书"（SMC）。眼下大部分的主管机关都授权认可的组织（船级社等）对航运企业和船舶实施外部审核，但是我国对航运企业的外部审核仍然没有授权船级社进行（即 DOC 的审核），对国际航行船舶的外部审核只授权给中国船级社进行（即 SMC 的审核），这算是个特例。

3. 安全管理体系审核的含义

眼下对安全管理体系的审核，并没有一个严格的定义，以 ISO 的术语解释和 ISM 规则的理解为基础，可以将审核含义概括为：为验证安全管理体系各要素的活动及其有关结果是否符合《国际安全管理规则》和国内外强制性规定以及有关标准或文件，核查安全管理体系文件中的各项规定是否得到有效的贯彻并适合于达到安全管理目标，所实施的、有计划的、系统的、独立的审核验证过程。

这里有几个关键词值得注意，如"符合""有效""适合""系统"和"独立"。它们决定了体系审核的特点，即它的符合性、有效性、系统性和独立性。

"符合性"是指对体系文件包括安全管理手册、程序文件和须知等是否符合《国际安全管理规则》和国内外法定规则、标准和指南等规定。

"有效性"是指实际的安全管理活动是否与《国际安全管理规则》、手册或程序等体系文件规定相一致，亦是对各项安全管理文件是否得到有效的实施进行审核。

"适合性"是指在现场审核结果的分析中应对安全管理体系活动是否适合于达到既定的安全管理目标进行评价。如果体系实施的结果不能达到质量目标就要研究其原因。如果质量目标是可以实现的，是可以达到的，则应研究实施时是否不够有效，或者程序文件还制订得不够完善等原因。

"系统性"是指审核工作本身也要求正规化，有程序可以遵循。因为安全管理体系是一个文件化的系统，要在较短的时间内完成审核工作，须采取抽样检查的办法。为求审核的客观性和公正性，对样本的选定、客观证据的收集、审核结论的提出等都要有一套行之有效实施审核的程序和管理办法，如编制审核计划和检查表、召开首次和末次会议、开列不符合规定情况报告、编写审核报告、纠正措施实施结果、跟踪验证等。

"独立性"是指进行体系审核的审核员应独立于被审核的部门或组织之外，即审核应由与被审对象无直接关系的人员进行。

4. 安全管理体系审核的分类

根据审核的实施者和审核目的的不同，安全管理体系审核分为两类：内部审核和外部审核。

（1）无论对于外部安全管理体系审核还是内部安全管理体系审核都是一致的。只是在独立性方面，外部体系审核完全由外单位进行，独立性相对更强而已。

（2）安全管理体系审核的实质，是对安全管理体系文件及其活动的符合性的审查判断和对其有效性的评价。

（3）符合性审查是检查文件化的安全管理体系是否符合法定的公约、规定及规则，是否符合国际海事组织、主管机关、船级社及海运行业组织建议的适用规则、指南和标准。

（4）评价是在现场审核的基础上，对实际的安全和防污染活动效果及达到安全和防污染目标的水平给予判断。

（5）安全管理体系文件、活动和有效性的审核是一个由低向高的递进过程，这种递进性可用图 4-1 表示。

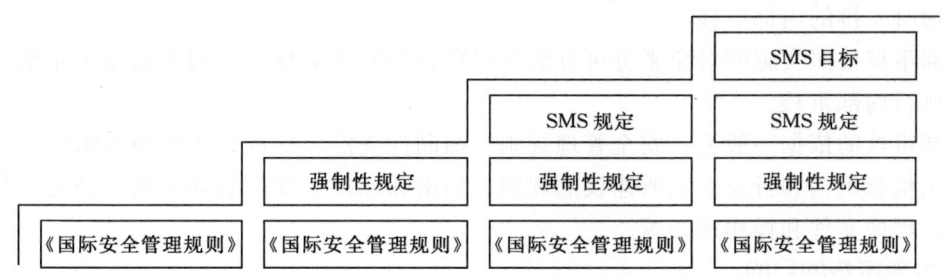

图 4-1 审核递进过程

(6) 为了保证审核的公正性，进行安全管理体系审核的审核员在外审中应独立于被审核公司，在内审中亦应独立于被审核部门或区域，即由与被审核对象无直接责任关系的人员实施审核。

(7) 安全管理体系本身是一个系统，这就要求安全管理体系审核必须符合系统性原则：①审核要针对整个体系，不能只针对某一个或几个方面；②审核要有计划有步骤地按程序进行；③审核要由表及里，逐步深入；④审核过程中要用联系的方法看问题，而不是孤立地看问题。

总之，在审核过程中既要抓住符合性、有效性这两个关键，也要满足系统性独立性这两项要求。

二、内审概述

安全管理体系的建立是一件很不容易的事情，特别是刚接触《国际安全管理规则》，确实感到无从下手，真是"万事开头难"。但是体系建立后，要保持体系的有效运行则更难，也就是人们常说的"创业难，守业更难"。作为一个企业，为巩固和完善所建立的体系，不但要定期接受认证机构对体系的审核，还要定期组织自己内部人员进行内审，这也是《国际安全管理规则》的一个基本要求。

内部审核亦称为内部安全管理体系审核或内审，是确定安全管理体系中规定的各项操作程序、须知在安全和防止污染活动中是否满足公司和所属船舶的实际情况；这些操作程序、须知是否满足强制性的法律、法规的规定，是否满足建议性的指南的规定；以及《国际安全管理规则》各要素在安全和防止污染活动中及其实施结果是否符合《国际安全管理规则》的要求，安全管理体系文件中的各项规定是否得到有效的贯彻并适合于实现安全目标而由公司内部审核员所进行的系统、独立的审查。

内部审核，通常对安全管理体系运行状态进行全面或局部的审查，对内部审核发现问题的严重程度做出是否符合《国际安全管理规则》的判断，不符合规定情况可分为重大不符合规定情况和一般不符合规定情况两类。

1. 内部审核的种类和依据

内部审核按照实施的时机来分可分为首次审核、例行审核（常规审核）和特殊审核（附加审核）。首次审核是在公司安全管理体系建立后运行阶段的第一次审核。例行审核是按照《国际安全管理规则》的体系要素覆盖面，依照公司制定的内部审核计划，有步骤、有重点地安排内部审核。特殊审核是当公司安全管理体系有大的调整或船舶发生重大事故、险情时安排的内部审核。

内部审核按照实施的对象来分可分为公司审核和船舶审核。公司及船舶每年至少应进行一次例行内部审核。

内部审核的依据一般为：安全管理规则；强制性规定、标准；国际海事组织、主管机关、船舶检验机构和行业组织所建议的规则、指南和标准；安全管理手册、公司手册、船舶手册；程序文件和操作须知等。

2. 内部审核的目的

（1）使安全管理体系满足《国际安全管理规则》或其他国内强制性规定的要求。这是内部审核的直接目的。一个公司在组建了文件化的安全管理体系之后，需要经常通过内部审核检查公司的安全和防止污染活动是否符合《国际安全管理规则》、强制性规定以及体系文件等要求，使安全管理体系不断得到改善。

（2）内部审核作为一种重要的企业管理手段，及时发现安全活动中的问题，组织力量进行纠正和预防，以确保安全和环境保护方针的有效实施。内部审核的重要性在于能及时发现安全管理中的问题、缺陷、低效或潜在的不符合规定的情况，以便采取有效措施予以纠正。一个组织的领导应把它当做一个重要管理手段来加以运用，平时运用例行内部审核来及时发现问题；遇到发生事故或特殊情况时，更要通过及时（追加）内审来查明原因，加以纠正。

（3）在外审前，通过内部审核及时发现问题，加以纠正，为顺利通过外审做好准备。一个组织建立运行安全管理体系后，都希望自身的体系能顺利通过外审并取得相应的认可证书。因此，在外审前通过组织模拟性外审，无疑对促进体系良好运行是很有益处的。

（4）内部审核作为一种自我完善的机制，使安全管理体系持续地保持有效，不断改进，不断完善，这应是内部审核的最根本的目的。在《国际安全管理规则》中，内部审核、纠正措施的实施、有效性评价等具有重要的意义，它们为安全管理体系的自我完善提供了一个有效的机制。没有这些要求，安全管理体系是静止的、固化的，难以改进和完善，因而要运用内部审核机制推动安全管理体系在不断改进中达到更好状态。

总之，内部审核的目的是通过系统独立的检查以确定安全和环境保护活动及有关结果是否符合《国际安全管理规则》、强制性规定、公司的安全管理手册、程序文件的规定，是否充分考虑了国际海事组织、主管机关、船舶检验机构和行业组织所建议的规则、指南和标准。

3. 内部审核的范围

内部审核的范围取决于安全管理体系所涉及的部门和船舶，所有安全管理体系涉及的部门及申请获取安全管理证书的船舶均应进行内部审核。

每次内部审核也并非总是包括安全管理体系全部要素，因此每次内部审核应明确审核范围。

4. 内部审核的特征

就审核的内容来说内审的特征是审核安全管理体系的符合性、有效性和适合性。就审核的方式来说内审的特征是审核安全管理体系的系统性和独立性。内部审核应用抽样检查的方法进行审核。

(1) 系统性。系统性是指审核工作本身也要求正规化,有程序可以遵循。内部审核作为公司管理层的一种管理手段,不仅要求被审核的安全管理体系必须是正规的,还要求对安全管理体系审核也必须是一种正式的活动。由于安全管理体系是一个文件化的大系统,要在较短的时间内完成审核工作,须采取抽样检查的办法。为求得审核的客观性和公正性,对样本的选定、客观证据的收集、审核结论的提出等都要有一套行之有效的有关实施审核的程序和管理办法,发现有关系统失效的客观证据,并在外审前纠正其不足,进一步完善和改进安全管理体系。

(2) 独立性。独立性是指进行体系审核的审核员应独立被审核的部门或组织之外,即审核应由与被审对象无直接关系的人员进行。《国际安全管理规则》规定,"除非由于公司的规模和性质不可能做到,实施内部审核人员应当不从属于被审核部门。"根据这条的要求,虽然内部审核是属于自己审自己的第一方审核类型,但进行安全管理体系审核的内部审核员仍应独立于被审核的部门。

(3) 符合性。符合性是指安全管理体系的文件如:安全管理手册、程序文件及操作性手册等安全管理体系文件是否符合《国际安全管理规则》、国际、国内强制性规定和标准的要求,公司采纳的国际海事组织、主管机关、船舶检验机构和行业组织所建议的规则、指南和标准。

(4) 有效性。有效性是指安全管理活动是否与《国际安全管理规则》、安全管理手册、程序文件、须知文件等体系文件规定相一致,亦是对各项安全文件是否得到有效的实施进行审核。《国际安全管理规则》指出:"公司应当定期评价安全管理体系的有效性。"内部审核的重点是在现场审核阶段对实际的安全管理体系各要素的活动是否与安全管理手册、程序、操作性等文件的规定相一致进行审核,即做你所写的,记你所做的,查你所记的。亦即对安全管理体系文件是否得到有效的实施进行审核,以确保安全管理体系能持续有效运行,并为安全管理体系的改进提供依据。

(5) 适合性。适合性是指在现场审核结果的分析中,应对安全管理体系在活动中是否适合于公司、船舶,是否达到既定安全管理目标进行评价。如果体系实施的结果不能达到安全目标,就要研究其原因,进行修改完善。

总之,内部审核主要是对安全管理体系文件是否符合《国际安全管理规则》,是否符合强制性规定和标准,是否充分考虑国际海事组织、主管机关、船舶检验机构和行业组织所建议的规则、指南和标准的审查,对实施结果是否能达到安全目标进行检查。

5. 内部审核的时机和频度

安全管理体系应在何时进行内部审核,对各部门、单位、船舶或各要素的审核频度多少为宜,这就是需要讨论内部审核的时机和频度问题。

内部审核一般可分为例行审核和特殊情况下的附加审核两种。前者又可分为二种,一种是按预先安排好的年度计划进行,可以每月对一个或几个部门进行审核,全年覆盖所有部门、单位、船舶,各要素至少一次。这样的审核适用于体系运行一段时间之后。体系运行之初频度可以更密一些,以便及时发现问题,使体系运行正常化。待体系运行基本正常以后,频度可以减少到正常所需的水平,即每年一次。至于各部门、单位、船舶的审核频度可根据审核中发现的问题大小、多寡以及该部门对安全的重要性来决定,且每年可以调整。另一种方法是实行每年1~2次集中审核各部门或各要素，其方式与外审相似。

特殊情况的附加审核是指下列任何一种情况，可在一定范围内实施附加审核：①发生了重大安全事故或主管机关、船级社的投诉；②影响安全管理体系有效性的组织机构、安全和环境保护方针发生重大改变；③国内外公约、法规的改变影响到安全管理体系作相应更改；④由于公司扩大管理，船舶种类改变，管理体系文件重大更改或全面换版或发生重大不符合规定的情况；⑤在外审前认为需要。

内部审核的时机和频度应由本公司的安全管理体系的主管部门（如 SMS 办公室）研究后提出，由指定人员报请最高管理者批准后实施。

三、内部审核与外部审核的比较

我们通过对审核的目的、审核组织、审核员、审核计划、文件审查、检查表、审核实施、审核报告、安全管理体系评审与评价、审核深度、争执处理、不符合规定情况问题分类、纠正措施，监督检查等14个项目进行比较（表4-1）。

表 4-1　　　　　　　　　　内部审核与外部审核对照表

序号	比较项目	内 部 审 核	外 部 审 核
1	审核目的	重点在于改进，目的在于推动改进	重点在于评价安全管理体系的符合性和有效性，为颁发/签注相应的证书提供依据
2	审核组织	以自己公司的名义组织审核组	主管机关或授权的机构委派审核组
3	审核员	公司管理者聘用的有资格人员	主管机关或认可组织确认的有资格人员
4	文件审查	根据需要安排安全管理体系文件审查	一般为初次接触，需要安排完整的安全管理体系文件审核计划
5	审核计划	年度审核计划＋临时性审核计划＋跟踪＋监督	集中性审核计划＋跟踪＋监督
6	检查表	（1）应设计专门的用于内部审核的检查表。 （2）检查表应尽可能全面。 （3）检查表内容较外审广	（1）根据审核对象和抽样需要确定检查表。 （2）不同公司不同审核员应使用有区别的检查表
7	审核实施	（1）按计划和检查表进行。 （2）受审核部门的管理者的参与和支持十分重要。 （3）比较注意追求全面	（1）按计划和检查表进行。 （2）努力取得受审核方的协助；抽样进行
8	审核报告	（1）由内部审核组长提交给公司的管理者。 （2）提交报告和采取纠正措施往往同时进行	（1）由审核组长提交申请方。 （2）一般在末次会议上宣读审核报告
9	安全管理体系审核与评价	公司内部的活动	把内部安全审核、有效性评价和船长管理性复查作为正式审核时的条件
10	审核深度	时间相对充裕，抽查取样较多，审核涉及细节较深	时间较短，样本量及深度相对较小

续表

序号	比较项目	内部审核	外部审核
11	争执处理	审核组与受审方的争执,提交指定人员或最高管理者仲裁	不同意审核结论或对审核有意见时,受审方可向发证组织反映
12	不符合规定情况	按严重程序,可分为不符合规定情况和重大不符合规定情况	重大不符合规定情况一般不能发证,故须立即纠正,一般不符合规定情况必须在3个月内全部消除
13	纠正措施	重视纠正措施并且对纠正措施的建议提出方向性意见供参考,对纠正措施完成情况不仅要跟踪验证,而且要确信其有效性	对纠正措施不作咨询,但要确认纠正措施的建议,对纠正措施建议的实施要跟踪验证,必要时提出附加审核要求。
14	监督检查	重点问题是制订专门监督计划,一般的问题在年度审核计划中解决	审核发证后,公司每年一次年度审核,5年换证审核;船舶证书2～3年中间审核,5年换证审核

四、内部审核员

1. 内部审核员的作用

内部审核员是指具备从事内部安全管理体系审核员资格的人员。内部审核员须经授权才能进行内部审核。

(1) 对 SMS 运行监控。一个公司的 SMS 运行需要持续地进行监控,才能发现问题,及时解决,这种连续监控主要是通过内部审核进行的。而实施内部审核的人员是内部审核员。所以,从某种意义上说,内部审核员对 SMS 运行起着监督的作用。

(2) 当 SMS 参谋。内部审核员在内部审核工作中,决不仅仅是一名消极的裁判员,而应为保持和改进 SMS 积极地想办法、出主意,成为一名好的参谋。

(3) 成为沟通的纽带。在内部审核中,审核员与各部门员工有着广泛的交流和接触。他们既可以收集员工对安全管理方面的意见、要求和建议,通过指定人员向最高管理者反映;又可以把安全和环境保护方针、政策和意图向员工传达、解释和贯彻,起到一种沟通和联络的作用。

(4) 在外部审核中起内外接口的作用。当外审时,内部审核员可担任联络员,从中了解对方的审核要求、审核方式;同时也向外审员介绍本公司的实际情况,起内外接口的作用。

(5) 在实施 SMS 中起带头作用。内部审核员在执行本职工作中,应带头认真贯彻和执行《国际安全管理规则》的规定、安全管理手册和涉及自己工作的程序文件。在接受内部审核时要做到虚心诚恳,积极配合。

2. 内部审核员的基本要求

(1) 具有海运院校或其他相关专业的学历和持证船员规定的相关海上经历。
(2) 熟悉并理解《国际安全管理规则》。
(3) 对强制性规范和规则的认识和理解。
(4) 经过培训掌握 SMS 的审核方法和审核技巧。
(5) 熟悉航运和船上操作知识以及安全管理业务。
(6) 熟悉安全管理技术和操作方面业务。

(7) 认真诚实，客观公正，遵守有关行为准则。

(8) 应通过培训和考试，证明其适任能力（可以是公司内部的培训）。

3. 内部审核员的职责

(1) 内部审核员的职责包括：①遵守相应的审核要求，熟悉审核程序和有关文件；②传达和阐明审核要求，沟通和解释这些要求；③有效地策划和履行被赋予的职责；④将观察结果进行记录；⑤报告内部审核结果；⑥验证所采取的纠正措施的有效性；⑦收存和保护与审核有关的文件；⑧配合并支持审核组长的工作；⑨及时向受审方通报和澄清所发现的不符合规定的情况；⑩报告在受审时所遇到的严重障碍。

(2) 内部审核组长的职责

内部审核阶段的工作均由审核组长全权负责，组长应具备管理能力和经验，应有权对内部审核工作的开展和观察结果作出最后决定。取责包括：①协助选择审核组的其他成员；②制定内部审核计划；③代表审核组同受审部门责任人接触；④负责审核所有阶段的工作；⑤对审核结果作最后决定；⑥提交内部审核报告。

4. 内部审核员应具备的素质

国家有关部门对审核员有一个评定的准则，提出了对审核员的素质要求。虽然这是对外审员的要求，但就审核工作本身而言，内部审核与外部审核在过程上是相似的，甚至有些是相同的，因此应从以下几个方面不断提高内部审核员的素质：

(1) 思路开阔、敏锐、能客观地观察情况。

(2) 思想成熟、持重、能全面理解复杂的形势。

(3) 对事物的本质有较强的判断和分析能力。

(4) 坚韧的精神，能够在严峻的情况下做出有效反应。

(5) 对各种事物有较强的综合能力，充分认识各部门在整个组织中的作用。

第二节 内部审核准备

一、制定内部审核年度计划

1. 年度计划

内部审核一般应编制一份年度计划，公司的所有部门和船舶每年至少审核一次，计划应由公司最高管理者批准后实施。如需要修改时，要按程序进行，修改后的计划仍需经领导批准。计划可用图表表示，即审核进行的状态（计划中、已审核、已有纠正措施计划、纠正措施已完成、纠正措施已验证）可随时在图表中显示。常见的内审计划有两种，即滚动式年度审核工作计划和集中式年度审核工作计划。

2. 内审的类型

(1) 滚动式年度审核工作计划（表 4-2）。该计划有以下的特点：①审核持续时间较长；②在一个审核周期内应保证所有要素及相关部门均得到审核；③重要的体系要素和部门可安排高频度审核；④审核后的纠正行动及其跟踪；⑤适用于设有专门内部审核机构或专职人员的情况时采用。

第二节 内部审核准备

表 4-2　　　　　　　　　　　滚动式年度审核工作实施表

部门	月份												备注
	1	2	3	4	5	6	7	8	9	10	11	12	
经理办公室	E						A						
航运部			E							A			
安监部		E						A					
船技部			E							A			
人事部					D						A		
船员部				D						A			
通导部					C								
保安部		E								A			
SMS 办					B						A		

　　注　A 代表计划；B 代表审核已进行；C 代表纠正措施已有计划；D 代表纠正措施已完成；E 代表纠正措施已验证。

　　（2）集中式年度审核工作计划（表 4-3）。该计划有以下的特点：①在计划时间内安排的集中式审核；②每次审核可针对所有体系要素及相关部门，也可对某些要素或部门；③审核后的纠正行动及跟踪在限定时间内完成；④此类审核具有很强的针对性，适用于新建的 SMS 运行后、SMS 有重大调整变化时、船舶发生重大事故或险情时、外部安全管理体系审核前以及公司领导层认为需要时；⑤无设有专门内部审核机构或专职人员的情况时采用。

表 4-3　　　　　　　　　　　集中式年度审核工作实施表

部门 \ 月份	4	5	6	10	备注
总经办	A15B15C16D30	E2		A10	
航运部	A15B15C16D30	E2		A10	
安监部	A15B15C16D20	E2		A10	
船技部	A16B16C17D30	E2		A11	
人事部	A16B16C17D27	E2		A11	
船员部	A17B17C18D30	E5		A12	
通导部	A17B17C18D27	E5		A12	
船　队	A16B16C17D30	E2		A11	
NSM 办	A16B16C17D30	E2		A11	

　　注　A 代表计划开始审核日期；B 代表不符合规定情况报告发出日期；C 代表制定纠正措施日期；D 代表纠正措施完成日期；E 代表纠正措施验收日期。字母后的数字代表日期，如：E5 表示纠正措施验收日期为 5 月 5 日。

二、编写 SMS 检查表

1. SMS 检查表的作用

（1）明确与审核目标有关的样本。内部审核是个抽样过程，审核采用的主要方法是抽样检查。内部审核只能在某一时刻进行，不能跟踪全过程；只能涉及体系的主要部门，不可能遍及整个体系；只能检查到代表性的人和事（样本），不可审查全部体系。因此，抽什么样本，每种样本应抽多少量，如何抽样等等问题都要通过检查予以明确。

（2）促使审核规范化。SMS 检查表是内部审核员进行审核的重要工具。编制 SMS 检查表已成为进行内部审核准备必不可少的一项工作，它对减少审核工作的随意性和盲目性可以起到规范化的作用。

（3）保持审核目标。在现场审核中种种现实情况和问题易使审核员注意力转移，甚至迷失方向，而在枝节问题上浪费大量时间。检查表可以提醒内部审核员坚持审核目标，针对事先精心考虑的问题进行调查研究。

（4）保持审核进度。有了检查表，可以按检查表的问题及样本的数量分配时间，使审核按计划进度进行，不会发生前松后紧或延长审核时间的现象。

（5）减少审核的偏见并减轻工作量。检查表的编制要经审核组长审查协调，防止偏见、遗漏或重复。这样可以减少个人情绪的影响，也可以减少重复的审核工作。

（6）树立内部审核员专业化的形象。一名内部审核员，特别是工作不久的年轻审核员的工作能力往往被受审部门低估。有了 SMS 检查表，不仅可弥补内部审核员的经验不足，还使内部审核工作富有条理，可为内部审核员树立起一个资深的专业审核员的职业形象。

（7）作为审核记录存档。检查表与内部审核计划、内部审核报告等一律要存入该审核项目的档案中备查，检查表是以后编写 SMS 检查表的历史参考资料，是审核机构的宝贵智力财富。

2. SMS 检查表的设计

SMS 检查表的示例见表 4-4。

表 4-4　　　　　　　　　岸基×部门内部审核检查表（示例）

涉及部门/岗位：机务部　　　　　　　　　　　　　　　　内审号：SA-2003-01-CO

序号	涉及要素	审核内容	审核方法	审核结果
1	ISM02/SM02	公司的方针、规则理解	询问	
2	ISM03/SP03	机务主管的职责、替代人	询问	
3	ISM06/SP06	对公司体系的熟悉情况、学习情况	询问、查记录	
4	ISM06/SP06	如何获得最新的技术信息和传递情况（国际、船旗、船级社等）	询问、查记录	
5	ISM07/SP07	如何制定和指定船舶执行关键性操作程序	询问、查记录	
6	ISM08/SP08/SI08	是否熟悉船舶的应急程序、公司应急程序中的职责	询问	
7	ISM09/SP09/SI09	对 N/C 和事故的处理	询问、查记录	

续表

序号	涉及要素	审核内容	审核方法	审核结果
8	ISM10/SP10/SI10	船舶技术资料的管理	询问、查记录	
9	ISM10/SP10/SI10	机务登轮检查情况	询问、查记录	
10	ISM10/SP10/SI10	保养计划、记录的审定和监督实施情况	询问、查记录	
11	ISM10/SP10/SI10	备件和物料管理	询问、查记录	
12	ISM10/SP10/SI10	关键设备和系统管理情况	询问、查记录	
13	ISM10/SP10/SI10	一些遗留项目是否计划到下一坞修进行修理	询问、查记录	
14	ISM10/SP10/SI10	船舶的法定证书和船级证书（检验报告）管理	询问、查记录	
15	ISM04/SP04	体系运行检查（本部门、本职责）	询问、查记录	
16	ISM06/SP06SI06	轮机长聘用和考核	询问、查记录	
17	其他	对体系运行的认识	询问	

编制人：　　　　　　审批人：　　　　　　日期：

（1）检查表依据。检查表依据安全管理手册的要求来编写，这样才能全面检查安全管理体系及其要素的活动结果是否符合管理手册的要求。

（2）应突出受审区域的主要职能。检查表的关键在于突出受审对象的特点，根据审核工作的需要，选择典型的安全管理职能活动，制定针对不同部门、不同活动的检查表。

（3）抽样应有代表性。内部审核时不能仅按规则提问题，还要查看文件、记录和现实情况，由于文件和记录数量很多，不可能全部检查，所以只能抽样检查。根据实践经验，样本量至少为3~4个，最多以12个为限，这样才能在短时间内获得数量适当的客观证据。但样本的种类应有代表性，才能体现出检查的客观性和公正性。

（4）时间要留有余地。在编制检查表时，应估计所需的审核时间。估计时间不但不应超过在一个部门的计划审核时间，而且还应保留有一定的富裕时间以便临时发生某些情况而需要增加审核内容或增加审核深度时利用，这样就不用修改审核计划或延长审核时间。

（5）应有可操作性。检查表不仅应该要有调查的问题，还应有具体的检查方法，如选取什么样本、数量多少，通过提问什么问题，观察什么事物而取得了什么客观证据等。只有这样，检查表才有可操作性。只有可操作的含有具体检查方法的审核表才是一张完整的检查表。

（6）检查表的要素。按部门编的检查表要考虑涉及的要素，按要素编的检查表要考虑涉及的部门（主办、协办）。

3. 内部审核检查表的分类

（1）按照适用的场合来分，内部审核检查表可以分为：岸基内审检查表（表4-4）和船舶内审检查表（表4-5）。

（2）按照要素来分，内部审核检查表可以分为：部门对要素（表4-4）和要素对部门（表4-5）。

表 4-5　　　　　　　　　　　船舶内部审核检查表（示例）

条款	提出的问题（判别表）	审核对象	具体检查方法
6.1	船长是否熟悉并执行公司的安全管理体系？	船长	(1) 查船长有关学习记录。 (2) 问有关公司 SMS 内容
6.3	新上船的船员是否进行岗位熟悉和职责培训并作记录	大副 轮机长	(1) 查大副的培训记录。 (2) 对新上船的船员进行谈话
6.4	国内强制性规定、法规的学习，船舶配备的各种规范、规则、指南和航海资料是否得到有效控制，能否保证他们都是有效版本	船长 二副 轮机长	(1) 查培训记录，抽问。 (2) 问船务人员对防污公约的理解、熟悉程度，查文件配备表，查某一具体岗位如何获得规范、规则、指南，按文件总清单验证船上文件的完整性和有效性，抽查 3~5 件资料，验证该文件是否得到有效控制
6.7	船上人员之间及船岸是否能有效交流各种信息	全船	(1) 了解船员来自哪些地区（国家）、采用何种语言为工作语言？如何传达 SMS 信息？ (2) 进行一次应急演习

4. 检查表的使用

有效灵活地使用检查表，可以使内部审核工作有序、按计划进行，以便达到内部审核目标，使用检查表时应注意以下几个问题：

（1）防止机械呆板，不应只采用是否问答的简单模式。

（2）内部审核员到一个部门时，首先请有关人员介绍体系的运行情况。

（3）询问受审核人员是如何按照 SMS 文件规定工作的，应执行哪些文件化的程序。

（4）观察受审核人员按照有关程序工作情况。

（5）验证必要的安全记录或文件。

（6）按安全管理手册、程序、计划、规章、须知评价了解到的情况，并判断是否符合要求。

（7）最后利用检查表保证覆盖面要求都已查到。

（8）切忌机械地照着检查表宣读一个个问题，应将熟练地提问、评价和记录结合起来。

三、内部审核组

1. 组织

在进行内部审核前，应确定内部审核组，任命审核员及审核组长。内部审核组的规模根据公司的规模及审核的方式确定，如果是滚动的内部审核，内部审核组可为 1~2 个，如集中审核则审核组要多一些，2~3 个。每个审核组通常由 2~3 人组成，最多不超过 5 人。

（1）任命审核组长应考虑的条件：①资格——必须是经过培训，经公司领导任命的内部审核员；②范围——与被审部门无直接的责任关系，但对受审部门的业务要有一定的了解；③工作经验——应比审核员具有更多的审核知识和经验；④组织能力——应有组织管理和协调整个审核工作的能力。

（2）挑选审核员应考虑的因素：①资格——必须是经公司任命的审核员；②业务知识——对被审部门业务知识应有一定的了解；③工作能力——在工作中要能配合协调，团结合作，有交流和书写能力并为受审核部门所接受，如受审核部门建议更换审核员应在审核开始前提出。

2. 任务分配

审核组长分配任务，明确分工。审核员按分配的任务作好内部审核准备工作。对内部审核员准备工作的基本要求是：计划落实、责任落实、工作文件完善。内部审核员应做的预备工作包括：①熟悉必要的文件和程序；②根据需要编制 SMS 检查表；③落实由上一次审核结果而制定的纠正措施的执行情况。

3. 内部审核准备

内部审核需要做的准备包括：①制订计划；②组成审核组；③收集并审阅有关文件；④编制检查表；⑤通知受审部门并确定具体的审核时间。

四、制定内审现场审核计划

为保证审核的顺利进行，内审组长应事先制定好内审现场计划，明确审核的目的和范围，为审核做好具体的安排，保证审核按规定的时间进行。

案例一：某航运公司内部审核现场计划见表 4-6。

表 4-6　　　　　　　　　　内部审核现场计划表

日期	时间	第 一 组	第 二 组
××月××日	08：30—09：00	首次会议	
	09：00—12：00	总经办：文件控制、培训、记录	通导部：应急反应、文件控制、资源和人员
	12：00—13：00	午餐	
	13：00—16：00	船技处：应急反应，不符合规定情况、事故、险情的调查、分析、处理、防污、资源和人员，船舶与设备维护、操作方案，文件控制，记录	航运处：文件控制，货运质量，应急反应，事故、险情的调查、分析、处理、记录
	16：00—17：00	审核组内部会议，整理审核结果，与部门负责人交换意见	
××月××日	08：30—12：00	指定人员：体系监控，资源、培训、岸基支持	
	12：00—13：00	午餐	
	13：00—16：00	人事处：新聘人员培训，熟悉职责	保卫部：应急反应，文件控制，记录
	16：00—17：00	审核组内部会议	
××月××日	08：30—12：00	安监室：资源和人员，文件控制，应急反应和演习，事故、险情和不符合规定情况的报告、调查分析、处理	
	12：00—13：00	午餐	
	13：00—15：00	船员部：资源和人员，人员培训，证书，文件控制，记录	船队：资源和人员，人员培训，证书，文件控制，记录
	15：00—16：00	审核组内部会议，准备审核报告	
	16：00—17：00	末次会议	

(1) 审核目的：对本公司实施安全管理体系作全面审核，通过审核了解本公司SMS是否有效运行，是否符合《国际安全管理规则》要求。

(2) 审核范围：《国际安全管理规则》涉及的全部要素及各有关职能部门。

(3) 审核依据：《国际安全管理规则》；强制性规定和标准；《手册》；程序文件、操作须知和其他有关文件。

(4) 审核时间：××××年××月××—××日。

(5) 审核组成员。审核组组长：Mr ABC；第一组审核员：Mr DEF、Mr HGS；第二组审核员：Mr XIU、Mr DNG。

(6) 日程安排。

案例二：某公司船员部安全管理体系内部审核现场审核计划见表4-7。

表4-7　　　　　　　　船员部安全管理体系内部审核现场审核计划

审核对象	船员部	审核日期	××××年××月××日
内部审核主要范围和目的 (1) 范围：NSMC要素职能分配涉及的有关要素（2、3、6、8、9、11、12）和人员。 (2) 目的：对SMS进行符合性有效性的审核，特别寻找在资源和人员方面符合或不符合规则情况、程序的客观证据，发现问题并致力改进、完善SMS。 (3) 依据：符合安全管理体系文件的有关要求			
内部审核组成员		ABC、DEF、FFF	
时间	地点	内容	
08：30—8：50		首次会议：介绍审核组成员，明确审核范围、目的、介绍审核的依据，方法、程序、联络员，确认审核计划	
08：50—09：30		经理：体系运行	
09：30—10：15		证培部：文件控制（证书）、培训	
10：15—11：15		船员一部：船长资格、资源和人员	
11：15—12：00		船员二部：船长资格、资源和人员	
12：00—14：00		午餐	
14：00—15：00		管理部：文件控制、记录	
15：00—16：00		审核组会议：整理审核结果	
16：00—17：00		末次会议	

案例三：某船舶内部审核现场计划见表4-8。

表4-8　　　　　　　　　　船舶内部审核现场计划

日期	时间	内部审核部门	审核要点
××月××日	08：00—08：30		首次会议
	08：30—10：30	船长	职责，应急计划，体系文件、公约等的学习，不符合规定情况、事故、险情报告及纠正措施，审核活动，文件控制
	10：30—12：00	大副	货运质量，体系文件及业务学习，船舶和设备的维护，操作规程
			休息

续表

日　期	时　间	内部审核部门	审　核　要　点
××月××日	12：00—13：00	二　副	文件管理，操作规程，设备维护
	13：00—14：00	三　副	应急演练，应急设备的维护
	14：00—15：00	电　台	文件管理，操作规程，设备的维护及测试
	15：00—16：00	医　生	船员就诊，药品及医疗器械的管理，酒类及麻醉品的管理，船舶卫生
××月××日	08：00—10：00	轮机长	文件控制，体系文件及业务学习，船舶和设备的维护，操作规程，不符合规定情况、事故、险情的报告及纠正措施
	10：00—11：00	二　轨	操作规程，船舶和设备的维护
	11：00—12：00	三　轨	操作规程，应急及防污设备的检测及维护
	12：00—13：00		休息
	13：00—14：00	四　轨	操作规程，应急设备的检测及维护
	14：00—15：00	电机员	操作规程，应急设备的检测及维护
	15：00—16：30		审核组会议，整理内部审核报告，开出不符合规定情况
	16：30—17：00		末次会议

五、内部审核要点

1. 岸上内部审核要点

审核员只有在对《国际安全管理规则》的正确理解的基础上按照内审程序进行审核，才能发现公司和船舶安全管理体系是否真正符合《国际安全管理规则》的要求。安全管理体系的建立和有效的运行实际上是有效实施《国际安全管理规则》要素的过程，本节着重根据要素列出对公司和船舶进行审核的要点（本要点并非详尽无遗），供审核员参考和运用。

第 1 条：总则

- 公司制定的安全管理目标包括：
  - 是否符合《国际安全管理规则》要求？（应具体、可测量，且包含《国际安全管理规则》1.2 中三个方面的内容）
  - 安全管理目标的实施情况评估？
  - 目标是否修改、改进，并得到控制？

第 2 条：安全和环境保护方针

- 公司制定的安全和环境保护方针包括：
  - 对如何达到《国际安全管理规则》1.2 规定的目标是否进行了具体描述？
  - 是否得到管理层的定期评审并适时修改？
- 检查公司采取措施使全体员工和船员理解公司安全和环境保护方针并坚持上述方

针的证据（各种会议记录、相关文件、培训记录、宣传手册等）。
- 新聘人员对公司安全与环境保护方针的理解。
- 与安全和环境保护方针相违背的行为是否得到抵制并及时纠正。

第 3 条：公司的责任和权力

- 若公司不是船舶所有人，公司是否保存有：船舶所有人向主管机关书面报告公司细节的副本；管理协议；管理协议发到船上的记录。
- 是否已按安全管理体系内各种岗位的规定配备了适任人员？
- 现场抽查安全管理体系有关的所有人员是否熟悉各自的责任和权限，以及有关的相互关系？
- 公司是否已提供足够的资源和岸基支持及履行承诺的证据，以便指定人员能履行其职责？
- 公司是否向船舶提供足够的资源和支持？
- 公司应明文规定安全和防污染管理职能和权限，监察职责应清楚，权限明确？（现场抽查相关人员）

第 4 条：指定人员

- 指定人员是否适任？
- 指定人员是否具备船舶安全营运及防污染管理和操作方面的知识和经验？（要有充分的海上经验、防污染知识和经验）
- 公司是否以书面明确规定指定人员的职责和权限，能否有效地发挥其职能作用？（包括：监控要求，如监控的方法、频次和内容，如何记录；定期或不定期向管理层报告体系运行情况，不符合规定情况调查及处理情况等；体系改进的建议。）
- 指定人员是否能对安全管理体系的运行进行有效监督、协调和检查，并确保采取纠正措施。（监督、监控的计划安排；监督、监控的记录，记录应能证明监督/监控的项目和具体结论；缺陷情况及改进的措施、改进效果的验证；）
- 指定人员能否确保为船舶提供足够的资源和岸上的支持。
- 指定人员能否与船舶保持全天候联系，并能对船舶提供足够的资源和岸上支持？
- 船岸人员间的联络渠道是什么？

第 5 条：船长的责任和权力

- 船长的绝对权力是否已文件化？船长是否能正确理解其绝对权力？
  - 公司是否在文件中明确船长的责任和权限？
- 检查公司是否保留船长履行职责的记录？（船长日常监督记录、其他证据，评审船上 SMS 并报公司，缺陷情况与改进建议，船长越权处置的记录）
  - 船长是否能按制度激励船员遵循安全和环境保护方针？
  - 船长发布命令和指令是否有简明有效的格式和记录（如夜航命令簿等）？

> 是否有记录证明船长对本船的安全管理体系活动进行了监控？
> 船长是否对船上实施安全管理体系定期进行评估，缺陷是否向公司报告。
> 是否有记录表明船长能按文件授权履行职责。

- 检查公司给予船长支持和协助的证据，尤其在应急情况下是否有记录表明船长在履行职责和完成任务中，能得到岸基管理层的充分支持。

第6条：资源和人员

- 公司是否有措施和记录表明船长充分了解本人的职责、权限及有关安全管理体系的新信息。
- 公司所管船舶的船长是否符合规定的任职条件（包括指挥资格及完全熟悉安全管理体系）和有关要求。
- 是否制定并实施了船岸人员培训程序。
- 是否制定并新聘人员和转岗人员熟悉职责保证程序。
- 安全管理体系相关人员是否熟悉与本人职责有关的规定、规则和指南。
- 开航前应得到的书面须知是否如期得到。
- 船舶是否持有有效的最低安全配员文件；公司是否按规定为每艘船舶配备了合格与健康的船员；配备的人员是否满足船上各种安全操作要求（当从船员公司聘用船员时，应对船员公司进行评估、并要规定评估的方式、内容、标准和频次，对船员公司的业绩评价和再评价；是否已将任职条件和有关要求交由"船员代理公司"）。
- 是否制定并实施了安全管理体系信息传递程序。
- 船上人员之间及与岸上是否能有效地交流。
- 是否制定并实施培训计划。
- 船上是否执行公司对有关麻醉品和违禁品的规定及船上酒类消耗的规定。
- 公司是否向船岸有关部门提供其需要的强制性规定、规则、标准、指南和信息。

第7条：船上操作方案的制定

- 船上现有的操作规程和操作须知是否已满足该船安全操作和防污染的要求。
- 关键性操作的各项任务是否已由合格人员来操作。
- 船舶关键性操作是否已标识并制定方案和须知。
- 操作方案和须知是否按程序要求制定。
- 船长是否具有监控从事关键性操作的船舶操作能力。

第8条：应急准备

- 公司对已标识风险所制定的应急处理程序是否有效。
- 公司岸上和船上的应急计划是否一致和合理。
- 船岸联合应急演习的状态、记录及评价。
- 是否制定并实施了船上油污应急计划。

- 是否有记录表明船岸所有有关人员都已了解和掌握了有关的应急部署和应急程序。
- 船舶同公司之间能否确保 24 小时畅通。
- 需要查阅的有关船舶图纸、资料能否及时提供。
- 船上应急计划是否充分考虑了船舶可能发生的各种紧急情况。
- 是否有证据表明公司能在任何时候对船上的险情、事故及紧急情况做出迅速的反应和处理。

> 第 9 条：不符合规定的情况、事故和险情的报告和分析

- 公司所有有关人员是否已了解不符合规定的情况以及事故、险情的报告和分析程序。
- 事故、险情、不符合规定的情况是否都已按程序得到报告和分析。
- 纠正措施的实施情况是否得到跟踪验证，包括制定避免不符合规定情况、事故、险情重复发生的措施，纠正中是否改进了现有的安全管理体系程序和须知或制定新的安全管理体系程序和须知。
- 不符合规定的情况、事故和险情的标识、报告、纠正和处理是否按规定格式的要求记录。
- 指定人员是否对报告在相应的管理层进行审议和评估，并采取短期或长期的纠正行动。
- 船长在向公司报告有关事故和险情时，是否能按程序或须知的有关要求进行。

> 第 10 条：船舶和设备的维护

- 公司安全管理体系是否对船舶及设备的维护制订了检查和维修保养程序。
- 是否制定并实施了防止突发操作故障和系统的标明与检测程序。
- 公司和船舶是否有船舶和设备的检查、修理及日常维护保养记录。
- 船舶及设备的检查项目、周期和维护计划是否能确保船舶的技术状况符合有关规范和规则的要求。
- 是否有足以证明船舶及设备的维护程序保持有效实施的记录（包括维护、预防性检查、测量试验和修理以及验船检验的记录等）。
- 已标识的易导致险情的关键性设备及技术系统（包括备用设备和非持续使用的技术设备）的预防性试验措施是否已在日常的操作维护中实施。
- 定期检查及试验的备用和非持续性使用的技术系统是否覆盖。
  - 报警器和应急关闭装置。
  - 燃油系统的完整性。
  - 货物系统的完整性。
  - 应急设备（应急示位标、手提式 VHF 等）。
  - 安全设备（手提式气体和二氧化碳探测器等）。
  - 到港前及离港前应急操舵系统、应急发电机、应急消防泵、机舱车钟的试验。

第 11 条：文件

- 是否对安全管理体系文件都实施了控制。
- 在与安全管理体系运行有关的场所，是否都使用了相应文件的有效版本。
- 是否对文件的受控状态进行标识。
- 是否规定了安全管理体系文件更改和修正的手续。
- 公司是否有有效文件总清单。
- 公司各部门和船上是否具有有效文件配备清单。
- 公司各部门和船上配备的有效文件是否与各自的配备清单相符？是否能满足各自的工作需要？特别是船舶是否配备了必要的全部文件？
- 所配备的文件是否都处于有效状态？失效的文件是否已被注销和隔离？
- 文件的分配、发放是否符合需求？保管是否妥善？能否便于使用和控制？
- 公司有关安全管理体系更改的审查及批准是否符合程序文件的规定？更改的发放范围是否符合规定？

第 12 条：公司的审核、复查和评价

- 是否制定并实施了安全管理体系、内部审核程序？
- 是否制定纠正措施实施程序，并对纠正结果进行复审验证？
- 公司是否有内部审核检查表？内部审核检查项目是否覆盖了所有的有关部门和船舶的全部安全和防污染活动？
- 公司是否培训了内部审核员，并落实所涉及的职责和权限？
- 内部审核记录是否齐全，内部审核报告是否按规定程序进行审批？
- 内部审核中发现不符合规定情况是否按程序进行纠正和跟踪验证？
- 内部审核结果是否予以记录并通知了被审部门和船舶的负责人员？
- 管理性评价的内容是否覆盖：
  - 内部审核的结果？
  - 事故和险情的分析、调查的结果？
  - 基于法定船级检验的建议？
  - 安全管理体系的执行结果？
  - 新的规定、规则对安全管理体系产生的影响？
- 负责各部门的管理人员是否对各自部门内发现的缺陷及时采取了纠正措施？
- 在实施了纠正措施后是否有验证记录？
- 是否按内部审核计划的时间对安全管理体系有关部门进行内部审核？

2. 船舶内部审核要点

第 1 条：总则

- 船公司是否已持有 DOC 证书并能覆盖本船舶船型？

- 船舶的各种法定证书是否齐全，有效？
- 船上是否已配备了经认可的安全管理手册及安全管理体系与本船相关的文件？
- 是否有客观记录证明本船的安全管理体系已持续运行并有三个月以上的运行记录及内部审核记录。
- 配备和执行必须符合的法定规范、规则、建议的指南及标准，（是否有相应的文件清单）
- 向船舶提供安全操作方法及安全工作环境。

第 2 条：安全和环境保护方针

- 船员是否理解公司的安全和环境保护方针？
- 是否有相应的措施保证船舶各部门、各人员都能掌握、执行和坚持上述方针？

第 3 条：公司的责任和权限

- 船舶最低安全配员文件的要求是否已得到满足？
- 每个船员的安全/防污染职责权力及相互关系是否明确并已文件化？
- 是否有客观证据证明每个船员都是按规定来履行其职责？
- 船长及其他高级船员是否了解公司岸基地各部门的职责，以及船岸在正常/应急情况下的联络方式？

第 4 条：指定人员

- 船舶是否了解公司指定人员的姓名及替代措施？
- 与指定人员的联络渠道是否保持 24 小时畅通？
- 指定人员是否确保公司对船舶所报事故、险情及不符合规定情况做出及时的响应？

第 5 条：船长的责任和权限

- 船长的责任是否以文件的形式明确？船长对本身职责是否了解并付诸实施？
- 船长是否已采取必要的措施，以确保公司的安全及环境保护方针在全船各部门得到遵守和执行？
- 抽查船长夜航命令薄与航海日志，验证船长命令的发布与执行情况。
- 为保证安全管理体系程序及须知的实施，船长是否对安全管理体系活动实施了控制，并定期评价船舶安全管理体系运行情况和运行效果？
- 是否有记录表明船长已通过培训或其他适当的方式全面熟悉公司的安全管理体系？
- 船长是否严格执行公司规定的各种报告制度，包括船舶缺陷和安全管理体系的评估报告？
- 是否有记录表明船长在履行职责和完成任务中，能得到岸上管理层的充分支持？
- 船长是否对船员执行操作程序（如海图作业等）和规章制度（如麻醉品、酒类管理规定）进行监控，如违反规定如何处理，有否记录？

第6条：资源和人员

- 船长是否熟悉并执行公司的安全与环境保护方针和公司的安全管理体系？
- 船长是否熟悉公司船岸安全管理体系的组织结构与文件结构？
- 新上船的船员是否进行岗位熟悉和职责培训并作记录，对公司开航前指令有否落实？
- IMO强制性的公约、法规配备和学习情况（学习计划、实施情况及记录）。
- 公司安全管理体系文件学习及业务技能的培训情况（学习计划、实施情况及记录）。
- 船上人员之间及船岸间是否能有效地交流各种信息？
- 船员调动时，是否有适当的时间和方法熟悉自己的职责以及管理范围内的船舶及设备的具体情况，并熟悉有关的安全管理文件和操作程序文件？
- 公司向船员提供的安全管理体系信息是否都用船员通晓的工作语言或其懂得的语言书写？

第7条：船上操作方案的制定

- 船上现有的操作程序和操作须知，是否能满足本船的安全操作和防污染的需要？
- 这些程序和须知是否符合有关强制性规定？是否充分考虑国际海事组织、主管机关和其他组织推荐的规则、指南和标准？是否考虑了船员的实际经验？
- 船上的操作程序和操作须知是否经过验证或审核，证明是正确和适用的？是否有验证或审核的记录？
- 程序和须知对其所包含的各项任务及其执行人员是否都有明确的规定和要求，以保证由合格人员来操作？
- 程序和须知是否对公司/船舶已标识的风险（尤其是对近几年公司/船舶所发生的事故/险情/不符合）进行了防范？
- 船上各部门是否熟悉与部门有关的文件清单及内容，并正确执行该文件？
- 对船舶的关键性操作是否有标识及操作须知并严格遵守？
- 是否有客观证据表明程序和操作须知已交有关人员学习和掌握？
- 船上有无航行计划（特殊航道、恶劣天气、通信助航、海图和资料的配备等）
- 在特殊水域恶劣天气，有否加强值班或安排瞭头，瞭头时使用怎样的联络方式，当规定的联络方式出现故障时，双方怎样联络？
- 排放污油水的标准、区域有哪些规定？船舶对油污和油污物如何处理？这些操作是否都有记录？
- 特殊作业（上高舷外作业、封闭场所等）前是否按程序要求做好准备，作业过程中有否进行检查？

第8条：应急部署

- 对船上可能出现的各种紧急情况是否都已标识和制定反应程序。

第四章 内部审核、复查和评价

- 是否有客观证据表明船上所有有关人员都已掌握了有关的应急部署和应急程序？
- 船上应急计划是否已包含如下内容：
  - 高级船员在应急指挥方面的职责分工。
  - 针对各种应急情况的措施。
  - 船上使用的联络方式和报警。
  - 海上求援程序。
  - 油污应急计划。
  - 向公司和有关当局的报告程序。
  - 船岸间的应急通讯程序和相应值班要求。
  - 船、岸的应急计划是否相互衔接、合理、完整。
- 船上是否对以上应急部署制定了操练和演习计划并有效实施？
- 是否定期对已标明的船舶紧急情况进行授课。
- 船舶应急设备是否按规定定期进行检查，维护和测试并作记录？
- 抽查其中一个应急情况的演习记录。

第9条：不符合规定情况、事故及险情的报告分析

- 对船上发生的各种不符合规定情况事故、险情的报告和处理是否符合文件、程序的规定（查记录）？
- 船长及有关人员是否了解并掌握这些程序？
- 验证上述发生的问题是否得到纠正并符合公司的有关规定？
- 查验船上发生的不符合规定情况、事故及险情（报告表）与所发生的是否相符。
- 通过各种记录查船舶接受海事局检查的情况，并检查处理、纠正的结果是否符合有关规定？
- 对采取的纠正措施是否进行了验证？

第10条：船舶和设备的维护

- 船上所有有关人员是否都已掌握船舶和设备的维护程序和预防检查要求？
- 船舶和设备的维护工作是否按程序及有关法规的要求得到执行？
- 船上各部门及有关人员是否了解船舶的修理计划并明确所负责的设备清单，维修周期及标准？检查记录验证以上要求是否得到遵照执行？
- 船舶和设备的养护和预防检查的分工职责是否明确？
- 对已知的不符合规定情况及可能的原因是否按规定报告？
- 检查记录了解对上述情况的处理及纠正措施是否符合规定？记录是否得到妥善保存？
- 船上各部门是否有所属应急/备用设备的清单并按规定进行检查维护？是否有完整的检修记录？
- 定期或有规律的检查、试验的备用设备和非持续发生使用的技术系统是否包括：

- 报警器和应急关闭装置?
  - 燃油系统的完整性?
  - 货物系统的完整性?
  - 应急设备(应急示位标、手提式 VHF 等)?
  - 安全设备(手提式气体和 CO_2 探测器等)?
  - 到离港前的试验(应急操舵系统、应急发电机、应急消防泵、机舱车钟)?

第 11 条:文件

船上是否按公司文件清单和本船工作需要配备了与安全管理体系有关的全部文件?
- 这些文件是否得到妥善保存并保持最新有效?
- 船舶从公司获得有效文件的渠道是否能保证畅通?
- 船上文件收发制度是否建立?

第 12 条:公司的审核、复查和评价

- 船上是否按公司规定的内部审核周期(每年不少于一次)进行了内部审核?
- 检查公司对该船的内部审核及公司的管理审核文件,相关部分是否发至船上?验证有关不符合规定情况的纠正情况和跟踪验证情况,是否按程序进行?(查验记录)
- 验证内部审核员是否具有必备的资格?
- 内部审核及可能采取的纠正措施是否都认真按程序规定进行?

第 13 条:发证、审核和监督

- 外审中发现的不符合规定情况是否按规定期限得到纠正和验证。

第三节 内部审核的实施

一、内部审核的实施及其过程

1. 确定任务

如果是常规审核,则按年度计划进行;如果是附加审核,则应明确目的和受审的部门或要素。每次审核还要明确审核的依据,任务确定后报最高管理者批准后实施。

2. 审核准备

由指定人员指定审核组长和审核组成员组成审核组。审核组长领导审核组成员编制好具体的审核计划,并把审核任务分配到每个审核员。每个审核员编制检查表,经审核组长审核后实施。同时,全组审核员对有关文件(如规则、安全管理手册、须知、程序文件等)加以审阅。审核计划确定后及早通知受审部门负责人,以使受审部门做好配合工作。

3. 现场审核

审核组应准时到达审核现场。召开首次会议时,应说明审核的目的、范围、依据和方法。如果是常规审核,而且只对一个部门进行审核,这种首次会议可以适当简化。现场审核应以事实为根据,以《国际安全管理规则》为准绳,收集客观证据,做出公正的判断。如发现不符合规定情况,要按规定填写不符合规定情况报告,并由受审部门领导对事实进行确认(要签字),现场审核以末次会议结束。在末次会议上应报告审核结果,宣读不符合规定情况报告,并请受审部门负责人填写纠正措施交由审核组确认。

4. 编写审核报告

审核组长应按规定格式根据审核结果编写审核报告。此报告经指定人员审定后由安全管理体系管理部门正式发给受审部门并存档。

5. 纠正措施跟踪

向受审部门提出采取纠正措施的要求,受审部门制订并实施纠正措施计划,验证纠正措施有效性并记录。

6. 全面审核报告的编写和纠正措施完成情况的汇总分析

如果是常规审核,则在所有部门及要素审核完成后,在指定人员组织下,审核组根据各部门的审核情况,汇总编写出一份全面的审核报告,分析评价整个体系运行的有效性,并与上次内部审核结果相比较,评价体系的情况;同时,对各部门的实施纠正措施计划加以汇总分析。

上述结果应报最高管理者作为有效性评价的基础材料之一。

二、现场审核的实施

1. 首次会议

为了保持内部审核的正规化,首先由审核组组长主持召开一次简短的首次会议,审核组长发言,并安排人员做好记录。受审部门的领导应参加首次会议,出席首次会议的人员都要签名,首次会议的目的是:①向受审核方介绍审核组成员;②重申审核的目的和范围;③确认审核计划;④简要说明审核所采用的方法和程序;⑤确定受审方与审核组的联络员;⑥确认审核组所需的资源、文件和设施已齐备;⑦确认末次会议的日期和时间;⑧澄清审核计划中不明确的内容。对首次会议的要求是准时、简短、明了、获得受审部门的理解并给予支持。

2. 现场审核

首次会议后立即转入现场审核工作。现场审核是内部审核员寻找客观证据的过程,是整个审核工作中最重要的环节。

(1) 审核组长应控制审核全过程。内部审核的整个过程是由审核组长负责,所以审核组长应掌握审核的主动权,不能被受审部门或客观事物左右审核过程,组长应控制以下环节:

1) 控制审核计划,不宜随意改动。依照计划和SMS检查表进行审核,如果确因某些原因不得不修改计划,要事先与参审部门研究后决定,并按一定程序履行批准手续。

2) 控制审核进度,审核有序进行。在计划不变的情况下,进度应加以控制。如果出现需延长审核时间的情况,应征得审核组长同意,组长再通过审核成员调整控制进度。但对需要追踪的重要证据的线索,可由组长决定延长审核时间直至得到可信的检查结果。

第三节 内部审核的实施

3）控制审核气氛，平和宽松进行。由于受审核部门经常处于被提问，受审查的地位，不免会产生对抗情绪，有时还会发生争执，使气氛紧张起来。这时审核组应善于缓和和控制气氛，使审核始终在一个平和、宽松的环境下进行。

4）控制客观性，力求客观公正。这是指在判断不符合规定情况时，应对调查所获证据的客观性反复研究，力求结论客观和公正。不要用主观估计，猜测和推理来代替客观证据。在对审核作结论前，组长应组织全组进行反复讨论，避免做出错误或不恰当的结论。

（2）要相信样本。审核是一个抽样调查的过程，样本是内部审核员精心制定的，因此，对样本的调查结果要有信心，如果调查后没有发现不符合规定情况，不必对样本发生怀疑，不必非要找到不符合规定情况。

（3）选择样本要有代表性，由审核员随机抽样。随机抽样也包括找人谈话，谈话的具体人不要由受审部门指定。

（4）要依靠检查表，不要轻易偏离检查表。在准备阶段，内部审核员已精心设计了检查表，要依靠检查表进行审核，当然，也应当灵活运用检查表，现场审核并非一成不变，要灵活掌握。

（5）要从问题的各种表现形式去找客观证据。审核中发现的不符合规定情况，有的问题比较单纯，容易找到客观证据，则不符合规定情况成立。但有的不符合规定情况问题比较复杂，要从多方面，各种表现形式中去取证。同时，审核中如发现某问题将导致不符合规定情况时，应增加调查研究的深度，主要是为了获取更全面，更确凿的客观证据：

1）存在的客观事实并可以再证实，复示或验证，不因时间或空间的推移而消失，而主观分析、推断、臆想、猜测将要发生的事件不能成为客观证据。

2）可以定量表述（可计数），定性表达（可度量），能够被验证（重复性）根据询问、观察、测量或试验得到的，关于 SMS 要求的存在和实施情况的信息，记录或事实的陈述。

3）被访问的对安全管理活动负有直接责任的人员的谈话记录可以作为客观证据，而某种传闻，陪同人员或与被审核安全管理活动无关人员的谈话等都不能成为客观证据。面谈获得的信息应通过实际观察、记录等多种渠道加以证实。

4）现行有效的安全管理体系文件中规定的记录和体系运行活动中产生的记录可以成为证明已发生的安全管理活动的客观证据。应注意这种证据的真实客观有效性，这可以通过观察记录的格式、日期、连续性、逻辑性，合理及完整书写和保存的方式来判断，已作废文件中的规定和经过擅自修改过的记录都不能成为客观证据。

（6）与被审方负责人共同确认事实。在审核过程中，审核员切忌先入为主，来到现场就已有结论，或以主观臆断代替客观证据，要保持客观性，公正性，即不论审核对象情况有何不同，均以事实为依据，以《国际安全管理规则》准绳，不能提示对方改变现状，弄虚作假。发现不符合规定情况时，应尽可能取得受审部门负责人对事实的确认，并同意采取纠正措施。若不能取得一致意见，内部审核员应耐心说明调查所得的客观证据的真实性和完整性，使受审部门负责人加以确认，使审核顺利进行。

(7) 现场审核记录的作用及要求。现场审核记录的作用是便于以后需要时核对查阅；便于核实客观证据时查阅，便于同事进行调查时查阅；便于连续性线索的继续审核。

现场记录的要求：记录应清楚、全面、易懂、便于查阅；记录应准确，例如什么文件、设备、仪器、情况、陈述人职位和工作岗位等。

3. 不符合规定情况的报告

(1) 不符合规定情况的确定。由于内部审核中不存在通过认证的问题，所以常常按严重程度分为不符合规定情况和重大不符合规定的情况，虽未构成不符合规定情况，但超出规则的要求，则作为"发现"项提出。

不符合规定情况的类型，按建立和实施 SMS 的情况可分为两类类型，即：

1) 体系性不符合规定。SMS 文件与《国际安全管理规则》的要求不符合，例如 SMS 要素阐述不充分或造成体系性失效的不符合。

2) 实施性不符合规定。未按文件去实施。即文件虽然有规定，但不按规定去做。

SMS 文件符合《国际安全管理规则》，也确实实施了，但由于实施不够认真、有效或某些偶发原因而导致效果未能达到公司安全和防污染活动具体目标规定的要求。

(2) 不符合规定情况报告的编写。如下所述：

1) 不符合规定情况报告应有下述内容：①受审部门/船舶及负责人姓名；②审核员姓名；③不符合规定情况事实描述；④不符合规定情况类型；⑤受审核方的确认；⑥纠正措施及完成情况的纠正。

案例：内部审核不符合规定情况报告（一）见表 4-9。

表 4-9　　公司安全管理体系内部审核不符合规定情况报告

编号：××××××××××　　　　　　　　　　　日期：××××年××月××日

被审核部门/人员	安监室
审核项目	船舶和设备的维护
对应规则条款	10.2.3
不符合规定情况描述： 查安监室××××年××月××日在宝石轮的海务安全检查表中记载："生活区防火门自动关闭装置损坏"，但没有证据表明对其作了纠正处理。 严重 □　　　一般 ■　　被审方确认签字：（签字）	
审核员意见： 学习有关检验规范，按防火构造要求给予纠正。 限期纠正要求：30 天	审核组长意见： 同意审核员的意见
审核员：（签字）	审核组长：（签字）
部门/船舶负责人： 立即通知船上修复防火门自动关闭装置	纠正验证结论： ××××年××月××日该轮抵香港，船厂工人船修理，防火门已恢复自动关闭装置（附船厂修理单）
部门/船舶负责人：（签字）	
审核员确认签字：（签字）	审核员签字/日期：（签字）

内部审核不符合规定情况报告（二）见表 4-10。

表 4-10　AB 船务有限公司内部安全管理体系审核不符合规定情况记录

受审部门	安监部	审核时间	××××年××月××日	不符合规定情况序号：18
不符合规定情况陈述： 在海务科审核时，科长证实 4 月 3 日和 4 月 12 日对"BB"轮和"AA"轮进行海务安全检查，但没有查到海务安全检查表				《国际安全管理规则》条款：10.2.4 程序文件：SP1002
				场所：海务科
				受审方确认：BBB
审核员：CCC		审核组长：TTT		性质：重大□　一般■
纠正措施的建议： 组织部门内人员学习程序文件，要求严格按文件的规定执行； 安监部清理登轮情况及海务安全检查表，消除类似不符合规定情况				责任人：YYY
				计划完成日期：××××年××月××日
				审核员：CCC
				是否需跟踪审核： 是□　否■
验证： 安监部于××月××日全天学习安全管理手册和程序文件，并记录；各科室已检查并消除了类似不符合规定情况 4 处。 证据见附件。（略）				不符合规定情况是否关闭： 已关闭■　未关闭□
				验证人： CCC

2）不符合规定情况报告编写时应注意的问题。不符合事实的描述应力求具体，例如情况发生在什么时间、地点、何人（不要写出姓名，提及职务即可）执行此事或任务发现了什么现象以及有些关键的细节如图号、文件或记录编号、数量、设备名称等均应写入，但与不符合规定情况无关的事不用写。

不符合规定情况的性质是要用一两句话点明此事哪一点（或哪几点）做得不好。

违反《国际安全管理规则》或安全管理手册的哪个具体条款应力求判断比较确切。如果判断不确切，纠正措施的方向就会产生偏差。在判断时要注意下列几点：

a）重视客观事实，明确判断依据。以安全管理手册、程序文件和操作文件为依据，以《国际安全管理规则》为准绳，在不符合陈述中，应能阐述不符合规定情况、安全管理手册、程序文件的哪一条规定，进而指出不符合《国际安全管理规则》的哪一条款。

b）抓主要方面，促体系改进。内部审核员在判定不符合规定情况的问题上，要善于发现系统性和重大不符合规定情况，切忌片面追求不符合规定情况的数量和在次要问题上过多地纠缠。

c）就近不就远的原则。在判定不符合《国际安全管理规则》的哪一条款时，应就近不就远。如发现与船舶和设备等有关的损坏、故障、不足、缺陷未予报告，则应判其不符合《国际安全管理规则》的 10.2.2 款，而不应判其不符合规则的 9.1 款。

例如，某内审核员到一艘从日本买来的成品油轮去内部审核，发现该轮的应急部署表及防火控制图是日文，但现在的船员均是中国船员，只懂英文，不懂日文。初看认为是船上违反了《国际安全管理规则》第 6 章第 6 款关于信息交流程序,再经思考违反内容不应属这个条款。因为该油轮接过来后,仍用日文的应急部署表及防火控制图,是违反了公司对紧急情况的应急反应程序的要求,所以这一不符合规定情况应判为不符合《国际安全管理规则》第 8 条第 1 款规定。

d) 关于观察项的处理。如果内部审核员认为有些存在的问题虽构不成不符合规定情况,但又认为有必要提出来要求被审方加以改进和完善,可以写成书面观察报告,以观察项的形式提交被审方。

不符合规定情况报告的发放应进行登记记录。

3) 审核观察结果的汇总。有了若干份不符合规定情况报告,尚不能对审核发表结论意见,还要对审核的观察结果作一次汇总分析。一般应在末次会议前召开一次审核组全体会议,对观察结果作汇总分析,以便对受审核的部门(船舶)的安全管理工作作一次总体评价。

汇总分析可以从下列几方面入手:

(1) 从发现的不符合规定情况来汇总分析,如不符合规定情况的总数,其中一般与重大不符合规定情况各多少项等。如果是对一个部门审核,则列出不符合规定情况涉及哪些要素,其中哪个要素最多或最严重;如审核是针对某一要素进行的,则列出此要素的不符合规定情况出在哪些部门,其中哪个部最多或最严重。有了这些数据,大致可以说明这个部门或这个要素的薄弱环节是什么了。

(2) 从发展的眼光分析,如将上一次内部审核时发现的不符合规定情况总数及其构成与这次发现的进行比较看,看安全管理是进步了还是退步了。

(3) 从两次内部审核之间该部门对安全和防止污染的影响来分析,例如这期间本公司发生的事故和险情中,由于本部门工作不当而造成的影响有多大。部门领导对这些问题的态度是否正确,有无改进等。

(4) 总结部门安全管理工作上的优点,不能只找缺点,不谈优点。优点应具体指出,予以肯定,还可推广到其他部门。

4. 末次会议

(1) 末次会议的目的与要求。末次会议由审核组长主持,参加者签到,会议应有记录保存归档。主要目的是向受审核方的管理者说明审核结果,以使他们能够清楚地理解审核结果。审核组长就受审部门对 SMS 实施的有效性提出审核组的结论,并提出纠正、跟踪等工作要求。审核组长应按重要程序依次宣读不符合规定情况报告,并要求部门负责人认可事实(在不符合规定情况报告上签名),尽快提出纠正措施。末次会议结束后,审核组结束现场审核。

(2) 末次会议的主要内容:①重申审核目的与范围;②强调内部审核是抽样进行的,存在审核的局限性,尽可能使样本具有代表性;③宣读不符合规定情况报告,提出纠正要求,落实受审方纠正措施计划的答复时间,完成时限和验证方法。④审核组长就确保 SMS 运行的有效性提出审核结论,以及后续工作要求。

三、审核方法和审核技巧

1. 审核方法

(1) 自上而下和自下而上的审核方法。所谓自上而下的方法是指先到信息比较集中的部门了解总的情况，然后在此部门选择一批样本到使用这些样本的部门去检查，采用这种方法审核的典型的例子就是对"文件控制"要素进行的审核。审核员可先到体系办公室查阅受控文件的总目录，在总目录中可以查到文件的编号、版次、编制部门、发放部门等信息，可在总目录中选择若干样本，到使用部门去核查现场使用的是否有效版本，作废版本是否从现场撤走，文件的修改是否按程序的规定等。

所谓自下而上的方法是指先在多个部门调查研究，选择一些样本到某一集中管理的部门去审核。

有时自上而下和自下而上方法应相互结合，交叉进行。

(2) 正向或逆向的审核方法。正向的方法是指按航运安全生产形成的过程从开始的船舶在港、准备出海、海上航行、准备到港的顺序去审核；而所谓逆向审核方法其路线正好相反。这两种方法通常用于附加审核。

(3) 按要素或按部门的审核方法。按要素审核是按要素展开活动，顾及要素涉及的部门，分清主办、协办和相关部门，这种方法易覆盖要素，但往往一个要素涉及许多部门，审核组要访问许多部门才能完成一个要素的审核，而每一个部门要重复接受多次审核才算完成受审任务。按要素审核不仅效率低，而且还影响各部门的正常工作。按部门审核的方法比较实用。按部门审核，涉及部门的要素均要覆盖，分清主办、协办，还有相关活动。审核组对该部门涉及的各个要素一次审核清楚，不必再反复去该部门查访，因此受被审部门的欢迎。这种方式易造成只顾主办，忽视协办更易忽视具体相关的活动现象。且最后还要按要素把各部门审核的结果集中起来整理，得出总的结论。

2. 审核技巧

内部审核员在审核中的检查、提问、评价和报告等评估方法称为审核技巧。内部审核员用来做分析判断的基础是各种信息，而信息是通过看、问、听而得来的。因此，可以从这几方面来总结审核技巧中常用的一些经验。

(1) 少讲、多看、多问、多听。审核员在现场的时间有限，而需采集的信息量很大；信息只能通过看、问、听获得，不能从讲话中获得。因此只有少讲才能多收集信息。审核员只要自己没有表现欲，一般情况下是可以不主动讲话的。在交谈时应注意：①说得少，听得多；②避免打断、干扰、反驳对方的谈话；③保持融洽的关系；④对误解要耐心，努力防止"冲突"；⑤选择恰当的面谈对象，进行正确地提问；⑥对面谈对象及内容表示兴趣；⑦"请"和"谢谢"适时使用；⑧尽可能争取受审部门支持与合作。

(2) 提问技巧。

1) 选择正确的对象提问。问题应向负责进行该项体系活动的部门或个人提出，而不向无关部门或人员提问，否则就会文不对题，浪费时间。

2) 正确地提出问题。审核员应明确地、有针对性地提问，不需使用在外交谈判中旁敲侧击的办法，更不要提出外行或错误的问题。

3) 封闭式问题和开启式问题相结合。问题一般可以分为封闭式和开启式两种。前者可用"是""否""有""无"等简短的词来回答。如"你们是否每周进行一次救生演习"，答"是"或"不是"即可。后者则需对方作详细的说明或解释。如询问船长："你如何理解保证安全和保护环境的？"封闭式的问题可以得出明确无误的答案，但信息量很少。开启式的问题可以引出较多的信息,有助于调查的深入,但花费时间较多。现场要合理结合,不可偏废。

开启式的问题中,还可分为下列几类:

　　a) 主题式问题。这是主题非常明确,开门见山式的问题。如"请谈谈对这起碰撞事故你们是如何处理的?"

　　b) 扩展式问题。这是在谈话基础上逐渐进入较高层次的交流时的问题。如"为什么你觉得有必要制定这种操作规程呢?"

　　c) 征求意见式问题。这种问题可以鼓励被审人员提供更多的信息。如"关于……新人……培训你又是如何做的呢?"等等。但征求意见式问题不能多提,否则会产生离题太远浪费时间的后果。

　　d) 设想式问题。如"电源切断了怎么办?"这类问题也要注意适当掌握,不能任意设想许多特殊情况请被审人员回答。

　　e) 封闭式的问题。一般用于会话开始。如"请问你们部门有没有这个操作规程?"答案是"有"或"没有"。另外一种诱导式的封闭式问题,如"你们将在一周内采取这种纠正措施,对不对?"这种诱导式问题也应慎用,一般说来,审核员不应诱导被审人员做出你设想好的答复,只有不得已时才可采用。

审核时常以封闭式问题开始,继之以许多开启式问题,最后以一、二个封闭式问题结束。这就是两种问题,结合使用的典型方式。

4) 使用"三角式"方式即提问——观察——检查。审核员在提问时经常会问及文件及实际情况,这时可在提问中同时索取需要观看的文件或提出要观看现场。这样就等于临时又增加了一些检查的样本,对检查表起了补充的作用。用问一看一查结合的做法(即"三角式"检查法),既可使审核步步深入,又可避免单纯问答谈话那种单调的审核方式,比较有效。但也要注意避免当对方出示一堆文件后,审核员就中止提问,埋头细读的做法。

5) 观察易被遗忘的角落。被审方在审核前一定会作充分的准备,因此重点的文件柜,设备等一定会收拾得整整齐齐。但在办公室里还会发现作废的文件等,所以观察的视野要广阔些,检查细微处,当然,这种办法只能是次要的。作为主流,还应集中力量检查在检查表中规定的样本。

(3) 制造一个良好的内部审核气氛。为使内部审核顺利进行,审核员应注意创造一个良好的气氛,使审核仿佛是在进行工作研究,而不要使对方经常意识到自己处于受审的地位。为此,审核员应平等和气待人,注意倾听,认真记,不时地用点头、注视、附和等方式的谈话表示感兴趣等。如发现了不符合规定情况要对方领导签字时,要说明理由。如对方态度粗暴也不要与之争吵。只有这样,才能使审核顺利进行。

(4) 审核员提问注意事项:①明确观点和目的准确表达;②发问一定要考虑被问者的背景;③注意神态表情;④适时表达好意;⑤努力理解回答;⑥不能建议或暗示某种答案;⑦不说情绪的话;⑧不可连续发问。

(5) 审核员聆听注意事项:①应持平等、真诚的态度;②应专注、冷静、认真地听;③应有耐心;④应及时反馈;⑤尽可能不要做出不成熟的反应。

四、内部审核注意事项

1. 现场审核注意事项

（1）验证船舶是否符合法定要求，不仅要查验船级社和法定检验记录（包括证书和检验报告），还应观察其操作是否符合法定要求（如听取船员对关键操作、特殊操作和应急操作的叙述或现场观察实际操作，模拟操作等）。

（2）结合船型、船旗、船级和船龄考虑船舶自身的操作特点和法定的特殊要求。

（3）结合船舶的航线考虑港口当局的要求。内部审核员应结合海事局检查中提出的问题和意见，验证船舶采取的相应措施。

（4）结合公司已标识的在同类型船舶发生的事故、险情及不符合规定情况，有针对性地进行抽样审核。

（5）船员中如有使用不同语言的情况（使用方言等），可通过现场观察应急演习时紧急情况下船员之间的交流情况。

（6）对新考证和新上岗的船员要询问他们对本岗位职责的熟悉情况，并通过交流和观察，查验他们对本岗位各种操作的熟悉情况。

（7）因船舶在港停泊船期紧、时间短、工作任务繁忙，所以船员都很忙，在审核时较难集中或按计划进行，所以只好见缝插针，合理安排时间，并在内部审核上一个人时要预先告之下一个被审核对象，让其有所准备。有时白天没有空，只好晚上进行审核，所以事先在公司了解该轮的情况很有益处。

2. 船舶内部审核注意事项

（1）在上船审核之前，尽可能去公司有关部门（如 NSM 办、安监室、机务部等）了解受审核船舶的有关情况：①查阅该船上报的船舶 SMS 审核的情况；②该轮船长的资格；③该轮上报的不符合规定情况、事故和险情的情况；④查阅该轮上报的船舶及设备维护的各种记录；⑤上次内部审核记录，了解内部审核中对不符合规定情况纠正措施的实施情况；⑥有关安全检查和海事局检查等记录。

（2）编制检查表的注意事项。

1）船舶内部审核检查表通常按船舶部门编制，检查表的基本内容要覆盖《国际安全管理规则》条款所涉及安全管理活动。检查表相当部分可以通用，但各船执行 SMS 的情况又有不同，在编制检查表时，要充分考虑到公司各部门了解到的情况，选择一些有代表性的典型样本抽查。

2）因船舶在贯彻执行 SMS 时，有其自身的特点；《国际安全管理规则》的同一条款要求在公司和船舶有不同的体现。公司侧重于管理和资源及岸基地支持，船舶侧重于实施和操作，针对同船型的操作、应急设备及船员培训要求等也会有不同的体现，因此在编制检查表时应予充分考虑。

3）船舶内部审核要重点审核的几个方面：①法定要求及适用的建议性规则、导则等；②安全操作（在船舶安全操作方面检查的重点是船舶的关键操作）、特殊操作、应急操作、船舶及设备的维护等，并充分考虑船舶自身的特点；③船舶和设备的维护，侧重于船体结构、应急设备如消防、应急发电、应急舵、应急通信设备、防污设备及关键的机器等，保养和维护记录；④安全管理体系中船长是 SMS 的责任人，所以也是审核的重点。其次是轮机长和大副等人。

（3）纠正措施的验证。公司内部审核员或 NSM 办公室负责对内部审核时发现的不符合规定情况的纠正措施实施情况进行验证，但应考虑到不符合规定情况的性质和船舶流动性的特点，验证的方式可以有：①公司内部审核员再访问；②船舶将有关纠正措施实施的证据寄送公司确认；③委托认证机构的审核员就近登轮验证。

3. 内部审核需要重视的几个问题

（1）领导重视是做好内部审核的关键。内部审核对一个公司的安全管理体系的实施、保持、改进、提高具有重要的作用。做好内部审核这一重要工作，领导重视是关键。公司领导特别是最高管理者要理解并充分运用内部审核这个重要的管理手段和改进机制，使 SMS 得到保持和改进。要抽调适任的人员来担当内部审核员，对内部审核工作给予充分的支持，并充分采纳审核员的正确意见和建议。

（2）指定人员要亲自抓内部审核工作。领导内部审核工作的是指定人员，应通过一个职能部门（如体系办公室），建立内部审核的组织和程序，培训人员，制订计划，组织实施内部审核和审批审核报告。当审核组与被审部门发生争执时，应由指定人员或通过指定人员报请最高管理者进行仲裁。指定人员也是各个部门和员工就安全管理工作向最高管理者反映的重要纽带。

（3）内部审核的具体工作需要有一个职能部门来管理。内部审核是一项长期的正规的安全管理工作，需要一个常设机构来负责进行，不能由一个临时性机构来从事此项工作。一般可由"体系办公室"来承担。这个机构还要负责许多其他安全管理的工作，但内部审核工作应是该部门的一项重要工作。

（4）要组建一支合格的内部审核员队伍。内部审核需要一批合格、称职的内部审核员，因此培训审核员是一项重要的工作。应在公司内与安全管理有关的部门中选择一批熟悉公司的业务，了解《国际安全管理规则》，有一定的学历和工作经验，有较好的交流表达和文字能力，责任心较强，为人正直的人员进行培训，使之成为合格的内部审核员。人员的选拔和分布要适当分散，并要有一定数量，经过培训的内部审核员经考核后由公司领导正式任命。

（5）内部审核要依据程序进行。根据《国际安全管理规则》第 12 条的精神，公司应在体系文件中制定安全管理体系内部审核程序，程序应明确内部审核的目的、范围、执行者的职责以及具体的实施办法。内部审核应依据规定的程序进行。

总而言之，内部审核工作需要本公司最高管理者的重视和支持，需要指定人员和安全管理部门的精心策划和实施，需要有一批称职的内部审核员的全力投入，需要一套完善的程序，这就是内部审核组织工作的主要内容。

第四节 内部审核报告和纠正措施

一、内部审核报告

1. 内部审核报告的编写

内部审核报告是说明审核观察结果和结论的正式文件，应由审核组长亲自编写或在其指导下编写。该报告应如实反映审核的情况,审核报告应由审核组长签名并对其准确性和完整性负责。

2. 内部审核报告的内容

(1) 审核的目的和范围,如按年度审核工作计划进行的例行审核可简写;如为特殊审核,则应写得比较详细。

(2) 审核组成员和受审部门名称。

(3) 审核的依据,如规则、SMS 文件等。

(4) 审核的日期。

(5) 不符合规定情况(不符合规定情况作为附件附于内部审核报告之后)。

(6) SMS 运行有效性的结论性意见。

内部审核报告经指定人员批准后发至有关的领导和部门。

内部审核报告案例 1:某航运公司首次内部审核报告

某航运公司内部审核报告

审核开始日期:××××年××月××日

审核结束日期:××××年××月××日

受审核部门:最高管理层、经理办、航运部、安监室、船技部、人事部、船员部、通导部、保安部、船队、NSM 办公室(ISM 办公室)、指定人员。

审核组组长:(签字)

审核组组员:(签字)

审核目的:

本公司 SMS 文件颁布已有 3 个多月,为检查公司的 SMS 是否有效运行,是否符合《国际安全管理规则》的要求,特安排首次内部审核,以期达到保持 SMS 的有效性和满足《国际安全管理规则》要求的符合性,判断公司是否具备外审申请条件。

审核范围:

审核范围应覆盖《国际安全管理规则》涉及的全部要素、公司体系内所有相关的职能部门和所有岗位。

审核依据:

(1)《国际安全管理规则》。

(2) 国际海事组织、主管机关、船舶检验机构和行业组织所建议的规则、指南和标准。

(3) 国内强制性规定、规则和建议性规则、指南及标准。

(4) 公司安全管理体系文件。

(5) 其他相关文件。

本次内部审核是按照《国际安全管理规则》的要求进行,是公司建立 SMS 后的第一次内部审核,也是体系文件试运行 3 个月以来的一次全面的审核。

审核组由 5 人组成,对公司 10 个部门进行了为期 3 天的检查。

本次内部审核得到了公司总经理及各部门领导的重视和支持,使审核工作顺利进行,按计划完成了审核任务。审核中共发现不符合规定情况 41 项,其中文件即规则 11 要素中发现的不符合规定情况较多（共11项），反映出在文件和资料控制方面是一个弱点。在安监室和船技部发现的不符合规定情况也较其他部门多。其原因是：标准要求高，管理难度大，积累问题多，人员水平参差不齐。安监室由于涉及体系要素较多，也造成工作上的困难。下一步应加强这两个部门的工作力度，减少不符合规定情况的产生。

另外公司对体系运行的有效性评价尚未实施，这项工作未包括在本次审核中。

综上所述，本公司的安全管理体系已进入正常运行状态，需要加大实施力度，保持体系的有效运行。本次审核发现的不符合规定情况应按规定在15天内纠正完成，并得到验证，公司应在有效性评价后申请外部安全管理体系审核。

内部审核报告例2：船舶内部审核报告

"×××"轮安全管理体系内部审核报告

审核时间：××××年7月6—7日

审核地点：上海港

审核范围：《国际安全管理规则》涉及的全部要素及该轮所有部门及有关人员

审核目的：审核"×××"轮安全管理体系运行的有效性和符合性，同时判断该轮是否具备外审条件。

审核依据：《国际安全管理规则》，国内外的强制性规定及规则以及有关建议性规则、指南和标准，安全管理体系文件。

审核员：ABC（组长）DEF（审核员）

本公司内部审核员ABC、DEF于××××年××月××—××日在上海港对"×××"轮的安全管理体系运行进行了首次内部审核，其内部审核情况报告如下：

通过对"×××"轮的安全管理体系运行的客观证据、实际操作、设备维护状况等现场活动的审核，审核组认为，该轮船长对实施《国际安全管理规则》较为重视，对《国际安全管理规则》，SMS文件以及有关的规章制度等组织了学习和培训，完善了船上的操作规程及维护保养制度，健全了有关活动记录，安全管理体系于××××年2月18日开始在船舶运行，并在运行中不断给予完善，"×××"轮全体人员能够按照安全管理体系的要求进行各项安全和防污染活动，确保公司的安全和环境保护方针在"×××"轮得到实施和保持。为此，审核组认为，"×××"轮的安全管理体系的运行是有效的。

在审核中，审核组也查出了"×××"轮在运行中存在的问题，开出了五项不符合规定情况，主要问题是在对体系文件的学习，文件的控制，操作规程的落实及设备的保养中的不足，这些问题的发生是由于体系建立之初，船员的安全管理意识不强，执行不严而造成的。所以希望船上进一步加强对体系文件的学习，严格执行各项规定，减少不符合规定情况。

由于审核是抽样进行，受到时间等限制，所以没有发现不符合规定情况不等于不存在不符合规定情况，"×××"轮全体船员应能举一反三，对照自查，认真纠正不符合规定情况。审核组认为，"×××"轮具备申请外审的条件。

3. 资料归档

内部审核结束后，审核组长应将内审中形成审核资料整理并交NSM办公室（ISM办公室）归档保存，包括以下内容：

(1) 内部审核计划。
(2) 审核日程表,现场审核会议签到表。
(3) 内部审核检查表及支持性背景材料。
(4) 不符合规定情况记录。
(5) 不符合规定情况总表。
(6) 内部审核报告。
(7) 实施纠正措施及验证的见证材料。
(8) 海事局检查报告、安全管理体系变化情况报告。
(9) 观察项目。

二、纠正措施及验证

1. 纠正措施

(1) 纠正措施在内审中的重要性。在内部审核中纠正措施具有特别重要的意义。因为内部审核目的在于发现安全管理体系存在的问题并加以纠正,使其得到不断完善。

在现场审核完成及内部审核报告发布后,审核组和指定人员(通过 NSM 办/ISM 办)仍要花许多精力落实纠正措施的有效实施,即验证不符合规定情况是否已得到纠正。

(2) 纠正措施实施。

1) 审核组职责:向受审部门提出不符合规定情况,并有受审部门确认事实,还要求受审部门调查分析造成的原因,制定针对性的纠正措施,包括纠正的时限。

2) 受审方职责包括制定纠正措施的实施计划,及时反馈纠正情况以便得到审核员验证认可。具体如下:①调查判别产生不符合规定情况的原因;②进行原因分析(如人、设备、材料、方法和环境等);③制定纠正措施的实施计划;④控制纠正措施按计划有效实施;⑤检查纠正措施的效果;⑥对效果的有效性进行验证;⑦巩固经过验证有效的成果(更新文件);⑧纠正效果不明显的可进入下一个循环,采取更有效的纠正措施。

(3) 纠正措施计划。

1) 内部审核对纠正措施计划的实施期限一般为 15~30 天,具体的时间企业可自定。

2) 制订纠正措施计划应针对性强、具体、有效:①要针对不符合规定情况发生的原因;②要从有利于从根本上改进着手;③措施要标本兼治,切忌"头痛医头,脚痛医脚";④要对纠正措施的有效性进行验证、不可流于形式、走过场。

3) 保存记录,适时验证。

(4) 纠正措施的完成期限。

1) 考虑到船公司所管理的船舶是流动的,船公司和船舶纠正措施的实施期限最长为 3 个月。

2) 如存在重大不符合规定情况,应立即采取纠正措施,消除重大不符合规定情况,至少应使之降级。在迎接外部审核前,要求在较短的期限内实施和完成纠正措施。

3) 如纠正措施计划不能按期实施和完成时,受审部门和/或船舶必须向指定人员说明原因,请求延长,然后由 NSM 办/ISM 办修改计划。

4) 如在纠正措施的实施过程中,几个有关部门之间、船舶与有关部门之间对纠正措施的实施问题有争执，难以解决时，由指定人员协调和仲裁。

5) 如受审部门和/或船舶不能由自身能力和资源实施纠正措施时，应向指定人员提出，如需要时再报请最高管理者决定。

2. 纠正措施的验证

（1）纠正措施计划是否按规定日期完成。

（2）各项纠正措施是否都已完成。

（3）完成后的效果如何。

（4）实施情况有否记录可查，如引起文件修改是否按规定程序完成。

（5）对有效的纠正措施结果应做出判断。

（6）对重大的纠正措施的跟踪情况应形成书面的跟踪检查报告。

（7）审核员验证并认为措施计划确已完成后，在不符合规定情况报告验证栏中签字，说明这项不符合规定情况已得到了纠正。

3. 跟踪审核的特点

跟踪审核是内部审核活动的继续，促使审核中发现的问题得以改进并得到满意的结果。

（1）审核员职责。实施跟踪的人员可由审核组中成员或委托其他有资格的人员进行，跟踪人员必须了解该跟踪工作的情况和资料。

（2）跟踪程序：①受审部门向审核组提交纠正措施；②审核组对拟采取的纠正措施计划的可行性予以审核，并回复审核意见；③受审部门实施并完成纠正措施；④审核组对纠正措施完成情况进行验证；⑤审核组对纠正措施结果做出判断并记录。

（3）实施方法：①对纯属文件性的不符合规定情况，可通过文件传递验证；②对现场工作的纠正措施，应进行现场验证；③对已采取的纠正措施，但效果不好的应升级进行纠正后还要进行细致的检查；④对有效的纠正措施，应采取巩固措施。

第五节 有效性评价和管理复查

一、有效性评价和管理复查的概念

《国内安全管理规则》第 12 条第 2 款要求公司应当定期评价安全管理体系的有效性，必要时还应当根据公司建立的有关程序对安全管理体系进行复查。需要注意的是，2008 年 12 月 4 日，在第 85 届海安会上以第 273 号决议通过的 ISM 规则修正案已经取消了对安全管理体系管理复查要求，但《国内安全管理规则》目前仍要求开展安全管理体系管理复查。

（1）有效性评价由公司最高管理者和其指定人员来组织实施，指就安全管理体系的连续性、适用性和有效性向公司最高管理者的报告。

（2）有效性评价按要求定期进行，而管理复查则视评价结果而定是否需要；如需要进行管理复查，则有效性评价就成了管理复查的前奏。所以，管理复查是管理性的评价，由最高管理者领导实施（船舶由船长组织实施）。

(3) 其中对安全和环境保护方针、目标及安全管理体系的总体适合性的评价应由最高管理者亲自组织并主持。其他支持性活动可委托指定人员或其有关人员组织实施。

(4) 管理复查是由公司最高管理者就公司的安全和环境保护方针、目标对现行的安全管理的持续有效性和总体适合性，包括安全和环境保护方针、目标在内的所作的正式而系统的全面检查和评价。

(5) 管理复查应作为一项正式活动有计划的安排，应提交有关结果，结论的书面报告。一般情况下复查活动会决定采取重要的纠正措施，从而保证公司的 SMS 持续有效地满足《国内安全管理规则》的要求，保证满足实现规定的安全和环境保护方针、目标的要求。而有效性评价是就安全管理体系运行的优劣情况做出评价，供最高领导层决策。

(6) 有效性评价通常包括对内部安全管理体系审核结果加以审查和确认，以便促进 SMS 的改进。因此有效性评价常常安排在内部审核全面完成后进行。

(7) 管理复查的结果会涉及安全管理体系的补充变动以及某些方面工作的加强，因此要保存复查记录和改进记录。

二、有效性评价的内容

有效性评价包括对组织管理结构、行政管理程序、人员（包括人员的责任和权力）、SMS 方针、程序和须知的了解和遵守的情况；对岗位熟悉与培训的要求；文件、报告和记录的保管等。

1. 分析安全管理体系的符合性

(1) 对内部 SMS 审核结果分析：①内部审核报告的审定；②纠正措施计划和实施情况的审查；③内部 SMS 审核工作效果的确认。

(2) 对 SMS 文件的分析：①SMS 文件修改情况分析；②SMS 文件补充情况分析；③SMS文件实施情况分析。

2. 分析体系的有效性

(1) 对安全和环境保护方针、目标的有效贯彻及实施情况进行分析。

(2) 对事故、险情的调查和分析结果进行评价。

(3) 对不符合规定的情况采取有效纠正措施进行分析。

(4) 对海事局检查结果和法定检验的建议进行研究。

(5) 对主管机关进行年度审核情况分析。

3. 分析体系的适合性

(1) 国内航运法规是否更改。

(2) 船队管理手段是否变化。

(3) 组织机构是否变化。

(4) 原 SMS 是否有效。

(5) 对 SMS 造成影响的因素是否导致需要对 SMS 文件进行修改和补充。

4. 其他重要事项

(1) 重要的纠正和预防措施：①采取的措施是否适当；②批准重要纠正和预防措施。

(2) 对 SMS 文件的修改和补充：①SMS 文件修改或补充是否适当；②批准重要的

SMS文件修改或补充；③对事故、险情和不符合规定的情况的分析；④审核发现的问题；⑤入级和法定检验后的建议；⑥根据船队变化、贸易和市场战略、新规定或社会和环境的变化，考虑对该体系的更新。

三、有效性评价的实施

1. 制定年度有效性评价计划

（1）每年进行最少一次的有效性评价，一般安排在SMS内部审核后进行，每次有效性评价可适当确定重点内容。

（2）有效性评价计划的内容包括组织内容、准备工作和时间安排等。

（3）有效性评价计划由最高管理者签发。

2. 有效性评价准备

（1）针对有效性评价内容进行实际情况的调查和了解。

（2）由责任部门（体系办公室）准备专题文件或资料。

（3）将复查内容涉及的有关文件或资料发给参加复查的人员。

（4）参加有效性评价的人员准备意见。

3. 有效性评价

（1）有效性评价会议：①最高管理者组织会议；②各部门领导参加并报告有关工作情况；③按有效性评价内容展开讨论和评价。

（2）有效性评价结论：①对所涉及的有效性评价内容做出结论；②对有效性评价后改进行动提出明确要求。

（3）有效性评价报告：①有效性评价的目的和内容、参加复查的人员、日期、复查的主要结论对有效性评价后行动的要求等；②有效性评价报告由公司最高管理者签署并分发至参加人员和有关部门。

4. 有效性评价的后续行动

（1）有关部门对有效性评价后行动应制定落实措施，审定纠正措施以及实施。

（2）检查并验证有效性评价后纠正措施的实施情况和效果。

（3）保存复查记录和改进记录，并把有效性评价后行动的成功经验纳入SMS文件。

四、内部审核与有效性评价的关系

1. 内部审核与有效性评价、管理复查的关系

在安全管理体系运行之中采取内部审核、有效性评价和管理复查等措施的目的，都是为了改进和完善体系，保证体系的有效运行。

内部审核是公司内部由最高管理者指定的人员实施的。内部审核员由指定人员负责，其任务是审核各部门和各船的安全管理活动是否符合安全管理体系的要求，不对安全管理体系本身的优劣负责。

管理复查是由最高管理者主持。而定期有效性评价是由最高管理者或其指定的人员主持。有效性评价或管理复查的范围一样，都是安全管理活动和安全管理体系本身，但两者不能等同替代。因二者的输出不一样，有效性评价是定期的，而管理复查是否需要则视

有效性评价结果而定，也就是说有效性评价是必要的。如若经过有效性评价认为管理复查是需要的，管理复查活动会采取重要的纠正性措施。有效性评价仅是对体系运行的优劣情况做出评价，提出建议（如建议召开管理复查会等），供最高管理者决策。

2. 有效性评价与内部审核的区别

有效性评价与内部审核间区别见表 4-11。

表 4-11　　　　　　　　　　有效性评价与内部审核对照表

序号	比较项目	有效性评价	内部审核
1	目的	评价 SMS 的持续有效性和总体适合性	审核 SMS 的符合性和运行的有效性
2	对象	主要对象是 SMS 是否适应满足《国际安全管理规则》要求	主要对象是 SMS 要素的实施情况
3	组织	由最高管理者组织并主持进行	由管理层委派的审核组进行
4	安排	计划安排和适时安排相结合，把内部审核作为有效性评价的内容之一	一般安排在有效性评价前进行
5	结果	评价结果会涉及 SMS 的补充、变动以及对某些方面工作的加强，并产生管理有效性评价报告	审核结果会产生不符合规定情况报告和对 SMS 符合性总体评价的内部安全管理体系审核报告
6	程序	有效性评价依据安全管理体系有效性评价程序进行	内部审核依据安全管理体系内部审核程序进行
7	后续	后续主要工作是某些方面工作的改进	后续主要工作是纠正和预防措施的实施跟踪与监督

第五章 外部审核

第一节 外部审核概述

外审是指由船旗国主管机关或其授权的认可组织确定公司或船舶的安全管理体系活动及其有关结果是否符合计划的安排,以及这些安排是否有效地实施并适合于达到预定目标的系统的、独立的检查。根据检查的对象不同外审分为公司外审和船舶外审。

鉴于我国主管机关在实施 ISM 规则中,对外部审核有部分规定不同于国际惯例的情况,本章的内容以我国交通运输部海事局新修订的、自 2015 年 5 月 1 日起施行的《航运公司安全管理体系审核发证规则》(海安全〔2015〕120 号,简称《审核发证规则》)和自 2016 年 3 月 1 日起施行的《航运公司安全管理体系审核发证程序》(简称《程序》)的相关规定为基础。对于非悬挂中国国旗的船舶及其公司接受外审的规定,应参照相关主管机关和其认可组织的规定进行,并在本书中将该类的认可组织,统称为"其他审核发证机构"。

一、SMS 外审的常用术语

1. 审核种类

SMS 审核包括对航运公司的审核和所属船舶的审核,按照《审核发证规则》,对航运公司实施的审核包括:临时审核、初次审核、年度审核、换证审核、跟踪审核和附加审核;对船舶的审核种类包括:临时审核、初次审核、中间审核、换证审核和附加审核。

(1) 临时审核。临时审核是审核发证机构为判断公司或船舶的 SMS 是否符合签发临时 DOC/SMC 的条件而进行的审核。经审核确认符合要求的,向公司签发有效期为 12 个月的临时 DOC;向船舶签发有效期为 6 个月的临时 SMC。临时 SMC 在特殊情况下,可展期 6 个月。公司/船舶应在 12 个月内完成初次审核。

(2) 初次审核。持有"临时符合证明"的公司应当在其证书届满 2 个月前申请初次审核。公司应当在船舶"临时安全管理证书"届满 2 个月前申请船舶初次审核。通过审核并经审核发证机构审定同意发证的,审核发证机构向公司或船舶签发有效期为 5 年的"符合证明"和"安全管理证书"。

(3) 年度审核。为保持"符合证明"的有效性每年对航运公司实施审核。其审核和签注应当在"符合证明"周年日前 3 个月或后 3 个月内完成,通过审核的,由主管机关签发符合证明年度审核签注。被主管机关评选为"安全诚信公司"的年度审核可采取"内审替代外审"的方式由公司按规定自行组织,审核发证机构视情可派 1 名审核员对公司审核过程进行监督。审核结束后,公司应当将审核报告等相关材料提交审核发证机构。

(4) 中间审核。为保持 SMC 的有效性对船舶实施的审核,应于 SMC 签发之日期的第

2个周年日之后的6个月内申请船舶中间审核,通过审核的,审核组长在"安全管理证书"上予以"中间审核签注"。

(5) 换证审核。换证审核是在 DOC/SMC 的有效期届满 3 个月前,为证明公司/船舶的 SMS 仍然有效的保持并符合《国际安全管理规则》,在换发新的 DOC/SMC 之前进行的审核。在完成审核后给予换发新的 DOC/SMC。

(6) 跟踪审核。在年度审核或者换证审核中,如发现公司安全管理体系运行存在严重不符合规定的情况,或者有大量不符合规定的情况并且已经严重影响到安全管理体系运行的有效性时,审核发证机构应当在公司对所有不符合规定情况整改完成后对其进行跟踪审核。

(7) 附加审核。在航运公司发生重大事故、连续发生事故、所属船舶连续被滞留或发生可能影响其有效性的其他原因时,由审核发证机构所决定实施的审核,是在临时审核、初次审核、年度/中间审核、换证审核之外进行的审核。

2. **船舶类型定义**

(1) 客船:载客超过 12 人的船舶。

(2) 其他货船:除客船、油船、化学品船、气体运输船、散货船、高速船以外的其他船舶。

(3) 化学品船:建造或改建用于运输《国际散装运输危险化学品船舶构造与设备规则》第 17 章所列的任何液体货品的货船。

(4) 油船系:其构造主要适用于装运散装油类的船舶,包括油类/散货两用船,以及全部或部分装运散装货油的 73/78 防污染公约附则 Ⅱ 中所规定的任何"化学品船"。

(5) 气体运输船:建造或改建用于运输《国际散装运输液化气体船舶构造与设备规则》第 19 章所列的任何散装液化气体或其他物质的货船。

(6) 散货船:通常具有单甲板、在货物区域具有顶边舱和底边舱的构造,且主要从事运输散装干货的船舶,包括兼用等船型。

(7) 高速船:其最大航速 V (m/s) 不小于 $3.7 \nabla^{0.1667}$ 的船:

$$V_{最大} \geqslant 3.7 \nabla^{0.1667}$$

式中 $\nabla^{0.1667}$——相应于设计水线的排水量,m^3。

二、审核依据

1. **审核工作的法定依据**

《1974 年国际海上人命安全公约》1994 年修正案(74SOLAS 公约 94 修正案)新增加了第九章"船舶安全营运管理",该章规定国际航行船舶及其公司应当依据 ISM 规则的规定,建立、运行安全管理体系,并经主管机关审核验证,取得相应的证书。由此可见,对于国际航行船舶及其公司实施审核发证的依据是国际公约——《1974 年国际海上人命安全公约》。对于国内航行船舶及其公司实施审核的法定依据是《中华人民共和国航运公司安全与防污染管理规定》(交通部令 2007 年第 6 号)、《中华人民共和国海事行政许可条件规定》等规定。

2. **审核工作的程序依据**

为有效实施《审核发证规则》、《航运公司安全管理体系审核发证程序》(海安全〔2016〕

62号）以进一步规范航运公司和船舶安全管理体系审核发证行为，交通部海事局颁布了《航运公司安全管理体系审核发证规则》和《航运公司安全管理体系审核发证程序》，原《关于重新发布〈航运公司安全管理体系审核发证规则〉和〈航运公司安全管理体系审核发证程序〉的通知》（海安全〔2001〕588号）同时废止。

3. 审核工作的判定和评价依据

安全管理体系审核的实质就是对安全管理体系文件及其活动的符合性进行验证判断，对其有效性进行评价。其判定和评价的依据可概括为判定和评价安全管理体系文件覆盖性的依据是《国际安全管理规则》；判定和评价安全管理体系文件符合性的依据是《国际安全管理规则》和国际国内强制性规定；判定和评价安全管理体系活动符合性的依据是国际国内强制性规定和公司的安全管理体系文件。如果建议性的国内外规则指南被公司采纳，可作为公司体系文件的组成部分。

三、审核发证机构及审核员

1. 审核发证机构

《航运公司安全管理体系审核发证规则》第二条规定，中华人民共和国海事局是实施本规则的主管机关（简称主管机关）。主管机关全面负责安全管理体系审核发证工作；主管机关指定的海事管理机构、委托的机构及授权的认可组织按照主管机关确定的审核发证权限开展审核发证工作。

主管机关及其指定的海事管理机构、委托的机构（简称审核发证机构）对公司和船舶进行的安全管理体系审核发证及其管理活动。

经主管机关授权的认可组织可参照本规则制定相应的安全管理体系审核发证办法，并报主管机关备案。

实施安全管理体系审核的人员应当具有主管机关认定的审核员资格。

主管机关依据ISM规则的规定接受其他国家或地区主管机关的请求对非悬挂中国国旗船舶及其公司审核发证的，由主管机关或其指定、委托的审核发证机构参照本规则及相关规定实施。

2. 审核员

审核员是从事安全管理体系审核的执行者，在安全管理体系审核发证工作中起着至关重要的作用。因此，审核员必须具备相应的资格，具有完成审核工作的能力，才能保证审核的公正。审核员的资格源自于所受的教育、培训及实际工作经验。国际海事组织所制定的《主管机关实施ISM规则指南》（A913〔22〕决议案）以及我国主管机关所颁布的《航运公司安全管理体系审核员管理规则》，对于审核员的资格条件、培训、考试要求都做出了相应的规定，要求每位审核员应当具备以下资格条件和接受以下相应的培训：

（1）审核员应具备的教育背景、专业知识和工作资历作为资格条件。

1) 审核员至少应接受过正规的高等教育，具备审核工作所需要的基础知识和专业知识，如ISO 9000的知识、航海技术、水上安全管理或/和航运管理的知识。

2) 有较强的表达能力和交流能力，能清楚地、流利地用官方语言口头和书面表达自己的观点并能与对方进行充分交流；最好具有较好的英语听、说、读、写能力。

3) 有较强的判断力和丰富的实际工作经验,有较长的航运从业经历。

(2) 培训是成为审核员的必经之路和先决条件。因此,作为一名审核员必须经过以下几个方面的特别培训,并通过理论考试、实习训练和考核评估培训,使审核员能够胜任审核工作。

1) 掌握审核的基本概念和原则。
2) 非常充分地理解 ISM 规则。
3) 知晓并理解安全管理体系审核的依据,如国际、国内有关法规、标准、规则、指南。
4) 掌握审核的方法与技巧,如检查的程序与方法、提问的技巧、评价的方法、报告的书写内容与技巧等。
5) 掌握组织和管理审核所需要的技能,如计划、组织、协调、联系和指导等。

审核员在完成全部审核训练后,应通过审核工作的研究与实践,进一步积累审核知识、技巧和经验。审核组长应始终站在审核理论及实践的前沿,积极参与研究与实践。审核员应忠实地、模范地将审核的专业训练和技能训练运用于审核实际工作。

审核员分 A、B 两类,每类审核员又分为普通审核员和主任审核员两级。A 类审核员具有审核国际、国内航行船舶及其航运公司的资格,B 类审核员具有审核国内航行船舶及其航运公司的资格。

四、航运公司安全管理体系审核发证程序

1. 目的

1.1 为有效实施《航运公司安全管理体系审核发证规则》(海安全〔2015〕120 号,以下简称"《审核发证规则》"),规范航运公司、船舶安全管理体系审核发证工作过程和行为,制定本程序。

2. 适用范围

2.1 本程序适用于海事管理机构对航运公司和船舶进行的安全管理体系审核发证工作。

2.2 中华人民共和国海事局是实施本程序的主管机关。

3. 公司初次审核与发证

3.1 申请受理

3.1.1 公司注册地海事管理机构(以下简称"当地海事管理机构")收到审核发证申请后,应按照《审核发证规则》的规定对申请材料进行审查,决定是否受理。

3.1.2 当地海事管理机构应在受理审核发证申请后及时将相关申请材料报送具有相应审核发证权的海事管理机构(以下简称"发证海事管理机构")。

3.2 审核准备

3.2.1 发证海事管理机构收到已受理的审核发证申请材料后,应与公司商定审核时间,安排审核组,下发《公司审核安排方案》。

3.2.1.1 初次审核时间 2~3 天(视情可增加 1 天)。

3.2.1.2 初次审核正式审核员 3~4 人(视情可增加 1~2 人),实习审核员不超过 2 人。

3.2.1.3 发证海事管理机构在安排审核组时应充分考虑审核员的专业特长，并应明确1名审核员为审核组联系人，具体负责内、外联系及审核计划、审核报告等材料的起草、汇总、整理、提交等工作。

3.2.2 发证海事管理机构应通过日常监管、信息化建设、资源共享及公司报告等手段，掌握公司的安全运行情况，并以书面的形式向审核组提交被审核公司的有关情况，至少包括：公司基本情况、船舶事故情况、船舶滞留情况、公司及船舶违法违规情况、安全管理体系运行重大事项及其他需要说明的情况。

3.3 审核实施

3.3.1 公司审核的方式包括查看相关文件、访谈相关人员、检查各种记录、观察有关管理活动等。

3.3.2 审核组集中后，审核组长应组织召开审核组第一次内部会议，内容主要包括：通报有关情况、确定审核重点、分配审核任务、商定《审核计划》、提出有关要求等。

3.3.2.1 《审核计划》应当明确每名审核员承担的审核任务。

3.3.3 实施文件审核。

3.3.4 文件审核后，审核组长应组织召开审核组第二次内部会议，内容主要包括：讨论文件审核情况、确认并汇总审核中发现的问题和不符合规定情况、做出是否按计划实施活动审核的决定等。

3.3.5 召开由审核组全体成员，被审核公司领导、指定人员、体系内各部门负责人、公司陪审（联络）人员及其他有关人员参加的首次会议，内容主要包括：

.1 公司简要介绍建立和实施安全管理体系及内审情况；

.2 审核组简要介绍审核依据、方法、计划安排和有关要求；

.3 审核组宣布审核纪律；

.4 其他有关事宜。

3.3.6 实施活动审核。

3.3.6.1 在活动审核过程中，审核员应注重对体系实际运行效果的验证。对发现的每一个问题，审核员应与被审核人员进行充分的沟通，确保其理解、认可并知悉如何改正。同时，对一个部门审核结束后，审核员应与该部门负责人就部门审核的整体情况进行简要沟通。

3.3.7 实施代表船审核。

3.3.7.1 代表船审核由发证海事管理机构负责安排人员组成审船小组实施，审船小组成员应尽量为对该公司进行审核的人员。

3.3.7.2 代表船按照代管船优先、需发证船优先的原则选取。

3.3.7.3 代表船审核正式审核员2人，不安排实习审核员。

3.3.7.4 代表船审核的具体时间、地点及安排应根据船舶动态提前与公司商定。

3.3.7.5 代表船审核的具体方式、过程等按照本程序关于船舶初次审核的有关规定进行。

3.3.7.6 按照《审核发证规则》第八十四条的相关规定，当代表船审核需联合非海事管理机构开展时，发证海事管理机构应通过公司与相应机构取得联系，具体协商审核事宜。审船小组由相应机构派员组成，审核过程及表格填写、文书形成等亦按相应机构的要求进行，发证海事管理机构指派 1 名审核员作为观察员对审核过程进行监督即可。审核结束后，审船小组应尽快向公司审核组（与公司审核同时进行时）或发证海事管理机构（早于公司审核时）提交一份审核所形成材料的复印件。

3.3.8 活动审核及代表船审核后，审核组长应组织召开审核组第三次内部会议，内容主要包括：综合分析、研究审核中搜集到的客观证据；确认并汇总审核中发现的问题和不符合规定情况；总体评估公司安全管理体系与 ISM 规则和/或 NSM 规则的覆盖性和符合性、公司安全管理活动与安全管理体系的符合性、安全管理体系运行的有效性等。

3.3.9 审核组应以会议或其他有效的方式，围绕审核发现的问题、不符合规定情况、对公司安全管理体系建立运行的总体看法等与公司领导及有关人员进行充分沟通。

3.3.10 审核组应根据沟通情况确定不符合规定情况和问题，形成《不符合规定情况清单》、《问题清单》及《公司审核报告》。

3.3.10.1 《公司审核报告》应在审核组长的指导下，由审核组全体成员共同商定完成。《公司审核报告》应有明确的审核意见。审核组长对《公司审核报告》的准确性和完整性负责。

3.3.10.2 《不符合规定情况清单》、《问题清单》须在末次会议前经被审核方和审核组长签字确认。

3.3.11 召开末次会议，内容主要包括：审核组长简要总结审核情况并宣布审核意见、公司领导表态。参加末次会议的人员原则上同首次会议。

3.3.12 审核工作结束后，审核组应将一份《不符合规定情况清单》、《问题清单》复印件提供给公司，并及时将上述材料及《审核计划》、《公司审核报告》等其他审核所形成材料提交发证海事管理机构。

3.4 发证

3.4.1 发证海事管理机构应对《公司审核报告》等相关材料进行审查，决定是否发证。

3.4.2 经审定同意发证的，发证海事管理机构应在 10 个工作日内向公司颁发《符合证明》。

3.4.3 经审定不同意发证的，发证海事管理机构应在 10 个工作日内向公司送达《不予海事行政许可决定书》。

3.5 纠正措施验证

3.5.1 公司应分析不符合规定情况产生的原因，采取必要的措施纠正不符合规定情况，并在规定的时间内向发证海事管理机构申请验证。

3.5.2 发证海事管理机构负责组织对纠正措施进行验证。

4. 公司年度审核与签注

4.1 年度审核的申请受理、纠正措施验证按照本程序 3.1、3.5 的相关规定执行；审核准备、审核实施参照本程序 3.2、3.3 的相关规定执行。

4.1.1 年度审核时间 1~2 天（视情可增加 1 天）。

4.1.2 年度审核正式审核员 2~3 人（视情可增加 1 人），实习审核员不超 2 人。

4.1.3 年度审核视情实施代表船审核。

4.2 签注

4.2.1 发证海事管理机构应对《公司审核报告》等相关材料进行审查，决定是否给予年度签注。

4.2.2 经审定同意给予年度签注的，发证海事管理机构应在10个工作日内向公司颁发《符合证明年度审核签注》。

4.2.3 经审定不同意给予年度签注的，发证海事管理机构应在10个工作日内向公司送达《海事行政许可撤销决定书》并同时办理证书注销手续，督促公司交还相关证书。

5. 公司换证审核与发证

换证审核与发证按照本程序关于公司初次审核与发证的相关规定执行。

6. 公司临时审核与发证

6.1 临时审核的申请受理、纠正措施验证按照本程序3.1、3.5的相关规定执行；审核准备、审核实施参照本程序3.2、3.3的相关规定执行。

6.1.1 临时审核时间1～2天。

6.1.2 临时审核正式审核员2人（视情可增加1人），不安排实习审核员。

6.1.3 临时审核不实施活动审核，但如需要，可进行现场查验。

6.1.4 临时审核不实施代表船审核。

6.2 发证

6.2.1 发证海事管理机构应对《公司审核报告》等相关材料进行审查，决定是否发证。

6.2.2 经审定同意发证的，发证海事管理机构应在10个工作日内向公司颁发《临时符合证明》。

6.2.3 经审定不同意发证的，发证海事管理机构应在10个工作日内向公司送达《不予海事行政许可决定书》。

7. 公司跟踪审核、附加审核与《符合证明》有效性维持

7.1 跟踪审核、附加审核由发证海事管理机构决定并适时组织实施，无需公司申请；其审核准备、审核实施参照本程序3.2、3.3的相关规定执行，具体审核时间、审核员数量及是否实施代表船审核视情而定。附加审核的纠正措施验证按照本程序3.5的相关规定执行。

7.2 《符合证明》有效性维持

7.2.1 发证海事管理机构应对《公司审核报告》等相关材料进行审查，决定是否维持《符合证明》继续有效。对于经审定不再维持《符合证明》有效性的，发证海事管理机构应向公司送达《海事行政许可撤销决定书》并同时办理证书注销手续，督促公司交还相关证书。上述材料审查及文书送达工作应在10个工作日内完成。

8. 船舶初次审核与发证

8.1 申请受理

8.1.1 当地海事管理机构收到公司提交的审核发证申请后，应按照《审核发证规则》的规定对申请材料进行审查，决定是否受理。

8.1.2 当地海事管理机构应在受理审核发证申请后及时将相关申请材料报送发证海事管理机构。

8.2 审核准备

8.2.1 发证海事管理机构收到已受理的审核发证申请材料后,应与公司商定审核时间,安排审核组,下发《船舶审核安排方案》。

8.2.1.1 初次审核在1天内完成。

8.2.1.2 初次审核正式审核员2人(视情可增加1人),可安排1名实习审核员。

8.2.1.3 发证海事管理机构在安排审核组时应充分考虑审核员的专业特长,并应明确1名审核员为审核组联系人,具体负责内、外联系及审核计划、审核报告等材料的起草、汇总、整理、提交等工作。

8.2.2 发证海事管理机构应通过日常监管、信息化建设、资源共享及公司报告等手段,掌握船舶的安全运行情况,并以书面的形式向审核组提交被审核船舶的有关情况,至少包括:船舶基本情况、事故情况、滞留情况、违法违规情况、安全管理体系运行重大事项及其他需要说明的情况。

8.3 审核实施

8.3.1 船舶审核的方式包括对照查看相关文件、访谈相关船员、检查船上各种记录、观察有关操作活动等。

8.3.2 审核组集中后,审核组长应组织召开审核组第一次内部会议,内容主要包括:通报有关情况、确定审核重点、分配审核任务、商定《审核计划》、提出有关要求等。

8.3.2.1 《审核计划》应当明确每名审核员承担的审核任务。

8.3.3 审核组熟悉体系文件。

8.3.4 召开由审核组全体成员、被审船舶主要船员、陪审(联络)人员及其他有关人员参加的首次会议,其内容参照公司审核的首次会议。

8.3.5 实施活动审核。

8.3.5.1 在活动审核过程中,审核员应注重对体系在船实际运行效果的验证。对发现的每一个问题,审核员应与被审核人员进行充分的沟通,确保其理解、认可并知悉如何改正。

8.3.6 活动审核后,审核组长应组织召开审核组第二次内部会议,内容主要包括:综合分析、研究审核中搜集到的客观证据;确认并汇总审核中发现的问题和不符合规定情况;总体评估船上安全管理活动与安全管理体系的符合性、安全管理体系在船上运行的有效性等。

8.3.7 审核组应以会议或其他有效的方式,围绕审核发现的问题、不符合规定情况、对船舶安全管理体系建立运行的总体看法等与船长及有关人员进行充分沟通。

8.3.8 审核组应根据沟通情况确定不符合规定情况和问题,形成《不符合规定情况清单》、《问题清单》及《船舶审核报告》。

8.3.8.1 《船舶审核报告》应在审核组长的指导下,由审核组全体成员共同商定完成。《船舶审核报告》应有明确的审核意见。审核组长对《船舶审核报告》的准确性和完整性负责。

8.3.8.2 《不符合规定情况清单》、《问题清单》须在末次会议前经被审核方和审核组长签字确认。

8.3.9 召开末次会议,内容主要包括:审核组长简要总结审核情况并宣布审核意见、船长表态。参加末次会议的人员原则上同首次会议。

8.3.10 审核工作结束后,审核组应将一份《不符合规定情况清单》、《问题清单》复印件提供给船舶,并及时将上述材料及《审核计划》、《船舶审核报告》等其他审核所形成材料提交发证海事管理机构。当船舶同时作为代表船审核且与公司审核同时进行时,审核组应将全部审核所形成材料提交公司审核组。

8.4 发证

8.4.1 发证海事管理机构应对《船舶审核报告》等相关材料进行审查,决定是否发证。

8.4.2 经审定同意发证的,发证海事管理机构应在10个工作日内向公司颁发船舶《安全管理证书》。

8.4.3 经审定不同意发证的,发证海事管理机构应在10个工作日内向公司送达《不予海事行政许可决定书》。

8.5 纠正措施验证

8.5.1 公司应指导并督促船舶分析不符合规定情况产生的原因,采取必要的措施纠正不符合规定情况,并在规定的时间内向发证海事管理机构申请验证。

8.5.2 发证海事管理机构负责组织对纠正措施进行验证。

9. 船舶中间审核与签注

9.1 中间审核的申请受理、审核准备、审核实施、纠正措施验证按照本程序8.1、8.2、8.3、8.5的相关规定执行。

9.2 签注

9.2.1 通过审核的,审核组长在《安全管理证书》上签字并加盖"船舶审核签注专用章"。

9.2.2 未通过审核的,不予中间审核签注。发证海事管理机构对《船舶审核报告》等相关材料审查后应向公司送达《海事行政许可撤销决定书》并同时办理证书注销手续,督促公司交还相关证书。上述材料审查及文书送达工作应在10个工作日内完成。

10. 船舶换证审核与发证

换证审核与发证按照本程序关于船舶初次审核与发证的相关规定进行。

11. 船舶临时审核与发证

11.1 临时审核的申请受理、纠正措施验证按照本程序8.1、8.5的相关规定执行;审核准备、审核实施参照本程序8.2、8.3的相关规定执行。

11.1.1 临时审核正式审核员2人,不安排实习审核员。

11.1.2 临时审核视情实施现场查验。

11.2 发证

11.2.1 发证海事管理机构应对《船舶审核报告》等相关材料进行审查,决定是否发证。

11.2.2 经审定同意发证的,发证海事管理机构应在10个工作日内向公司颁发船舶《临时安全管理证书》。

11.2.3 经审定不同意发证的,发证海事管理机构应在10个工作日内向公司送达《不予海事行政许可决定书》。

12. 船舶附加审核与签注

12.1 附加审核由发证海事管理机构决定并适时组织实施,无需公司申请;其审核准备、审核实施、纠正措施验证按照本程序8.2、8.3、8.5的相关规定执行。

12.2 签注

12.2.1 通过审核的,审核组长在《安全管理证书》上签字并加盖"船舶审核签注专用章"。

12.2.2 未通过审核的,不予附加审核签注。发证海事管理机构对《船舶审核报告》等相关材料审查后应向公司送达《海事行政许可撤销决定书》并同时办理证书注销手续,督促公司交还相关证书。上述材料审查及文书送达工作应在10个工作日内完成。

13. 船舶委托审核

各发证海事管理机构间可按以下程序直接委托实施船舶审核,但同一船舶不得连续两次委托审核:

13.1 征得被委托的发证海事管理机构(受托方)同意后,拟委托的发证海事管理机构(委托方)应向受托方发送委托审核函,并附送公司提交的所有申请材料的复印件或电子版扫描件及本程序8.2.2规定的材料。

13.2 受托方收到相关材料后,应按照本程序的相关规定实施审核工作。

13.3 审核结束后,受托方应将《船舶审核安排方案》、《审核计划》、《船舶审核报告》、《不符合规定情况清单》、《问题清单》等材料复印留存后,将原件及时送交委托方。

13.4 委托方收到《船舶审核报告》等相关材料后,应按本程序的规定开展证书(文书)颁发(送达)工作。

13.5 对于委托开展船舶中间或附加审核且通过审核的,由受托方派出的审核组长予以证书签注。

14. 中止审核

14.1 审核组在征得发证海事管理机构同意后,可对公司、船舶初次审核予以中止。

14.2 被审核方应于中止审核后20日内将问题整改情况说明及相关材料报送至发证海事管理机构。

14.3 发证海事管理机构经审查认为被审核方的整改情况满足《审核发证规则》第八十六条相关要求的,应及时安排审核组继续审核。审核员原则上调派原审核组人员。

14.4 发证海事管理机构经审查认为被审核方的整改情况不能满足《审核发证规则》第八十六条相关要求的,不予安排审核。

14.5 中止审核时间超过一个月的,审核结果为不通过。原审核组应及时将《公司审核报告》和/或《船舶审核报告》及其他已经形成的审核材料提交发证海事管理机构。

15. 安全诚信公司年度审核的简化程序

15.1 拟采取"内审替代外审"的方式来开展年度审核的"安全诚信公司"应于内审

前向当地海事管理机构提交《审核发证规则》第二十四条要求的除"安全管理体系有效性评价报告"以外的所有材料及内审计划,并应在审核发证申请中注明审核方式。

15.2 发证海事管理机构应对公司提交材料进行审查,做出是否同意公司采取"内审替代外审"的方式来开展年度审核以及是否派员对公司内审过程进行监督的决定,并书面通知公司。上述工作应在5个工作日内完成。

15.3 经发证海事管理机构审查决定同意采取"内审替代外审"的方式来开展年度审核的,公司应按体系文件相关规定自行组织实施(相关审核材料按公司体系文件要求形成即可)。

15.3.1 公司应于《符合证明》周年日前将内审形成的审核报告等相关审核材料连同"安全管理体系有效性评价报告"一起报送至发证海事管理机构。

15.3.2 如发证海事管理机构派员对内审过程进行监督,则派出人员应于审核结束后2个工作日内向发证海事管理机构提交一份公司内审监督报告。

15.4 经发证海事管理机构审查决定不同意采取"内审替代外审"的方式来开展年度审核的,发证海事管理机构应将公司申请材料退还,公司应按照年度审核的要求重新申请审核。

16. 其他规定

16.1 发证海事管理机构应当自受理审核发证申请之日起20个工作日内作出是否发证(签注)的决定(由于公司、船舶原因造成的等待时间不计算在内),20个工作日内不能作出决定的,经本机构负责人批准,可以延长10个工作日,但应将延长期限的理由告知公司。

上述规定不适用于以"内审替代外审"方式开展的安全诚信公司的年度审核。

16.2 当代表船审核后需由海事管理机构发证或签注时,该代表船审核亦可由具有该船舶审核发证权的海事管理机构安排,但不应增加公司负担,不应对船舶重复审核。

16.3 代表船审核亦可按本程序13的规定委托实施。

16.4 当代表船审核早于公司审核时,发证海事管理机构应向公司审核组提交代表船《船舶审核报告》、《不符合规定情况清单》、《问题清单》等材料或按照本程序3.3.7.6的规定联合审核时相应机构提交的审核材料。

16.5 代表船审核安排方案、审核计划视情可单独制定也可在《公司审核安排方案》、公司《审核计划》中一并制定。

16.6 "重点跟踪航运公司"的审核时间、审核组规模等按照本程序相应规定的上限组织实施。

16.7 发证海事管理机构对纠正措施的验证可按下述原则进行:

.1 可指派本机构人员进行验证亦可指派当地海事管理机构人员进行验证,原则上指派原审核组人员。需要时,对船舶纠正措施的验证亦可直接委托船舶停靠港所在地的发证海事管理机构派员进行;

.2 可视情采取材料审查和/或现场核验的方式进行

16.8 《临时符合证明》、《符合证明》、《临时安全管理证书》、《安全管理证书》的注销方式,发证海事管理机构应采取在本机构或上级海事管理机构门户网站公告的形式实施。

16.9 公司附加审核不适用于持有《临时符合证明》的公司；船舶附加审核不适用于持有《临时安全管理证书》的船舶。

16.10 公司、船舶审核发证材料应由相应的发证海事管理机构纸质存档至少5年。同时，存档材料在纸质保存的基础上亦可扫描后以电子版的形式或在信息系统中长期保存。

16.11 本程序涉及的各项工作流程和材料应尽可能实现信息化流转和保存。公司可通过网上申报的形式直接向相应的具备条件的发证海事管理机构提交审核发证申请等材料。

16.12 本程序涉及的相关工作文书表格由主管机关统一制定。

五、航运公司安全管理体系审核发证规则

第一章 总 则

第一条 为保证《国际船舶安全营运和防止污染管理规则》（以下简称"ISM规则"）和《中华人民共和国船舶安全营运和防止污染管理规则》（以下简称"NSM规则"）的实施，规范公司和船舶安全管理体系审核发证行为，明确审核方及被审核方的权利、责任与义务，根据《中华人民共和国航运公司安全与防污染管理规定》、《中华人民共和国海事行政许可条件规定》等规定，制定本规则。

第二条 中华人民共和国海事局是实施本规则的主管机关（以下简称主管机关）。

主管机关全面负责安全管理体系审核发证工作；主管机关指定的海事管理机构、委托的机构及授权的认可组织按照主管机关确定的审核发证权限开展审核发证工作。

第三条 本规则适用于主管机关及其指定的海事管理机构、委托的机构（以下统称为"审核发证机构"）对公司和船舶进行的安全管理体系审核发证及其管理活动。

经主管机关授权的认可组织可参照本规则制定相应的安全管理体系审核发证办法，并报主管机关备案。

第四条 实施安全管理体系审核的人员应当具有经主管机关认定的审核员资格。

第五条 审核发证机构对公司的审核种类包括：临时审核、初次审核、年度审核、换证审核、跟踪审核、附加审核；对船舶的审核种类包括：临时审核、初次审核、中间审核、换证审核、附加审核。

第二章 公司审核发证

第六条 公司应当向注册地海事管理机构提交公司审核发证申请材料。

第七条 公司注册地海事管理机构收到审核发证申请材料后，应当对申请材料进行审查。

公司不属于本机构管辖范围的，应当即时做出不予受理的决定，并告知公司其管辖机构。

申请材料审查未通过的，应当在5个工作日内予以一次性书面告知补充材料。

第八条 申请材料审查通过后，审核发证机构应当及时安排审核组对公司进行审核。

第一节 临时审核与发证

第九条 申请临时审核的公司应当具备以下条件：

（一）具有法人资格；

（二）新建立或重新运行安全管理体系，或者在"符合证明"上增加新的船舶种类；

（三）已做出在取得"临时符合证明"后6个月内运行安全管理体系的计划安排；

（四）申请人如为"（临时）符合证明"因故失效的公司，则还应当满足距前一"（临时）符合证明"失效日已超过6个月。

第十条 临时审核应当提交以下材料：

（一）安全管理体系审核发证申请；

（二）《企业法人营业执照（副本）》复印件（新建立或重新运行安全管理体系的公司）；

（三）安全管理手册；

（四）安全管理体系文件清单；

（五）公司所属及管理的所有船舶清单（如有）；

（六）6个月内实施满足ISM规则/NSM规则全部要求的安全管理体系的计划；

（七）其他国家或地区主管机关出具的审核发证委托函（申请人如为拥有或者经营、管理非五星旗的该国家或地区船舶的中国法人）。

第十一条 临时审核的主要内容包括：

（一）公司建立的安全管理体系是否满足ISM规则/NSM规则的目标要求；

（二）安全管理体系文件与ISM规则/NSM规则全部要求的覆盖性和符合性，以及与适用的国际公约和国内相关法律法规的符合性；

（三）公司6个月内运行满足ISM规则/NSM规则全部要求的安全管理体系的可行性；

（四）其他国家或地区主管机关的特别要求（如适用）。

第十二条 通过审核并经审核发证机构审定同意发证的，审核发证机构向公司签发有效期为12个月的"临时符合证明"。

第十三条 经审核发证机构审定不同意发证的，不予签发"临时符合证明"，公司可在满足本规则第九条规定的情况下重新申请临时审核。

第二节 初次审核与发证

第十四条 持有"临时符合证明"的公司，应当在其证书届满2个月前申请初次审核。

第十五条 申请初次审核的公司应当具备以下条件：

（一）具有法人资格；

（二）安全管理体系已在岸基和每一船种至少1艘船上运行3个月；

（三）持有有效的"临时符合证明"。

第十六条 初次审核应当提交以下材料：

（一）安全管理体系审核发证申请；

（二）上次审核以来对安全管理体系的修改情况说明（如有修改）；

（三）安全管理体系有效性评价报告；

（四）公司所属及管理的所有船舶清单。

第十七条 初次审核的主要内容包括：

（一）安全管理体系文件与ISM规则/NSM规则有关要求的覆盖性和符合性；

（二）公司岸基和每一船种至少1艘船上有效实施安全管理体系的客观证据；

(三) 其他国家或地区主管机关的特别要求（如适用）。

第十八条　如果公司有1个以上负责船舶安全营运和防止污染的分支机构或部门，初次审核应当全面覆盖这些分支机构及部门。

第十九条　通过审核并经审核发证机构审定同意发证的，审核发证机构向公司签发"符合证明"。

第二十条　经审核发证机构审定不同意发证的，审核发证机构不予签发"符合证明"。公司可在相关问题整改完成并满足本规则第十五条规定的情况下重新申请初次审核；如公司对相关问题整改完成时"临时符合证明"已失效，则可在满足本规则第九条规定的情况下重新申请临时审核。

第二十一条　"符合证明"只对通过初次审核的船种有效，有效期为5年，其有效性服从于年度签注。

第二十二条　初次审核和"符合证明"签发工作应当在"临时符合证明"届满之日前完成。

第三节　年度审核与签注

第二十三条　为保持"符合证明"的有效性，公司应当在"符合证明"周年日前3个月内申请年度审核。

第二十四条　年度审核应当提交以下材料：

(一) 安全管理体系审核发证申请；

(二) 上次审核以来对安全管理体系的修改情况说明（如有修改）；

(三) 安全管理体系有效性评价报告；

(四) 公司所属及管理的所有船舶清单。

第二十五条　年度审核的主要内容包括：

(一) 上次审核后对安全管理体系采取的纠正或修改与ISM规则/NSM规则的符合性；

(二) 公司岸基、船舶保持实施安全管理体系的客观证据；

(三) 其他国家或地区主管机关的特别要求（如适用）。

第二十六条　如果公司有1个以上负责船舶安全营运和防止污染的分支机构或部门，年度审核不要求对每个分支机构或部门均安排审核，但4次年度审核要全面覆盖公司所有的分支机构及部门。

第二十七条　年度审核不要求对每个船种均选取代表船审核，但4次年度审核中对代表船的审核要全面覆盖公司"符合证明"适用的所有船种。对被主管机关列为重点跟踪的公司等另有规定的从其规定。

第二十八条　被主管机关评选为"安全诚信公司"的年度审核可采取"内审替代外审"的方式由公司按上述规定自行组织，审核发证机构视情可派1名审核员对公司审核过程进行监督。审核结束后，公司应当将审核报告等相关材料提交审核发证机构。

第二十九条　通过审核并经审核发证机构审定同意年度签注的，审核发证机构向公司签发"符合证明年度审核签注"。

第三十条　经审核发证机构审定不同意年度签注的，审核发证机构应当注销并收回该公司"符合证明"或公告其"符合证明"失效。

第三十一条　年度审核和签注应当在"符合证明"周年日前或后3个月内完成。

第四节　换证审核与发证

第三十二条　公司应当在"符合证明"届满3个月前申请换证审核。

第三十三条　换证审核应当提交以下材料：

（一）安全管理体系审核发证申请；

（二）上次审核以来对安全管理体系的修改情况说明（如有修改）；

（三）安全管理体系有效性评价报告；

（四）公司所属及管理的所有船舶清单。

第三十四条　换证审核的范围、内容适用本规则对公司初次审核的要求。

第三十五条　通过审核并经审核发证机构审定同意换证的，审核发证机构向公司签发新的"符合证明"。

第三十六条　经审核发证机构审定不同意换证的，审核发证机构应当注销并收回该公司"符合证明"或公告其"符合证明"失效。

第三十七条　换证审核应当在原"符合证明"届满之日前3个月内完成，证书换发工作应当于原证书届满之日前完成，新签发的"符合证明"自原证书届满之日后一日起生效，有效期为5年。

第五节　跟踪审核与"符合证明"有效性维持

第三十八条　在年度审核或者换证审核中，如发现公司安全管理体系运行存在严重不符合规定的情况，或者有大量不符合规定的情况并且已经严重影响到安全管理体系运行的有效性时，审核发证机构应当在公司对所有不符合规定情况整改完成后对其进行跟踪审核。

第三十九条　对被决定实施跟踪审核的公司，审核发证机构仍予以"符合证明年度审核签注"或换发证书，但"符合证明"的有效性服从于跟踪审核的结论。

第四十条　跟踪审核的主要内容包括：公司在指定的期限内对不符合规定的情况实施纠正措施的客观证据及采取纠正措施后，安全管理体系运行的有效性。

第四十一条　通过审核并经审核发证机构审定同意审核结论的，维持"符合证明"的有效性。

第四十二条　拒不接受跟踪审核或经审核发证机构审定不同意维持"符合证明"有效性的，审核发证机构应当注销并收回该公司"符合证明"或公告其"符合证明"失效。

第四十三条　跟踪审核应当在相应年度或换证审核后的9个月内完成。

第六节　附加审核与"符合证明"有效性维持

第四十四条　公司有下列情况之一的，审核发证机构应当对公司适时实施附加审核：

（一）所管理的船舶发生重大及以上等级水上交通事故，或所管理的船舶发生负有对等及以上责任的较大等级水上交通事故，或所管理的船舶在任意6个月内连续发生2次及以上负有对等及以上责任的一般等级水上交通事故；

（二）所管理的船舶在任意6个月内的滞留率（PSC和FSC合计）超过10%（含）且被滞留船舶达到2艘次及以上，或所管理的同一船舶在任意6个月内滞留2次及以上的；

第一节 外部审核概述

(三) 其他可能影响公司安全管理体系运行有效性的重大事件。

第四十五条 附加审核的范围应当覆盖引发审核的事件所发生的原因，及可能影响公司安全管理体系与 ISM 规则/NSM 规则符合性及其运行有效性的所有相关方面。如发现有严重不符合规定的情况，可扩大审核范围，直至实施全面审核。

第四十六条 通过审核并经审核发证机构审定同意审核结论的，维持"符合证明"的有效性。

第四十七条 拒不接受附加审核或经审核发证机构审定不同意维持"符合证明"有效性的，审核发证机构应当注销并收回该公司"符合证明"或公告其"符合证明"失效。

第三章 船舶审核发证

第四十八条 承担船舶安全与防污染管理责任的公司应当向公司注册地海事管理机构提交船舶审核发证申请材料。

第四十九条 公司注册地海事管理机构收到审核发证申请材料后，应当进行申请材料审查。

对船舶不属于本机构管辖范围的，应当即时做出不予受理的决定，并告知公司其管辖机构。

申请材料审查未通过的，应当在 5 个工作日内予以一次性书面告知补充材料。

第五十条 申请材料审查通过后，审核发证机构应当及时安排审核组对船舶进行审核。

第一节 临时审核与发证

第五十一条 申请临时审核的船舶应当具备以下条件：

新或重新纳入公司安全管理体系管理；

已配备公司制定的适用于本船的安全管理体系文件；

公司已取得适用于该船种的"符合证明"或"临时符合证明"；

(四) 在船舶所有人未变更的情况，前两次未连续持有"临时安全管理证书"。

第五十二条 船舶临时审核应当提交以下材料：

安全管理体系审核发证申请；

与该船有关的安全管理体系文件清单；

公司在 3 个月内对该船实施内审的计划；

船舶管理协议复印件（代管船舶）；

船舶之前两次持有的"安全管理证书"和/或"临时安全管理证书"复印件或情况说明（适用时）；

代管船舶评估报告（代管船舶）。

第五十三条 船舶临时审核的主要内容包括：

(一) 安全管理体系文件是否适合于该船；

(二) 公司 3 个月内对该船实施内部审核的计划是否可行；

(三) 船长及高级船员是否熟悉安全管理体系及其实施的计划安排。

第五十四条 通过审核并经审核发证机构审定同意发证的，审核发证机构向船舶签发"临时安全管理证书"。

第五十五条 未通过审核的,不予签发"临时安全管理证书"。船舶可采取纠正措施并满足本规则第五十一条规定的情况下重新申请临时审核。

第五十六条 "临时安全管理证书"的有效期为 6 个月。特殊情况下,审核发证机构依申请可对"临时安全管理证书"展期 6 个月。

第二节 初次审核与发证

第五十七条 公司应当在船舶"临时安全管理证书"届满 2 个月前申请船舶初次审核。

第五十八条 申请初次审核的船舶应当具备以下条件:
(一)已配备公司制定的适用于本船的安全管理体系文件;
(二)安全管理体系已在本船运行至少 3 个月;
(三)公司已取得适用于该船种的"符合证明"(公司初次审核时选取的代表船除外);
(四)持有有效的"临时安全管理证书"。

第五十九条 初次审核应当提交以下材料:
安全管理体系审核发证申请;
上次审核后与该船有关的安全管理体系文件修改情况说明(如有修改);
(三)最新的船长安全管理体系复查报告;
(四)船舶管理协议复印件(代管船舶)。

第六十条 船舶初次审核主要内容包括:
(一)安全管理体系文件是否适合于该船;
(二)安全管理体系在船上运行的有效性。

第六十一条 通过审核并经审核发证机构审定同意发证的,审核发证机构向船舶签发有效期为 5 年的"安全管理证书",其有效性服从于中间审核。

第六十二条 经审核发证机构审定不同意发证的,审核发证机构不予签发"安全管理证书"。船舶可在相关问题整改完成并满足在"临时安全管理证书"有效期内及本规则第五十八条规定的情况下重新申请初次审核;如公司对相关问题整改完成时"临时安全管理证书"已失效,则可在满足本规则第五十一条规定的情况下重新申请临时审核。

第六十三条 初次审核和"安全管理证书"签发工作应当在"临时安全管理证书"届满之日前完成。

第三节 中间审核和签注

第六十四条 审核发证机构应当在船舶"安全管理证书"有效期内实施一次中间审核。

第六十五条 公司应当在船舶"安全管理证书"第 2 个周年日之后的 6 个月内申请船舶中间审核。

第六十六条 中间审核应当提交以下材料:
(一)安全管理体系审核发证申请;
(二)与该船有关的安全管理体系文件清单;
(三)上次审核后与该船有关的安全管理体系文件修改情况说明(如有修改);
(四)最新的船长安全管理体系复查报告;

（五）船舶管理协议复印件（代管船舶）。

第六十七条 中间审核的主要内容包括：

（一）安全管理体系文件的修改与该船的适合性；

（二）该船保持实施安全管理体系的有效性。

第六十八条 通过审核的，审核组长在"安全管理证书"上予以"中间审核签注"。

第六十九条 未通过审核的，不予中间审核签注，审核发证机构同时注销并收回该船舶"安全管理证书"或公告其"安全管理证书"失效。

第七十条 中间审核和签注应当在"安全管理证书"第2和第3个周年日之间完成。

第四节 换证审核与发证

第七十一条 公司应当在船舶"安全管理证书"届满3个月前申请船舶换证审核。

第七十二条 换证审核应当提交以下材料：

安全管理体系审核发证申请；

与该船有关的安全管理体系文件清单；

（一）上次审核后与该船有关的安全管理体系文件修改情况说明（如有修改）；

（二）最新的船长安全管理体系复查报告；

（三）船舶管理协议复印件（代管船舶）。

第七十三条 换证审核的范围、内容适用本规则对船舶初次审核的有关规定。

第七十四条 通过审核并经审核发证机构审定同意换证的，审核发证机构向该船签发新的"安全管理证书"。

第七十五条 经审核发证机构审定不同意换证的，审核发证机构应当注销并收回该船舶"安全管理证书"或公告其"安全管理证书"失效。

第七十六条 换证审核应当在原"安全管理证书"届满之日前3个月内完成，证书换发工作应当于原证书届满之日前完成，新签发的"安全管理证书"自原证书届满之日后一日起生效，有效期为5年。

第五节 附加审核与"安全管理证书"有效性维持

第七十七条 船舶有下列情况之一的，审核发证机构应当对船舶适时实施附加审核：

（一）发生负有对等及以上责任的一般及以上等级水上交通事故；

（二）因体系运行方面缺陷被滞留的；

（三）其他可能影响船舶安全管理体系运行有效性的重大事件。

第七十八条 附加审核的范围应当覆盖引发审核的事件所发生的原因及可能影响船舶安全管理体系与ISM规则/NSM规则符合性及其运行有效性的所有相关方面。如发现有严重不符合规定的情况，可扩大审核范围，直至实施全面审核。

第七十九条 通过审核的，审核组长在"安全管理证书"上进行"附加审核签注"。

第八十条 拒不接受附加审核或经审核发证机构审定不同意维持"安全管理证书"有效性的，审核发证机构应当注销并收回该船舶"安全管理证书"或公告其"安全管理证书"失效。

第四章 其他规定

第八十一条 审核发证机构在签发"符合证明"、"临时符合证明"、"安全管理证书"、

"临时安全管理证书"、"符合证明年度审核签注"时，不再发放证书副本。公司、船舶应当持相关证书的复印件作为副本使用。

第八十二条 当"符合证明"、"临时符合证明"、"安全管理证书"、"临时安全管理证书"、"符合证明年度审核签注"丢失、灭失或破损（已影响到证书有效性的辨认）时，公司可向审核发证机构申请补发相应证书。审核发证机构应当在补发证书上记录补发时间，其他相关内容应当与原证书一致。

第八十三条 当证书所述内容发生变更时，公司应当向审核发证机构申请证书变更。审核发证机构应当在新证书上记录变更内容及变更时间。除变更内容外，新证书的其他内容应当与原证书一致。

第八十四条 针对公司初次、年度或换证审核时，选取的代表船需进行初次、中间或换证审核的情况，若签发船舶"安全管理证书"的机构为海事管理机构，则公司应当在提交公司审核材料时一并提交船舶相关审核的材料。同时，对于已通过审核的代表船，经审核发证机构审定同意发证后直接签发证书或由审核组长予以签注，不再对其另行审核；若签发船舶"安全管理证书"的机构非海事管理机构，则应当由海事管理机构联合相应机构组成审核组对代表船进行联合审核，通过审核后，由相应机构按规定签发证书或予以签注。

代表船审核应当尽量与公司审核同时进行，如确因船期等原因无法同时审核时，应当在公司审核前3个月内完成。针对国际航行船舶作为代表船时无法回到国内的情况，海事管理机构可认可相应机构3个月内对船舶的审核。

第八十五条 对审核期间不回公司主营业场所所在地港口的船舶审核，具有管辖权的审核发证机构可以委托船舶停靠港口所在地的审核发证机构实施审核。

第八十六条 在初次审核过程中，公司或船舶有下列情况之一的，审核组向审核发证机构报告后有权中止审核：

（一）公司或船舶缺乏必要的准备，包括公司或船舶主要管理人员不能接受审核等情况；

（二）审核中发现严重不符合规定的情况；

（三）审核中发现大量一般不符合规定的情况且对安全管理体系运行的有效性影响较大。

公司及船舶应当采取有效的整改措施，对审核中发现的不符合规定情况进行降级或消除，否则审核不得恢复。中止审核最长不得超过一个月，过期即告审核结束且审核结果为不通过。

第八十七条 船舶连续停航时，公司应当向所属审核发证机构报告。船舶连续停航时间超过9个月的，应当将"安全管理证书"交回审核发证机构，待船舶复航时应当重新申请临时审核。

第八十八条 针对公司年度、换证审核时，其体系内无管理船舶的情况，如满足在审核之前一年内安全管理体系在相关船种至少1艘船上运行超过3个月并且公司书面承诺在审核之后一年内安全管理体系将在相关船种至少1艘船上运行超过3个月的条件下，可以对其进行审核并给予相关船种证书的签注、换发。否则，审核发证机构不予审核并注销、收回公司相关船种的"符合证明"或公告其相关船种的"符合证明"失效。公司可在满足本规则第九条规定的情况下重新申请临时审核。

第八十九条 "符合证明"、"临时符合证明"、"安全管理证书"、"临时安全管理证书"因故被注销或失效的,公司可在满足本规则第九条、第五十一条规定的情况下申请临时审核。

第九十条 主管机关依据ISM规则的规定接受其他国家或地区主管机关的请求对非五星旗船舶及其公司审核发证的,由主管机关或其指定、委托的审核发证机构参照本规则及相关规定实施。

第九十一条 公司采取欺骗手段骗取证书的,一经查实,审核发证机构应当立即注销其证书或公告证书失效。

第五章 责任和义务

第九十二条 对公司、船舶所实施的安全管理体系审核,不解除公司及其管理人员和船舶、船员遵守国际、国内有关安全和环境保护公约、法律法规的责任。

第九十三条 在审核过程中,公司应当配合审核员的工作,向审核员提供所需的工作便利,根据审核员的要求提供证据性资料,以便保证审核工作顺利完成。

第九十四条 公司有责任确定并采取必要的措施以整改不符合规定情况和问题,并应当将不符合规定情况的整改情况向审核发证机构报告,审核发证机构负责组织验证。

第九十五条 公司应当及时将安全管理体系文件的改版、管理船舶的变化、公司组织机构和岸上主要管理人员的变动及事故、滞留、行政处罚等信息向审核发证机构书面报告。

第九十六条 审核发证机构和审核员应当严格按照ISM规则/NSM规则以及本规则的要求,公正、高效地实施审核,并接受主管机关的管理和监督。主管机关可派员对审核过程、情况和结果进行复查和监督检查,也可直接指派审核组对公司或船舶进行审核。

第九十七条 对于在审核中所接触的有关文件,审核员应当保守秘密并谨慎处理。

第九十八条 对审核员的不正当行为,公司可向主管机关或相应的审核发证机构投诉,并可要求予以调换审核员。

第九十九条 审核员违反本规则或其他有关规定的,审核发证机构应当依照有关规定进行处理。

第六章 附 则

第一百条 本规则的"公司"是指承担船舶安全与防污染管理责任的船舶所有人、经营人、管理人或光船承租人。

第一百零一条 "符合证明""临时符合证明""安全管理证书""临时安全管理证书""符合证明年度审核签注"等证书及审核发证工作中使用的相关表格由主管机关统一制发。

第一百零二条 本规则由中华人民共和国海事局负责解释。

第二节 文 件 审 核

一、文件审核的概念和主要内容

1. 文件审核的概念

文件审核是指对被审核方提供的安全管理体系文件及相关资料的审核。其目的是判定安全管理体系文件的覆盖性和符合性。文件审核及文件不符合判定情况的依据主要是《国际安全管理规则》以及国际、国内强制性规定。

安全管理体系文件的一般包括：安全管理手册（SMM），安全管理程序文件（SP），船岸职责手册（SR），安全管理须知文件（SI）（一般分为岸基综合管理须知、船舶综合管理须知、船舶操作须知、船舶维护须知、船舶应急须知、单船操作规程等），外来文件（一般包括国际国内强制性规定、公司已考虑并采纳的建议性规定指南和资料等）。

2. 文件审核的主要内容

（1）文件对《国际安全管理规则》各项要求的覆盖性。审核的重点是安全管理手册（SMM）和文件总清单。

（2）文件对《国际安全管理规则》各项要求的符合性。对安全管理手册审核的重点是安全和环保方针、对安全管理体系阐述的全面性以及是否已说明如何实施安全管理体系；对程序文件审核的重点是程序是否齐全，以及这些程序的具体内容是否符合了规则的要求。

（3）文件对强制性规定的符合性。对程序、须知文件的审核重点是与强制性规定是否有不一致的内容；对文件总清单的审核的重点是与公司有关的强制性规定是否都已纳入了体系。

（4）文件对建议性规则、标准和指南的考虑和应用程度。对文件总清单的审核重点是有否采纳了公司适用的建议性规则、标准和指南；对程序、须知文件的审核重点是与公司已采纳的建议性规则是否有不一致的内容。

3. 不同类别的审核对文件审核的要求

（1）临时、初次和换证审核：全面审核公司安全管理体系文件的覆盖性和符合性。

（2）年度审核：重点审核自上次审核以来公司对安全管理体系文件采取的纠正或文件修改部分与规则的符合性。

（3）跟踪审核：需熟悉文件，重点验证引起跟踪审核的安全管理体系文件类不符合规定情况的整改。

（4）附加审核：需熟悉文件，重点关注引起附加审核的理由有公司体系文件中不符合规定情况的因素。

二、文件审核的方法

1. 按规则要素审核

以规则要素为线索，逐一审核每个要素在公司体系文件中描述，以判断体系文件对规则的覆盖性和符合性。以《国际安全管理规则》6.3款关于新聘和转岗人员的职责熟悉为例，先审核安全管理手册有否对此要素进行阐述，注意覆盖性；然后审核相关的程文件序有否对公司如何满足此要求规定了具体的工作流程，注意符合性；若还有须知文件支持该程序，再审核须知文件中的规定是否满足了规则的要求或是否支持了该程序。

2. 按文件层次审核

逐一审核每层文件的覆盖性和符合性。先审核体系文件总清单，总体了解公司体系文件的构架；接着审核安全管理手册，重点是对规则的覆盖性，有否全面阐述安全管理体系并给出索引；然后审核职责手册和程序文件，重点是对规则的符合性，以及是否支持了安全管理手册的阐述；接着审核须知文件，是否支持了程序文件，并重点注意与强制性规定的符合性。

三、文件审核的要点

1. 安全管理手册

安全管理手册是公司安全管理体系的综述，应总体阐述公司如何实施满足《国际安全管理规则》所有要素的安全管理体系。

安全管理手册的常见结构包括：封面（受控状态、文件号、生效日期，批准人等）、修改页（修改状态）、目录、董事长授权声明（若董事长与总经理不是同一人时）、总经理声明、公司概况（公司性质、航线、规模、部门设置等）、正文（对应规则章节描述，核心内容）和附录（如体系内船舶概况）。

安全管理手册审核时要把握其对《国际安全管理规则》的覆盖性，即规则的所有要素是否得到了阐述；以及其与《国际安全管理规则》的符合性，即阐述的内容是否符合规则精神。还要注意在安全管理手册中是否给出了索引路径，是否清晰描述了文件框架。

对应规则要素审核的具体要点包括如下内容：

（1）总则。

1）定义：安全管理手册中引用的"概念"及其定义是否与规则给出的定义保持一致。注意：①不一定非得在安全管理手册中引用所有规则中的"概念"；②对规则没有给出的定义但文件中多次出现且有特定内涵的名词，可自行定义；③个别定义不能直接照抄规则；④同一概念在文件中名称要统一。

2）目标：注意要对规则3个层次的目标给出说明，可以结合安全和环保方针予以具体阐述。

3）适用范围：应明确本公司SMS所适用的部门/岗位、船种、船舶等。注意：SMS内的部门/岗位、船种、船舶可以在其他部分具体规定，如公司概况、船舶清单等。

4）SMS功能要求：应对公司SMS功能要求做概括性的总体描述，至少应涵盖规则中明确的6项功能。

（2）安全和环境保护方针。

1）方针包括原则、目标和措施3个部分。

2）目标要涵盖规则1.2款的3层目标。

3）方针和目标得到落实的具体措施不能省略，可以参照规则前言、SMS等6大功能予以概括和提炼。注意：管理目标笼统、无法考核和评价是通病，建议给出量化的安全管理目标，具体的指标不一定非写入安全管理手册，可以通过年度评估报告、年度目标管理书等形式体现。

（3）公司的责任和权力。

1）要对公司所属船舶、代管船舶的安全管理责任予以明确规定。注意：公司对船舶的管理有3种情况：①所管的船舶全部为公司自有；②部分自有船舶委托其他公司管理；③公司代管了其他公司的船舶。对这3种特别是后两者情况，应描述管理公司与船东的关系和相关职责，否则会造成对规则 3.1 款覆盖不到位的问题。

2) 对体系内人员的责任、权力和相互关系，应在安全管理手册中描述公司通过怎样的文件形式予以规定。注意：①体系内人员遗漏或未包含审核人员；②若公司通过职责手册来明确体系内人员的责任、权力和相互关系，就要关注职责手册是否全面规定了各岗位的责任、权力和相互关系；③在相关文件中有否规定了关键岗位的适任条件；④注意职责手册中的职责与程序等其他文件规定的职责的一致性；⑤鼓励公司用机构图作为描述 SMS 组织框架的辅助手段，但要注意机构图中的相互关系与文字表述的一致性；⑥注意对相互关系的理解，主要指的是管理与被管理、主办与协办、执行与监督等，替代关系由公司根据据实际需要而定，不做强制性要求。

3) 文件中是否给出了支持指定人员工作的明确承诺，并规定了相应措施。注意：①安全管理手册中经常遗漏此条要求；②在其他文件中是否有相应措施保障，如把向船舶提供足够的资源和岸基支持列入了各岗位职责；③授予指定人员在一定情况下直接提供资源和岸基支持的控制权等。

(4) 指定人员。

1) 是否明确设立了指定人员，任命书。

2) 指定人员的责任和权力有否规定，特别是规则要求的监控安全管理体系、提供船岸联系渠道、确保船舶得到必要的资源和岸基支持等职能要予以描述，指定人员的具体职责可在职责手册或任命书中规定。注意：①要有联系渠道（可以在其他文件中规定）；②要有总经理的任命（不强求单独，可以与总经理声明等结合起来）；③监控范围包括岸基；④注意联系渠道不等同于日常联络渠道。

(5) 船长的责任和权力。

1) 安全管理手册中是否明确了船长在安全管理体系管理方面的五项责任。注意：①此处的责任仅限于安全管理体系管理方面，并不包括船长管理和操纵船舶的责任；②对船长定期复查安全管理体系应规定做法，具体可以在相关程序或须知中规定。

2) 安全管理手册中是否包含了船长绝对权力的声明。注意：①要有总经理的授权声明，但可以与总经理声明结合起来；②对船长绝对权力的授权应充分。

(6) 资源和人员。

1) 应说明公司如何保证船长具有适当的指挥资格、完全熟悉 SMS 并得到必要的支持。

2) 应说明公司如何保证配备合格、持证和健康并满足船上各种安全操作要求的船员。

3) 应说明公司如何确保新聘和转岗人员职责的适当熟悉，以及必要时开航前指令的下达。

4) 应说明公司如何保证体系内所有人员充分理解有关规定。

5) 应说明公司如何标明并提供培训。

6) 应说明公司如何传递安全管理体系有关信息。

7) 应说明公司如何保证船员履行职责时必要的语言交流能力。注意：①具体的保证措施可在相应的程序文件中体现，但在安全管理手册中应引申出这些文件，并概括性地描述相关要点；②各个条款的描述要体现并符合规则的精神。

(7) 船上操作方案的制定。

安全管理手册应说明是否制定了关键性船上操作方案和须知的程序。注意：在安全管理手册中应有该程序要点的概括描述,如关键性操作的标明和分类、检查清单、编制人员的适任要求等。

(8) 应急准备。

1) 安全管理手册应说明是否制定了紧急情况标识和反应程序。

2) 安全管理手册应说明公司是否对应急演习和训练做出规定。

3) 安全管理手册应说明公司是否提供了确保岸基对船舶紧急情况做出反应的措施。注意:①训练和演习的不同;②岸基、船岸演习的要求;③确保岸基有效反应的措施。

(9) 不符合规定情况、事故和险情的报告和分析

1) 安全管理手册应说明如何保证不符合规定情况、事故和险情得到报告、调查和分析。

2) 安全管理手册应说明如何保证不符合规定情况、事故和险情得到纠正。注意:①不符合规定情况应包括岸基发生的;②不同类别的不符合规定情况可以有不同的调查、分析及纠正的程序;③报告、调查和纠正的具体要求可以通过相关程序予以规定。

(10) 船舶和设备的维护。

1) 安全管理手册应说明是否制定了涉及船舶和设备维护保养的程序。

2) 对船舶和设备的维护保养,是否明确了按适当的间隔期进行检查,对任何不符合规定情况及可能的原因是否规定了报告并实施纠正措施,以及对维护保养工作记录的保存。

3) 手册应说明是否制定了关键性设备和技术系统的标识程序,并提供了提高这些设备可靠性的具体措施。注意:①船舶修理是维护保养工作的一部分,应予以有效控制;②按适当间隔期进行检查包括岸基组织的对船舶维护保养工作的检查;③物料、备件供应是船舶设备得到有效维护的重要保障。

(11) 文件。

1) 安全管理手册应说明是否制定了安全管理体系文件和资料的控制程序。

2) 安全管理手册中应说明是否提供了各有关部门均能获得有效文件、文件更改经授权人批准、废止文件及时清除等环节的保证措施。注意:文件包括内部文件、外部文件,资料包括岸基和船舶持有资料,均应得到有效控制。

(12) 公司审核、复查和评价。

1) 安全管理手册应说明是否制定了内部审核程序。

2) 安全管理手册应说明是否制定了定期核查受托承担涉及 ISM 事务相关方的程序。

3) 安全管理手册应说明是否制定了有效性评价程序。

4) 内审、评价中发现问题的处理。

5) 内审、评价结果的告知。

6) 内审的相对独立性。注意:①内审的范围应覆盖体系内各岗位和部门;②内审、评价的周期和时机。

(13) 审核发证。

1) 该部分主要用于规范主管机关审核发证行为,不是文件审核的重点。

2) 建议文件中对如何申请审核(时间、申请条件),如何保持 DOC、SMC 有效、如何保管相关证书做出规定。

2. 船岸岗位职责手册

《国际安全管理规则》要求对涉及和影响安全和防止污染工作的管理、执行以及审核的所有人员，公司应当以文件形式明确规定其责任、权力及其相互关系。常见的文件表现形式有船岸岗位职责手册、岸基岗位职责手册和船舶岗位职责手册。公司领导层的职责在安全管理手册中阐述，其他岗位的职责在职责手册中阐述；船员职责在单船管理手册中阐述（由于体系内船舶种类、大小的不同，船舶配员有所不同，因此在各船的单船管理手册中明确该船船员的职责）。

船岸岗位职责手册的审核要点包括如下内容：

（1）通常在船岸岗位职责手册中明确规定了各个岗位的总体职责或主要职责，而程序和须知文件中也会涉及各岗位在某项工作或活动中的具体职责或进一步细化的职责，审核时除了关注职责手册本身是否存有问题外，要注意其与各程序、须知中规定的岗位职责的一致性，关于职责的规定可以互补但不能矛盾。

（2）公司体系内各岗位的职责不能漏项，如内审组长及内审员的职责。

（3）具体职责要求规定到岗位，对岸基各部门的职责不作强制性要求。若文件中规定了部门的职责，注意部门职责应分解到该部门的具体岗位上，不能出现部门中的部分职责无具体岗位承担的情况。

（4）替代关系不是也不能等同于相互关系，对替代关系的描述不作强制性要求。

（5）注意关键岗位的适任条件，对有强制性规定的必须满足强制性规定要求。

（6）注意《国际安全管理规则》对关键岗位的职责要求，如指定人员和船长的职责。

（7）船员职责规定（职务规则），不能简单照搬通用模式，应充分考虑到各船实际配员情况，如各级船员的具体配备数量，是否有政委、电机员、管事等特殊岗位人员。特别是公司中有不同配员要求的船舶时，规定岗位职责时一定要符合不同的配员情况，如未配备三副的船舶，要注意将三副的职责分解至其他船员。

3. 安全管理程序

安全管理程序是指为完成船员配备、船舶设备维护保养等某项安全和防污染活动所规定的方法。安全管理程序应当体现"5W+IH"的原则。WHAT——做什么，指程序的适用范围；WHY——为什么做，指程序的目的；WHO——谁来做，指活动各环节的执行者；WHERE——在哪里做，指什么场合做；WHEN——什么时候做；指活动的开展时间；HOW——如何做，指活动的依据、工作要求和具体流程。

（1）《国际安全管理规则》要求建立的程序有（常见）：①保证船长适当指挥资格和完全熟悉 SMS 程序；②船员聘用和配备程序；③新聘和转岗人员职责熟悉程序；④SMS 培训程序；⑤SMS 信息传递和保证有效交流程序；⑥制定关键性船上操作方案和须知的程序；⑦船上紧急情况的标明和反应程序；⑧应急训练和演习程序；⑨不符合规定情况、事故和险情的报告、调查和分析程序；⑩实施纠正程序；⑪船舶和设备的维护保养程序；⑫关键性设备和技术系统的标识和提高可靠性的保障程序；⑬SMS 文件和资料的控制程序；⑭SMS 内审程序；⑮SMS 有效性评价程序；⑯风险评估程序；⑰定期核查受托方程序。

（2）每份程序的常见结构：封面（受控状态、文件号、生效日期、批准人等）、修改页（修改状态）、正文。正文通常包括：①目的；②适用范围；③定义；④职责；⑤工作流程；⑥相关文件；⑦附录（流程图、记录格式等）。

（3）安全管理程序审核的总体要求：①齐全性——规则所要求的程序是否都已建立；②符合性——阐述的内容是否符合规则精神，程序中的有关做法是否符合强制性规定，是否呼应并支持了安全管理手册；③注意可操作性（为活动审核做准备）。

（4）安全管理程序的审核要点

1）目的：是否符合了规则要求建立此程序的目的，是否符合了安全管理手册关于制定此程序的目的；

2）适用范围：注意针对性；

3）定义：安全管理手册中已有的定义可以直接引用；

4）职责：注意与职责手册、安全管理手册等文件规定的职责的一致性；

5）工作流程：注意符合性和可操作性；

6）相关文件：列明了与本程序有关的其他文件，注意文件之间的接口。

7）主要内容如下：

(a) 保证船长适当指挥资格和完全熟悉 SMS 程序（《国际安全管理规则》6.1）。

a) 审核要点：

- 船长指挥资格的认定标准，考核的内容，考核的办法。
- 船长完全熟悉 SMS 的内容、要求、方式和效果考核，保证船长上船时和在岗期间完成熟悉的方法。
- 若安全管理手册还规定通过此程序保证船长得到必要的支持，则要有具体的支持方法。

b) 常见问题：

- 指挥资格定义不清。
- 对指挥资格的考核没有具体标准，或仅要求持证。
- 对指挥资格的考核缺乏具体方法。
- 对船长聘用时有考核办法，但在船长调配时没有相应的措施，不能满足该船长的指挥资格，如从小吨位船到大吨位船或不同船种间船长的调动。
- 实施船长指挥资格考核的人员本身不具备条件。
- 熟悉安全管理体系没有达到"完全"的要求。
- 熟悉安全管理体系缺少具体的内容。
- 熟悉安全管理体系缺少具体办法，如责任人、多少时间内熟悉，什么方式等。
- 对船长是否已完全熟悉安全管理体系缺少考核的标准。
- 缺少船长在船持续熟悉安全管理体系的保障措施，也未与培训程序有机衔接。

(b) 船员聘用和配备程序（《国际安全管理规则》6.2）。

a) 审核要点：

- 合格船员不仅要求持有适当证书，还要考虑具备相应的能力和素质的要求。
- 船员的合格要有认定标准和考核方法。
- 船员健康保证的具体措施，注意持续健康的保障措施。
- 注意船员调配时的合格，而不仅仅是聘用时的合格。

- 船员配备要满足船上各种安全操作的要求。

b) 常见问题：
- 仅要求对船员证书的审核，而没有船员能力和素质的把关。
- 确定船员的"合格"没有具体的考核标准。
- 仅在船员聘用时有对其是否合格的把关，而无调配时是否合格的把关。
- 船员健康缺乏具体的保证措施，对船员在船持续健康的保障措施也没有考虑。
- 缺少船员档案方面的管理办法（可在其他文件中规定）

(c) 新聘和转岗人员职责熟悉程序（《国际安全管理规则》6.3）。

a) 审核要点：
- 新聘和转岗人员的定义。
- 新聘和转岗人员熟悉职责的内容、方式和要求。
- 开航前指令的下达。

b) 常见问题：
- 转岗人员的定义不够准确。
- 对岸基新聘或转岗的领导没有规定职责熟悉的方法。
- 职责熟悉的内容局限于岗位职责，缺少包括履行这些职责应遵守的相关程序、须知等。
- 职责熟悉未要求在上岗前完成。
- 船长、大副和轮机长的职责熟悉培训未规定由岸基组织实施。
- 将开航前指令描述为航次命令。

(d) 培训程序（《国际安全管理规则》6.5）。

a) 审核要点：
- 培训的标明，不仅仅是列出培训的项目或内容。
- 培训的实施，要有计划、责任人、实施期限、效果的考核和评估。
- 若在安全管理手册中明确通过此程序确保有关人员充分理解相关规定，注意是否已提供了相应措施。

b) 常见问题：
- 没有建立动态标明的程序，仅列出培训的内容（标明是提出培训需求并被得到认可的途径）。
- 最高领导层可能需要的培训需求没有规定提出的途径。
- 随时可能产生的培训需求没有规定提出的途径。
- 仅规定脱产或集中组织的培训的实施，未规定在岗培训的实施。
- 对培训效果缺少考核或评估。
- 经批准的培训计划有变动或未按期执行时，没有原因说明的要求。

(e) SMS 信息传递程序（《国际安全管理规则》6.6）。

a) 审核要点：
- 规定书面的工作语言。
- 信息的定义和类别。

- 信息搜集和传递的途径。
- 信息传递的方式。
- 注意与其他程序或须知文件的接口。

b) 常见问题：
- SMS 相关信息的范围不全，将信息仅局限于外来文件。
- 书面的工作语言未规定。
- 未区分各类信息可能不同的传递途径。
- 对有关信息在其他程序或须知文件中已规定传递途径的，没有注意与这些文件的有效衔接。
- 信息到船后，如何确保相关船员均能获得此信息未规定措施。

(f) 制定船上操作方案和须知的程序（《国际安全管理规则》7）。

a) 审核要点：
- 关键性操作的定义。
- 关键性操作的标明。
- 关键性操作方案或须知的制定流程。
- 关键性操作方案或须知制定者的适任要求。
- 对所有已标明的关键性操作都应制定相应的方案和须知。
- 单船操作方案（手册）与体系文件的关系。

b) 常见问题：
- 没有考虑船舶特点，缺少明显适用该船的关键性操作。
- 在定义中将关键性操作区分为特殊操作和临界操作，但对具体标明的关键性操作未予以区分，且对两者在制定方案时的侧重点也未予以考虑，使得特殊操作和临界操作的区分没有意义。
- 未明确由适任的人员制定关键性操作方案和须知。
- 未对所有已标明的关键性操作制定出相应的方案或须知。

(g) 紧急情况的标明和反应程序（《国际安全管理规则》8.1 和 8.3）。

a) 审核要点：
- 紧急情况的标明要考虑公认的风险，应针对公司航线、船种的特点。
- 应急反应措施，如应急反应小组职责，应急反应的启动，船、岸的具体措施等。
- 应急资源配置保障，船岸 24 小时联络渠道的畅通，岸基人员值守制度等。
- 国际航运公司应注意与船舶保安计划的接口。

b) 常见问题：
- 应急反应职责不清或与其他文件规定的职责矛盾。
- 只规定了船舶的应急反应计划，无公司岸基的反应计划。
- 应急反应计划中有削弱船长绝对权力的规定。
- 岸基负责与船舶联络的责任人不明，特别是船舶紧急情况报告的第一接收人未确定。
- 24 小时船岸联络渠道未保持持续畅通。
- 应急通讯录未及时更新。

(h) 应急训练和演习计划（《国际安全管理规则》8.2）。

a) 审核要点：
- 对已标明的紧急情况，船舶、岸基以及船岸都应开展相应的训练和演习。
- 注意训练和演习的区别。
- 对有强制性规定的训练和演习应遵守规定的要求，没有强制性规定的，公司也应规定相应的要求。

b) 常见问题：
- 未规定公司岸基的应急训练和演习要求。
- 对船舶专项训练没有明确具体要求。
- 仅规定开展强制性规定要求的演习，演习的种类未覆盖公司已标明的所有紧急情况。
- 演习的内容、周期、步骤等要求与强制性规定不符。

(i) 不符合规定情况的报告和纠正程序（《国际安全管理规则》9）。

a) 审核要点：
- 船舶和岸基发现的所有不符合规定情况都要得到报告、调查和纠正。
- 不符合规定情况的来源。
- 不同来源的不符合规定情况可以有不同的处理途径，注意与相关文件的接口。
- 对不符合规定情况的调查、原因分析、纠正措施制定等环节要明确执行的原则和应考虑的因素等。
- 纠正措施的实施效果要进行验证。

b) 常见问题：
- 不符合规定情况的来源不全面。
- 与内审程序、船舶维护保养程序中不符合规定情况的处理方式有矛盾。
- 船舶发现的不符合规定情况未按要求及时上报至公司。
- 对纠正措施的实施未安排验证。
- 对经验证未关闭的不符合规定情况如何处理未予以规定。
- 对该程序的可操作性考虑不周，如船舶长期不回国内或船籍港时，船舶发现的不符合规定情况的处理。

(j) 事故、险情的报告和纠正程序（《国际安全管理规则》9）。

a) 审核要点：
- 对事故和险情的调查、原因分析、纠正措施制定等环节要明确执行的原则和应考虑的因素。
- 不同类别的事故和险情的调查、分析和制定措施的责任人应明确。
- 纠正措施的实施效果要进行验证。

b) 常见问题：
- 将事故、险情发生后为了调查分析及纠正的报告与发生当时为了应急反应的报告相混淆。
- 对事故、险情调查的职责不清，如仅规定负责单项事故调查的部门或岗位，而未明确复合型事故调查的责任部门。
- 事故、险情的报告、调查分析、纠正等环节的前后衔接不畅。

(k) 船舶和设备维护程序（《国际安全管理规则》10）。

a) 审核要点：
- 日常维护保养、船舶修理、备件物料供应等都是船舶维护保养工作的组成部分，要在程序或通过须知予以控制。
- 维护保养计划的制定和实施。
- 维护保养中发现不符合规定情况的处理，注意与不符合规定情况报告和纠正程序的接口。
- 按适当的间隔期对船舶和设备维护情况的检查。
- 各种维护保养记录的使用和保管要求。

b) 常见问题：
- 维护保养计划及实施情况的上报、审批没有明确的时间要求。
- 部分设备维护保养周期违反强制性规定要求。
- 未规定部分设备的保养周期和养护责任人。
- 未对船舶修理工作予以规定（可以通过须知规定）。
- 未对船舶备件和物料的管理予以规定（可以通过须知规定）
- 岸基对船舶维护保养工作的检查没有规定。
- 没有要求将船舶设备维护中发现的所有不符合规定情况及其可能的原因报至公司。
- 未对维护保养工作中产生的记录报表的使用、审批、上报、保管等做出规定。

(l) 关键性设备和技术系统的标识、检测程序（《国际安全管理规则》10.3）。

a) 审核要点：
- 关键性设备和技术系统的含义，注意与船舶关键性操作的区别。
- 要提供提高关键性设备和技术系统可靠性的具体措施，这些措施要与船舶的日常维护保养工作结合。

b) 常见问题：
- 公司已标明的关键性设备和技术系统有明显漏项，或未能体现公司船种的特点。
- 将标明描述为颜色、文字或铭牌的标识。
- 没有提供具体的提高可靠性的措施，或未体现对备用、非连续使用装置的定期测试。
- 具体措施未与日常维护保养工作结合。

(m) 文件控制程序（《国际安全管理规则》11）。

a) 审核要点：
- 内部文件、外来（部）文件和相关资料的界定。
- 编写、审核、批准、发放、修改、废止、保管、借阅等环节的控制。
- 对外来文件重点要注意搜集、评审和纳入的环节。
- 文件总清单的管理。

b) 常见问题：
- 对文件控制的某几个环节未予以规定。

- 外来文件和资料的管理与信息传递程序等相关文件的接口不畅或规定不一致。
- 对文件总清单本身缺乏有效的控制规定。
- 文件配备不合理,未能保证有关部门或岗位得到应有的相关文件。
- 对未规定外来文件的纳入评审环节。

(n) SMS 内审程序(《国际安全管理规则》12)。

a) 审核要点:
- 内审范围、周期。
- 内审员资格。
- 内审结果告知、发现问题的处理等工作流程。

b) 常见问题:
- 船舶内审周期不明确。
- 对内审员的资格没做出要求。
- 内审中发现的不符合规定情况没有按要求进行原因分析。
- 内审的结果未告知所有责任的人员。
- 缺少内审组长及内审员的职责,在职责手册中也未规定。

(o) SMS 有效性评价程序(《国际安全管理规则》12)。

a) 审核要点:
- 评价的目的、时机和周期。
- 评价的输入和输出。
- 评价发现问题的处理。
- 评价结果的告知。

b) 常见问题:
- 对评价中发现的问题未规定处理的途径。
- 评价的结果未及时告知相关人员。
- 对评价发现问题的整改情况未规定验证。

(p) 风险评估程序(《国际安全管理规则》1.2.2.2)。

a) 审核要点提示:
是否建立风险评估程序。
风险评估的条件。
风险评估的方法。

b) 常见问题:
未建立风险评估程序。
未明确风险评估条件。
未制定风险评估方法。

(q) 定期核查受托方程序(《国际安全管理规则》12.2)。

a) 审核要点:
是否建立定期核查所有受托承担涉及 ISM 事务相关方的程序。
对受托方的评估。

委托过程的控制标准。

对受托方的核查方法。

b) 常见问题：

未建立定期核查所有受托承担涉及 ISM 事务相关方的程序。

未制定对受托方评估的方法。

未制定委托过程的控制标准。

未制定对受托方的核查方法。

4. 安全管理须知

安全管理须知是指为完成某项安全和防污染活动所规定的具体方法或注意事项，是程序文件的进一步延伸、展开和支持。

程序是为某项活动所规定的各个主要工作环节，偏重于整个活动过程的描述，须知则偏重于对某个具体环节（操作和管理）的要求。因此，相对程序文件而言，一个程序可能涉及多个须知，反之，多个须知可能同时支持一个程序在多个环节上的需要，或者对程序中某一工作具体详细说明。在一般情况下，须知也可能成为某个岗位的业务指导书。

须知的格式没有特殊的规定。一般可包括目的、适用范围、主题内容和工作要求、工作完成情况检查和工作记录、报表、归档要求等。须知也应按体系文件控制规定，予以标识、编号、规定修改方式、要求及审核、批准和失效处理等。

须知的形式一般包括两类，一类是岸上各部门单独或共同使用的范围较大的作业指导书和某个岗位工作人员所使用的技术业务管理的作业指导书；另一类包括船上使用的各项操作规程、须知和作业指导书等。有关船上操作须知往往可以经汇编后独立成册，如船舶甲板操作手册、船舶轮机操作手册或船舶综合管理手册、船舶航行手册、船舶装卸手册、船舶防污染管理手册和船舶训练手册等。

(1) 审核要点：

1) 符合性——与强制性规定的符合，同时考虑适用的建议性指南以及与需其支持的上一层次文件的符合。

2) 齐全性——规则要求制定的须知、程序中规定要有的须知是否已制定，如关键性操作方案和须知、应急反应措施、船舶和设备的养护要求等。

3) 适用性——适合公司管理的需要，特别是要体现体系覆盖船舶的特点。

(2) 常见问题：

1) 缺少岸基安全和防污染管理活动的相关须知，且程序文件中未规定这些活动的具体要求，如船员档案管理办法、航海图书资料管理须知、岸基登轮检查制度等。

2) 具体内容与强制性规定不符，如演习的周期和要求、维护保养的周期等。

3) 对已标明的关键性操作、紧急情况、设备等缺少支持的须知文件。

4) 公司船种的特点未完全体现，如针对油船特点的洗舱作业、货油装卸作业等未制定须知。

5. 文件总清单

文件总清单全面反映了公司体系文件的框架、具体构成和最新状态。当文件总清单与文件配备清单结合时还反映了公司体系文件的配备情况，是各岗位核对所配备的文件是否齐全、有效的直接依据。

文件总清单一般分内部文件和外来文件两部分。内部文件清单一般包括文件名称、编号、版号和生效日期、配备部门。外来文件清单一般包括强制性规定和建议性规定的名称、发布机构或单位、最新状态等。

文件总清单审核要点：①安全管理体系采纳的强制性规定是否齐全并最新有效；②是否考虑并采纳了适用的建议性规定；③文件的配备是否保证了各有关场所均能获得有效文件，每艘船舶是否配备了与之有关的全部文件。

注意：通过审核对公司的体系文件框架有一个总体印象，为文件审核打下基础。

四、文件审核的其他注意事项

（1）注意文件的发布日期及版本变更，体现体系运作的起始和发展。

（2）注意了解公司的规模、组织机构、变革情况、经营范围等信息，评估体系文件的适用性。

（3）注意文件的可操作性（不直接构成问题），但应在活动审核时重点验证。文件的规定若明显缺乏可操作性，往往都难免在运行时出现问题。

（4）文件的结构、格式等具体表现形式不强求统一。

（5）为活动审核做准备。

第三节 岸基活动审核

如内审中所述，岸基活动审核是审核员对公司岸基受审核部门/岗位或体系要素进行的审核，目前采用较多的一般是按部门审核和按要素审核的方法。每个被审核部门分工不同，特点不同，审核的要点也不尽相同。在审核过程中应注意做到提前了解掌握一些重要信息，如：船舶事故、险情、滞留情况、公司机构调整和人员变动情况等。对最高管理层的审核不能走过场。对发现的问题，审核组内部应及时进行沟通，以相互印证问题的严重程度，必要时可以临时调整审核计划。

一、通用要素审核

有些内容，不论哪个部门，在审核时一般都应考虑到。

（1）对公司 SMS 运行情况了解程度如何？是否熟悉理解公司的安全和环境保护方针？是否熟悉其在公司 SMS 中的职责？

审核要点：①SMS 建立前后本职工作异同点（对 SMS 作用的理解）；②本岗位职责（规则 3.2）；③对公司安全和环境保护方针的熟悉理解程度（规则 2.2）。审核方式以交谈为主。作为现场审核初始问题，一般不涉及具体记录。

注意：①不应强调是否能够背诵，而应评价其实际的熟悉程度；②对整个体系运行的了解和参与程度，应根据其岗位实际情况掌握尺度，要求其既要熟悉日常工作职责，也要掌握其在体系内角色，包括与其他相关岗位之间的关系以及完善体系的责任等；③对自身在 SMS 中的职责尤其是参与体系完善（发现不符合规定情况的处理等）责任不熟悉、不

第三节 岸基活动审核

了解，反映出公司前期 SMS 培训的效果，可作为下一步审核的准备。

（2）本部门/岗位各种培训需求上报、培训计划落实、培训制度执行情况。

审核要点：①公司培训计划是否下达，部门/岗位实施情况如何；②上报培训需求的主动意识、及时性及针对性；③各种培训效果（《国际安全管理规则》6.3、6.4 和 6.5）。

注意：①将培训记录和培训计划对应核查；②部门培训记录和个人培训记录对应核查；③询问当事人培训内容和培训心得以验证培训效果。

常见问题：①培训只涉及强制性培训项目，而没有向相关人员提供已标明的、应该提供的其他培训；②培训需求上报不及时，培训没有针对性和发展变化；③培训走形式，无实质内容，培训效果没有考核验证。

（3）本部门/岗位如何理解并提供对指定人员和船长的工作支持和资源保障？

审核要点：《国际安全管理规则》3.3 和 6.1.3 条，审核方式以谈话提问为主。

注意：①通过谈话详细了解是否真正理解指定人员和船长在体系运行中的关键作用；②能否说明向指定人员和船长提供支持和资源保障的途径或渠道，并现场抽查相关记录。

常见问题：①对船上报告的不符合规定情况无反应或反应不及时，没有按照规定及时传递给指定人员；②部门或岗位人员不能及时发现体系运行中的不符合规定情况并及时上报；③在应急情况下没有做到确保船长的绝对指挥权力；④对船上有关设备缺陷或故障，包括关键性设备或技术系统的维护保养不能及时予以跟踪处理；⑤不能及时给船舶提供航海技术资料、物料、备件或数量不足等；⑥对船上有关人员聘用、考核以及相关培训需求等不能及时给予支持。

（4）本部门/岗位文件控制情况？

审核要点：①SMS 内部文件控制情况（《国际安全管理规则》11）；②外部文件搜集、信息传递、管理使用情况（《国际安全管理规则》11）。

注意：①查阅各种文件控制记录；②核对现有文件是否与配备清单相符；③询问文件使用情况，审核 SMS 文件在实际工作中的可操作程度。

常见问题：①最新外来文件搜集到后没有及时通过正规渠道进入体系文件清单；②对 SMS 文件规定存在异议但不及时反馈，不提出文件更改申请。

（5）本部门/岗位在应急反应中的职责。

审核要点：①对公司船岸应急反应方面相关规定的熟悉程度（《国际安全管理规则》8）；②审核方式以询问交谈为主，审核其是否了解相关的应急反应程序、须知和其应承担的职责。

注意：除在各种紧急情况中的应急反应职责要了解外，还要熟悉演习和训练方面的要求。

（6）本部门/岗位发现和被发现不符合规定情况的处理情况。

审核要点：①本部门/岗位出现的不符合规定情况的处理情况（《国际安全管理规则》9）；②本部门/岗位发现、负责跟踪验证的不符合规定情况的处理情况（《国际安全管理规则》9）。

注意：①查阅对本年度内审、有效性评价以及前一次外审中发现不符合规定情况的处理记录；②查阅对内、对外安全和防污染检查工作记录，核查发现问题后是否按相关程序规定进行处理。

常见问题：①对日常工作中发现的问题（PSC、FSC、公司自查等）没有按文件规定作为不符合规定的情况进行处理；②不符合规定情况原因分析流于表面，纠正措施就事论事；③纠正措施到期没有及时验证；④验证后没有按规定关闭不符合规定情况。

二、具体岗位或管理活动特别要素审核

1. 最高管理层

（1）审核要点：

1）对《国际安全管理规则》和 SMS 作用的理解。

2）制定"安全和环境保护方针"的思路及具体实施措施和途径，方针是否体现出管理层的管理理念，是否理解管理层承诺和以身作则在 SMS 运行中的重要性，方针中的管理目标是否可考核、可验证，对安全和环境保护目标是否有持续改进的意识。

3）为运行 SMS 提供必要资源保障的情况。

4）对船长"绝对权力"的理解。询问在何种情况下船长可以行使绝对权力，对船长越权、违背公司意志处理事务的态度和实际反应，对船长提出资源支持要求的应对措施。

5）如何理解指定人员的作用并支持其工作。

6）在紧急情况（应急反应）中的角色。

7）SMS 管理手段的应用情况，如何运用内审、有效性评价等手段实现 SMS 自我完善，如何理解有效性评价的内在含义及其实际作用；体系运行中所存在的突出问题及应对思路或措施。

（2）审核时应注意：

1）审核一般以询问和交谈的方式进行，必要时可抽查相关记录。

2）审核中，应鼓励、引导公司在制定安全和环境保护方针时体现出各自特点，激发管理层参与建立、运行 SMS 的意识；

3）如果管理目标照搬照抄、口号式、空洞无内容，将不能指导具体工作，也不能用来评价 SMS 运行的效果，可验证的管理目标可以作为有效性评价的依据，而且应该随着体系运行的不断深入、管理水平的提高、管理内容的变化等及时进行调整并持续改进，鉴于目前未对量化管理目标进行强制性要求，审核中不应强加于公司。

4）对最高管理层的审核，审核员应注意审核技巧，可采用引导式的提问方法，并注意区分不同的审核种类，还应结合对公司其他岸基部门和人员及船舶体系相关活动进行审核，以便相互呼应、验证。

（3）常见问题：

1）对 SMS 文件本身及其作用不了解，视为指定人员和下属的工作（自己很少介入，连方针也是由相关部门、岗位制定），平时不闻不问，决策时往往不接受指定人员等的意见。

2）方针体现不出管理层的承诺和追求，体现不出公司管理特点，千篇一律。

3）总经理依然实行人治，经常对安全和防污染管理工作下达一些违背 SMS 规定的即时性的指令。

4）指定人员没有足够的权力保证，没有足够的资源支持，监控流于形式。

5) 对行使船长绝对权力的条件理解不透彻,总担心失控,经常从公司经济效益、岸上操作方便角度出发,对船长等提出的合理要求置之不理或反应迟钝。

2. 指定人员

(1) 审核要点:

1) 指定人员是否能够完全熟悉公司 SMS 文件。

2) 指定人员是否是兼职,是否负责安全和防污染管理具体工作(机务、海务、人事、航运等),如何对待兼职情况。

3) 对体系运行监控作用的理解和具体手段。

4) 如何理解船岸间特别联系渠道的作用,实际工作中实施情况如何,是否理解这种联系渠道与日常管理模式之间的区别和联系。

5) 公司向指定人员提供足够的资源和岸基支持情况,如何提供支持,指定人员对公司安全和防污染管理工作提出的建议和意见,是否能够引起足够的重视并作出适当反应。

6) 是否了解、掌握和控制船岸各种不符合规定情况的处理过程,是否按程序规定进行了处理。

7) 对内审、有效性评价的管理和监控情况。

(2) 审核时应注意:

1) 对指定人员监控与实际操作职能是否分离的问题上,不能兼职不是绝对的,指定人员由公司安全、机务、海务或人事等副总兼任是常见并可以接受的情况,关键是要将具体监督与监控职责分开。

2) 指定人员在各种管理活动中审批、接受报告、跟踪验证等职责,也是其监控职能的具体体现,要看其是否能正确理解,并有效使用监控作用。为使指定人员有效行使其职能,应要求公司在 SMS 相关程序或须知中,明确规定指定人员监控体系运行的具体内容和方法。

3) 指定人员的行政地位一定程度上决定了其是否可以及时将船上情况向公司最高管理层报告。

4) 规则中所指出的指定人员联系渠道应该是一种特殊联系渠道,是紧急情况或正常渠道无法解决问题时的补充手段,不应替代和影响正常管理程序。遇到正常渠道可以解决的问题,船上人员越过职能部门直接与指定人员联系,反而违背 SMS 相关程序或须知的规定。

5) 指定人员对不符合规定情况的性质和影响应有更深刻的理解,能从整个 SMS 运行的角度提出更有深度的纠正措施,并能对所有不符合规定情况进行综合分析,以供有效性评价使用,这是指定人员监控 SMS 运行的重要手段。

6) 指定人员应对内审进行的总体情况有十分清晰的了解,并对内审中发现的问题进行综合分析,为下一步改进提供依据。有效性评价报告信息输入(内审报告、日常内外部检查中发现问题的综合分析、船长定期复查安全管理体系报告等)应充分,内容要符合相关程序规定,评价结论明确并应有根据,避免泛泛而谈。

(3) 常见问题:

1) 指定人员不清楚日常监控内容、方法及手段,工作随意性很大,缺少监控方面的计划和相关记录。

2) 发现问题时指定人员缺乏按 SMS 文件规定进行处理的意识。

3) 对船舶所需的资源和岸基支持，指定人员没有及时督促相关职能部门、岗位进行落实，岸基支持大多只是停留在口头上。

4) 指定人员对 SMS 运行中出现的不符合规定情况缺乏总体掌握，把发现的问题孤立的作为个案处理，对就事论事的纠正措施没有改正意识。

5) 对纠正措施实施效果缺乏跟踪（推给 ISM 办或岸基其他部门）。

6) 由于监控和管理工作不到位，致使内审、有效性评价不能严格按照规定要求进行，有效性评价结论泛泛而谈，使评价报告成为工作总结。

3. 体系管理

（1）审核要点：

1) 日常体系运行管理部门，作为指定人员监控 SMS 运行工作的下属职能部门，是否明确其具体的工作方法和程序规定，并能起到真正的监控作用。

2)《国际安全管理规则》及 SMS 知识培训及考核情况，与负责培训的部门的培训分工和协作情况，船岸人员 SMS 知识培训如何实施及其实际效果。

3) SMS 文件及资料的控制情况，（包括公司 SMS 文件的发放、借阅、回收等的管理情况，SMS 文件修改控制情况，外来文件的搜集、审查、配备、发放管理情况）。

4) SMS 内审、有效性评价等管理活动的具体实施情况，主要包括：①内审员的培训和管理情况（目前，没有强制要求内审员必须经过主管机关或其认可的机构组织的培训，但其至少要参加过正式的内审员培训并由公司正式任命）；②年度岸基、船舶内审计划的制订和实施；③不符合规定情况的纠正及验证情况（内部/外部）；④内审、有效性评价的实施有效性及相关报告内容方面的衔接和对应；⑤各种相关工作记录整理、保管情况；⑥协助指定人员开展的其他工作。

（2）审核时应注意：

1) 体系管理部门不但要对船舶 SMS 运行情况进行监控，还要对岸基职能部门 SMS 活动监督检查。

2) 在 SMS 培训方面，体系管理部门多为培训辅助部门，负责提供教师和教材等。审核重点一是看提供培训是否及时；二是看培训的实际效果。可在询问、交谈的基础上，通过查看相关培训计划和记录予以验证。

3) 在审核对 SMS 文件的控制情况时可核查文件更改申请（可以判断各相关部门完善 SMS 的主动性）的处理情况和文件修改的实际做法（是否及时、全面）。参照有效文件总清单和文件配备清单核查各种文件控制（下发、保管、回收、借阅等）记录。外来文件的控制情况时要抓住收集及时、配备合理、发放受控和清单更新等环节，对外来文件以何种受控形式进入 SMS（新增、替换原有文件、部分修改等）也是审核的重点。外来文件存在问题主要体现在多渠道下发其各自搜集到的外来文件，造成各岗位配备文件种类、多少、时效等缺乏统一控制。

4) 对内审、有效性评价的审核，审核员可从检查各种记录的内容及保管情况入手，尽量掌握从计划编制到实施结果验证全过程的实际情况。

(3) 常见问题：

1) 体系管理部门只在内审阶段、计划安排下才对船岸 SMS 运行情况进行督查，平时对公司 SMS 运行情况的监督、管理和推进工作不到位或力度不够。

2) 没有制定 SMS 知识培训计划或不认真执行计划；为应付审核而做记录或流于形式；不能针对日常监督工作中发现的问题及时进行 SMS 知识补充性培训；SMS 文件修改后没有及时组织相关培训；对培训效果缺乏跟踪、考核。

3) 不能及时发现并收集整理体系文件在符合性、操作性方面的问题，而导致 SMS 文件修改不及时。

4) 内审计划没有覆盖最高管理层。

5) 内审员没有经过规范、系统地理论知识和实践培训，无法发现实质性问题或对发现问题的性质和应采取的纠正措施不能做出正确判断，从而造成内审质量不高（如，发现的不符合规定情况多为记录方面或鸡毛蒜皮的问题抓不住问题核心，避重就轻）。

6) 没有对内审中发现的不符合规定情况进行原因分析，没有采取有针对性的纠正措施；不符合规定情况报告显示已纠正，但外审中却发现不符合规定情况依然存在。

7) 有效性评价报告没有下发至所有相关部门。

8) 对有效性评价中提出的纠正措施没有安排跟踪验证。

4. 人事管理

(1) 审核要点：

1) 人员（尤其是船员）聘用、调配、提升、解雇等的管理情况。人员聘用、调配、提升、解雇等是否有明确的标准，是否符合相关程序规定；各种证书及人员档案管理情况如何；船员技术档案如何与日常工作是否有机结合；船员管理方面如何与其他部门协调沟通。

2) 船岸新聘、转岗人员的培训考核情况。新聘、转岗人员岗前培训是否有针对性，培训效果是否进行了考核，开航前指令的理解及具体执行情况，船岸人员日常工作考核情况是否按规定周期及各项相关要求进行考核，考核内容是否能反映人员实际工作能力。

3) 各种培训计划的制订及落实情况（自我完善作用是否得到发挥，培训的内容是否有针对性应是审核的重点）。相关部门培训需求上报情况，培训计划制定是否及时，培训计划是否按时完成，培训效果是否跟踪考核，计划外培训如何提出、如何实施等。

4) 人员伤亡方面事故、险情处理。

5) 船员健康保证措施（健康检查、船上伙食、医疗器械和药品的配备、船上医疗制度以及酒精及药品管理）。

(2) 审核时应注意：

1) 审核员应通过询问、交谈以及查阅船岸人员管理方面相关记录等方式实施审核。在审核过程中，应特别注意证明船员合格、船长具备适当指挥资格的措施及客观证据；实现"开航前指令"的具体途径及客观证据；培训及考核的实际效果等方面。

2) 如果公司委托船员代理公司为所属船舶提供船员来源，公司有责任保证船员具有有效证书和已经完成适合被委派职务的法定培训。在审核时，审核员应能见证到表明对上述所委托的船员代理公司受到公司的管理控制的证据。控制的方式一般有对代理公司船员选拔、招募和培训能力的评定；对船员的资格和能力的审查、测试和评定。

（3）常见问题：

1）将聘用前的资格培训（规则相关知识以及其他体系相关知识培训）交其他机构（如船员管理公司）进行，公司只看相关合格证书，对培训内容、考核标准等没有进行把关。

2）对高级船员（尤其是船长）的业务能力（指挥资格）考核随意性较大，没有由具有相关资格的人员进行，而且没有固定的考核标准和方法。

3）对开航前指令理解及实际执行不到位，需将开航前指令理解及实际执行作为船员熟悉职责的重要组成部分。

4）对新聘、转岗人员职责培训的内容千人一面，没有岗位特性，没有实际效果。

5）由于各部门没有及时上报培训需求，人事管理部门调研不够，造成制定出的培训计划空洞（要求公司年初就制定出特别丰满的年度培训计划是不现实的，关键是相关部门能否不断提出培训需求）、培训走形式（各相关部门对发现和存在的问题缺乏分析，没有总结出人员方面存在的问题，没有利用培训手段加以解决。培训不是自发的、有针对性的，而是为了外审而培训）。

6）培训效果考核不够，考核记录空话、套话多，真实反映各自实质能力的内容少，缺乏连续性和可参考内容。

5. 海务管理

（1）审核要点：业务考核（船长及驾驶人员任职把关和业务能力跟踪）情况，主要包括船长指挥资格考核确认情况，新任职的船长、驾驶员是否进行了岗前业务能力考核，考核结果如何确定，在岗、离任业务考核及相关技术档案管理情况；业务指导、登船检查情况，主要包括是否定期进行登轮检查，有无固定的检查周期和检查内容，对船舶上报和登船检查中发现的问题、缺陷是否按有关要求进行处理，对海务管理相关操作中存在问题是否提出改进措施等；船岸应急演习计划制订以及实施情况，主要内容包括是否制订船舶应急反应演习计划或是否对船舶上报的应急演习计划进行审核，是否制订岸基、船岸联合应急反应演习/训练计划（一定周期内），岸基应急演习、训练计划的实施情况如何，船岸应急反应联合演习实施情况，实际中应急反应是否按文件规定的程序操作，记录是否真实可靠；航海保障及航海图书资料的管理情况，主要包括海图、航海通告、潮汐表、无线电信号表等航海图书资料的配备与控制是否符合相关规定，对特殊航线、特殊货物装载的航行计划是否进行了审核、确认和技术指导，防冻、防台（风）、雾季航行等季节性安全工作部署是否符合相关规定，外来文件信息搜集情况；海务相关事故、险情、不符合规定情况的处理情况，主要包括对海损、火灾、污染等事故、险情是否按有关程序规定进行处理，对PSC、安全检查、自查中发现的与海务有关的缺陷是否按不符合规定情况的相关规定进行处理。

（2）审核时应注意：以查阅记录为主。审核员应掌握现场审核主要的记录项目，例如：面试提纲及询问记录、笔试试卷及成绩、上次任职考核记录、责任事故及过失记录、聘用审核评估记录、离任评价考核报告等；登轮检查表，长期不回国内港口船舶的委托检

第三节 岸基活动审核

查报告，发现问题整改措施相关记录等；船舶年度演习计划、公司船岸联合演习计划、公司船岸演习计划的实施记录、紧急情况处理相关记录等；航海图书资料发放记录或配备清单、航次计划审核/确认记录、航行中的特殊操作要求的指令记录、防台工作记录等；事故、险情报告、调查、原因分析及采取的纠正措施及预防措施的相关记录，不符合规定情况的报告、分析与处理相关记录等。

（3）常见问题：未保存船员证书复印件或未进行证书登记，未建立船长/甲板部船员技术档案；业务考核随意性大，没有明确的考核内容和标准或考核的针对性不强。考核结论没有实质内容，无法为今后选用、培训、跟踪管理提供参考。考核记录不完整，不能确保考核质量；未按规定进行登轮检查（特别是未对长期不回国内港口船舶采取适当的变通措施），检查随意性大，没有明确的检查计划、范围和标准；检查未按规定进行，敷衍了事。记录不完整，不能确保检查质量；对船舶上报和登船检查中发现的问题、缺陷就事论事，未进行必要的调查、分析，没有按不符合规定情况的相关规定进行处理；发现文件和活动不符的问题后，缺乏改进文件可操作性的意识和主动性；应急演习存在问题（船舶演习计划未审核确认，对船舶演习未监督检查，对存在的问题和不足未提出指导意见和改进措施；岸基未针对紧急情况进行训练和演习；公司岸基/船岸演习记录反映出船长绝对权力受限或没有反映演习实际情况；船、岸演习后未按有关程序规定进行评估和并提出改进措施）；船舶航海图书资料发放不及时，配备不完整，资料不能保证最新有效；对特殊航线、货物条件、气象等跟踪、指导不力，没有及时发布各项指令并提供航海安全信息；事故、险情、不符合规定情况未按程序进行原因分析或分析不到位，不能找到造成上述问题的根本原因，导致采取的纠正措施缺少针对性。问题处理未形成闭环，纠正措施没有跟踪验证，各种记录不规范。

6. 机务管理（船技、通导、物资等）

（1）审核要点：①轮机部高级船员业务考核及业务指导、登船检查情况（审核项目可参照海务管理部分）；②各种维护保养计划的制定、审批以及落实情况（计划的制定依据、内容、完成及督促情况、未按计划完成及临时调整项目的原因分析及相关指导、纠正预防措施的执行情况及各种记录的规范性）；③船舶技术状况管理（技术报表的上报、机务管理人员的审查情况，对填报不适或参数有疑是否标注和反馈、对漏报或迟报是否进行催报或采取其他措施）；④物料备件的供应及燃润油的加装（机务台账的建立、备件物料的供应、船舶重要备件的存量及燃润油的加装过程控制等）；⑤PSC、安检、自查中发现问题的处理，不符合规定情况、机损事故、险情的处理；⑥船舶技术资料和船舶证书的管理情况；⑦外来文件的信息搜集。

（2）审核时应注意：①抽查轮机部船员考核及公司业务指导、登船检查方面的相关记录（记录项目同海务管理）；②将年度维护保养计划同SMS文件中关键设备维护保养周期表、年度及月度维护保养计划和月度维护保养工作完成情况报告相互核对，并注意审核对所存在缺陷的处理和改进措施的实施与验证记录；③查阅事故、险情报告、调查、原因分析及采取的纠正措施及预防措施的相关记录，不符合规定情况的报告、分析与处理相关记录等；④抽查部分船舶证书和技术资料管理情况；⑤查阅船舶技术状况管理相关记录，如柴油机热工状况报告、机油化验报告、冷却水处理报告以及船舶各类技术报表及其审核处理记录等;⑥查阅公司存船备件台账、船舶备件订购申请的审核、公司订单及船舶验收单、船舶备件消耗报表等船舶备件、物料控制与保障情况方面的记录。

(3) 常见问题:①轮机部船员考核及公司业务指导、登船检查方面所存在的问题(与海务管理同类问题相似);②维护保养及管理问题(年度维护保养计划中关键设备的维护保养周期与 SMS 文件中所规定的有出入,但制定人、审批人未给出明确、充分的理由;当月维护计划中有部分项目未完成,月度维护工作完成情况报告中未给予说明,机务人员也没有进行跟踪;船舶维护和保养相关报表船舶未按要求报送,公司未进行催报,对未完成的项目,未分析其原因并提供支持,指导,未调整预防检修周期;公司的审查工作不规范,审查结论未记录在相关报表上,必要的反馈信息未发送给船舶;未进行现场检查以确认报表的真实性等);③船舶报表上报不及时或不完整,公司对报表中反映的问题处理不力,未及时将反馈信息发布到船;④备件管理方面存在的问题(无备件台账,备件消耗报表上报不及时,不掌握船舶备件留存情况,备件留存量不满足规范及公约要求;备件订购的审核等工作未按规定进行,公司、船舶的签收记录不规范;备件、物料供船不及时,供船数量与船舶订购的数量不一致,未与船舶沟通或反馈,未说明原因;⑤不符合规定情况、机损事故/险情的处理所存在问题(与海务管理同类问题相似);⑥船舶证书和技术资料管理存在问题(缺档案,或档案管理混乱,不便于使用,船舶重要技术资料欠缺);⑦国际公约、规则及国内法规、标准配备不全或失效。

7. 航运管理

(1) 审核要点:①航次命令的使用情况(何时何种情况发布航次命令;航次命令的内容,如:航线,港口,货物品种、数量,受载日期、要求及注意事项等是否完备);②船舶动态跟踪(调度值守制度是否得到落实及实际效果如何;能否掌握船舶动态,是否能保持对船舶的 24 小时通信联络;船岸应急训练、演习及反应过程记录是否完整);③船舶货物配载及系固的控制情况〔是否对船舶货物配积载进行审核;是否备有所管船舶的稳性计算书及相关资料;是否对装载不适情况提出修正指导意见、指令;是否对危险品货物、特殊货物(散装易流态化货物、谷物等)配积载进行了指导,并提出航行中对货物管理的特殊要求(如货舱温度测量,货物固定情况巡视等)〕;④船舶配载、系固、装卸(危险品)情况指导(是否定期进行登轮检查,有无固定的检查周期和检查内容;上报和登船检查中发现的问题、缺陷是否按有关要求进行处理;对货物管理相关操作中存在问题是否提出改进措施);⑤货损、货差事故、险情的反应和处理;⑥应急演习的情况(记录和实效);⑦气象和海况的跟踪和信息传递。

(2) 常见问题:①未及时发布航次命令或命令内容缺乏指导性和可操作性;②调度值班日志记载存在不完整、不规范、漏记等现象,不能掌握船舶动态;③当船舶没有按规定与公司联系时,没有做出及时反应;④应急通信联络方式未保证最新有效;⑤应急训练、演习、反应报告记录不是原始记录或不完整,不能反映出应急训练、演习、反应的实际情况;⑥函电、记录缺失或指导意见、指令、命令有误;⑦缺少必需的船舶资料、货物资料及公约、规范(如《国际海运危险货物规则》等);⑧未掌握船舶装载的详细信息;⑨未按规定对船舶配载系固、装卸(危险品)情况进行登轮检查,不能及时发现和纠正所存在的不符合规定情况；⑩事故、险情、不符合规定情况未按程序进行原因分析，导致采取的纠正措施缺少针对性，纠正措施没有跟踪验证。

8. 后勤、综合管理

（1）审核要点：①资源保障的理解和实际做法；②公司各种文件及 SMS 信息的控制情况等。

（2）审核时应注意：①后勤综合管理部门在 SMS 运行中职责相对较少，应通过审核提高其对"SMS 需全员参与"的认识，不能使其忙于日常事务，置自己于 SMS 运行之外；②在文件管理方面，只负责内部、外部文件和信息的接收和传递事物工作，而且多为处理一些临时性、阶段性文件和信息。审核员应将与安全和防污染管理有关的临时性文件的控制情况作为审核重点。

（3）常见问题：①上级（集团公司）的红头文件、领导的会议指示等往往和 SMS 文件相关规定重复或相悖；②综合管理部门人员缺乏专业知识，对相关信息不敏感，造成信息传递不及时。

9. 其他

审核要点：①航运公司设立分管各项具体工作的副经理，SMS 活动方面的审核可结合其分管的具体部门、岗位一并进行；②分公司、运输部、船队（二级公司）要注意与上级职能部门和船舶在具体工作上的分工和协作；③保卫处、卫生所等部门的审核应根据体系内职责描述进行，由于不同类型、规模的公司，对具体岗位职责的规定都会有所不同，相应的活动审核应根据具体情况，按 SMS 文件的具体规定开展。

第四节 船 舶 审 核

船舶审核的具体方法、内容及步骤与岸基活动审核有许多相似之处，但要注意船舶审核不能等同于对船舶的安全检查、海事调查或船舶检验。即不能过分拘泥于对船舶及其设备本身缺陷，或者船舶及船员证书不全或不适当等表面现象的审核，而应透过现象看本质，将重点放在船舶实际管理上，紧扣船舶各岗位职责，抓住船上关键性操作、关键性设备及技术系统维护保养、紧急情况反应及应急演习、船员培训及考核、船岸之间的有效联系以及体系运行等审核重点，搜集相关客观证据，找出管理上所存在的不足或问题及造成问题的原因。

在实施船舶审核时，审核员应将现场检查情况和实际操作情况结合起来进行，可采取交谈、询问、抽查记录和实际操作等方式验证。船舶审核应与公司岸基审核紧密结合、相互印证。

船舶审核时一般按照船长、甲板部、轮机部、客运部（如有）进行审核分工，其中对船长的审核非常重要。在审核过程中，还应了解并考虑船舶的种类、船舶的航行区域、船舶的总吨位（载客定额）、船舶的建造日期等对船舶 SMS 运行方面的一些特殊要求。对船舶的审核由于工作条件和交通等方面的因素，在时间上控制更加严格，对于不符合规定情况的纠正措施需要当场确认。船舶的特点决定了活动审核的形式，只要目的达到（活动与体系文件的符合性和运行有效性），表现形式可以接受多样性，审核员应避免官僚主义、形式主义、本位主义，避免对公司造成误导。

一、通用要素审核

1. 船舶适航性的初步判定

（1）审核要点：①船舶证书（簿）、法定文书及船舶资料（包括航次配载资料）的完整性、适合性及有效性；②船员证书的完整性及有效性；③船舶最低配员情况；④货物适装情况。

（2）常见问题：①船舶证书不全，与船舶实际情况不符或失效（包括管理船舶缺少管理协议）；②船舶配员不足，船员证书与船舶实际不符、过期或船员未按规定要求配备；③船舶必备的技术资料不全、不适用或失效（如缺少最新的相关航线航路及港口资料、海图未修正不能保证有效性等）。

2. 船员的适任性

（1）审核要点：①船员对公司体系总体要求及规则的掌握情况；②船员对岗位职责的熟悉情况，尤其是新聘和转岗船员对岗位职责的熟悉情况；③船上培训及考核情况；④船上人员是否按照船旗国主管机关和SCTW公约要求所持有的资格和能力及健康证明文件，是否了解本岗位相关的关键性操作，并熟悉其相关职责和操作要求，是否已清楚有关的应急反应程序和本人在应急反应时的职责。

（2）注意事项：审核主要以询问、交谈的方式进行，并通过抽查有关记录予以验证，还应通过对其他方面活动的审核总体对SMS的熟悉程度进行评价。

（3）常见问题：①对《国际安全管理规则》及相关定义的含义（包括公司定义的各项概念）不熟悉；②不理解公司安全和环境保护方针的具体含义，也不清楚实现安全管理目标的有关措施；③虽能够了解本岗位日常工作职责，但对其在体系内的职责、权力和相互关系不熟悉、不掌握（如：不能及时发现、报告不符合规定情况并参与纠正和预防措施的实施等）；④船上没有建立完整的年度培训计划，各部门也不能根据需要及时提出临时培训需求；⑤各部门培训未按照整体计划安排进行，培训走形式，无实质内容且没有针对性和发展变化，高级船员未完成应承担的对船员的培训和考核，并为应付检查伪造各项培训记录；⑥对培训效果没有进行考核验证；⑦对在（离）船船员的考核不能执行公司的考核标准且记录不完整、不具体；⑧对新聘和转岗船员的船上培训部分没有严格按照体系文件的规定进行，不能执行开航前指令的相关要求；⑨船员交接过程简单应付、敷衍了事，工作不具有连续性，没有记录；⑩对本岗位所涉及的船上关键性操作及应急反应职责不熟悉等。

3. 船上人员的语言交流及船岸之间的信息联系情况

（1）审核要点：①指定人员监控渠道了解情况及执行情况；②执行船长命令情况；③船上工作语言及船岸信息交流情况，重点核查船上人员是否了解指定人员的作用及其对船舶的具体监控方式；④公司指定人员的姓名及与其联络的方法及时机（保持24小时联络畅通）；⑤能否真正理解船长命令的具体含义并在实际工作中予以贯彻执行；⑥能否及时获得有关安全管理体系的信息；⑦在履行涉及安全管理体系的职责时能否有效交流；⑧对外的语言交流能力如何；⑨内审报告、公司有效性评价报告是否发放到船；⑩如何贯彻落实公司有效性评价的决定；⑪与本船直接有关的决定是否已落实等。

（2）注意事项：审核员在询问、交谈的基础上，应检查具体活动记录，并现场验证船员的语言交流能力及船岸之间的信息沟通情况。审核员应通过与船员交流，以验证船员是否理解船上备有的用适当语言编写的工作须知，特别应注意船舶有关场所所张贴的操作须知（如救生艇筏降落须知是否用船员懂得的语言编制）。对客船，在紧急情况下，负责照顾旅客的船员，应能够有效地与旅客沟通。

（3）常见问题：①对指定人员的监控作用理解肤浅，不能按照规定及时发现并提供相关信息（如在上报公司有关职能部门各项需求未得到有力支持的情况下，不能及时向指定人员进行反馈）；②不了解船长对船上体系运行的监控作用，对相关指令执行不力（如不能自觉熟悉体系内相关职责及程序和须知、主动发现本部门不符合规定情况并及时上报；不明确安全管理体系相关信息的具体内容及相应的传递方式和途径；各种安全管理信息不能及时获取）；③高级船员对外交流能力（如用英语进行口头和书面沟通）不足；④不能认真贯彻公司有效性评价报告中所提出的相关措施，对与本船无关的往往不重视，不能做到对同类事故或险情的事先预防；⑤没有形成相关记录或记录不规范。

4. 船上关键性操作方案（或须知）的执行情况

（1）审核要点：①是否清楚公司已认定的船上关键性操作；②是否熟知本部门、本岗位相关的关键性操作方案并熟悉其相关职责要求和具体操作要求；③对已标明的相关各项船上关键性操作是否按规定方案予以执行；④实际操作技能和熟练程度如何。对本部分的审核是船舶审核的关键要求之一，尤其对于船舶甲板部和轮机部的审核。

（2）注意事项：①在审核过程中审核员可在简单交谈、询问的基础上，现场核对相关记录，一般情况下应要求船员进行现场实际操作（条件允许的情况下）。②船上关键操作的抽样应考虑船舶动态、类型、航线和货物装载、审核可用时间等因素），以验证对具体操作方案的熟悉和熟练程度，进一步搜集现场客观证据。③对公司已经制定的船上关键性操作方案中有关不适应的内容或具体规程规定，船员是否能够及时报告并提出相应修改意见或建议，是否明确对需新认定的船上关键性操作提出意见或建议的工作流程等。

（3）常见问题：①对本岗位所涉及的体系文件明确规定的关键性操作不清楚；②不熟悉方案的具体内容、不能严格执行方案的具体规程和操作要求（仍按照习惯做法进行操作）、操作过程不熟练；③没有形成相关记录、记录不完整或不具体；④不能及时报告现有方案中不适应的内容或规定要求。

5. 应急反应及应急训练和演习情况

（1）审核要点：①对已发生的紧急情况（包括事故或险情），船舶是否按规定启动了应急反应程序，采取了有效的应急措施；②船舶按体系文件规定所制定的应急训练和演习计划是否覆盖所标明的紧急情况，是否按计划进行演习，演习的周期是否符合文件或强制性规定，演习的内容、步骤和记录是否符合要求（重点审核救生、消防、碰撞、搁浅、应急操舵和溢油的演习质量）；③船岸联合演习是否进行，船岸相关记录是否协调一致。

（2）注意事项：

1）在审核过程中，审核员应仔细检查应急反应准备、处理及事后原因分析和纠正预防措施方面的相关记录。应特别注意对原始记录的核查，以分析应急反应的及时有效性，进而判定应急反应全过程与体系文件的符合性和应急反应质量。通过对船舶的审核,亦可进一步核实公司对船上紧急情况的应急反应质量,船长绝对指挥权力能否得到体现,从而有效提高审核组对公司船岸活动审核质量和水平。

2) 现场抽查应急训练和演习的执行情况,检查并验证训练和演习是否按规定步骤进行、船员是否表现出良好的应急反应技能?

(3) 常见问题:①船上发生紧急情况时的反应没有严格按照文件规定要求进行,缺少应急反应的原始记录,而仅仅保存事后的整理记录,对事故或险情没有进行原因分析,无整改措施;②船上所制定的应急训练和演习计划没有经过岸基有关部门或人员的审批,不能合理覆盖已标明的各种紧急情况,训练计划内容有遗漏,实际训练存在不严格、不认真和走过场的现象,船员对反应过程不熟悉、行动迟缓、操作不熟练,相关记录内容不完整、不具体、不规范或存在做假现象,演习内容千篇一律,缺少实战性、针对性;③船岸联合应急演习简单、应付,记录与公司不一致。

6. 不符合规定情况、事故和险情的报告和分析

(1) 审核要点:①对不符合规定情况的发现及报告途径是否明确,能否及时发现并报告;②事故或险情的报告是否及时,能否按照文件的规定进行;③对报告的不符合规定情况、事故、险情是否按规定或公司要求进行了调查和原因分析;④各种检查中发现的问题是否采取了相应的纠正措施,是否对纠正措施进行了验证,同类原因造成的不符合规定情况是否再次发生。

(2) 注意事项:①及时发现并处理船上出现的不符合规定情况、事故、险情是保证体系有效运行的必要手段,也是船舶审核的重要组成部分;②应避免将问题简单化,应在询问了解的基础上,通过查看维修记录、航海、轮机日志等多种手段判断船舶是否发生过事故、出现过险情,查阅事故、险情处理记录,并仔细检查有关记录的真实性和完整性;③事故和险情的调查报告要强调对事故发生时的情况和环境的描述,以便于进行透彻的分析,分析后要确定造成事故或险情的根本原因;④查阅内审以及前一次外审中发现的及日常工作中发现的不符合规定情况的处理记录。查阅内部、外部安全和防污染检查工作记录,核查发现不符合规定情况后是否按相关程序规定进行处理。能够初步判定船员是否熟知不符合规定情况、事故或险情的发现、报告途径及处理程序并在实际工作中认真执行,纠正措施是否真实有效。

(3) 常见问题:①缺乏对不符合规定情况、事故或险情及时报告、调查及分析的意识;②不能及时自我发现并报告本部门、本岗位日常工作中的不符合规定情况;③对来自PSC、FSC、公司自查等的不符合规定情况没有按文件规定处理,不能对不符合规定情况、事故或险情的发生原因进行深入分析,纠正措施就事论事、不彻底,且到期没有及时验证,不符合规定情况未关闭,容易导致问题的重复出现;④相关记录不规范,不按照规定表格格式进行记录,无验证记录等。

7. 船舶及设备维护情况

(1) 审核要点:①船舶及设备维护保养计划的制定情况(计划应覆盖到法定和船级检验的全部项目);②是否按照相关规定要求并结合本船实际制定了合理的维护保养周期;③船舶及设备维护保养计划是否经过公司确认,船上实际的维护保养工作是否按照计划内容要求并按适当的周期进行；④船岸对维护保养计划的实施情况是否按适当的间隔期进行了检查；⑤对船舶及设备存在缺陷或隐患的报告及处理情况；⑥船上关键性设备及技术系统（包括非连续使用及备用设备和技术系统）的定期试验或检测情况；⑦修船、备件及物料的管理情况。

（2）注意事项：

1）审核员可通过现场询问、交谈，了解船员对职责范围内船舶及设备的维护保养规定的熟悉情况，并查阅有关维护保养记录，以验证其具体执行文件规定的实际效果。

2）审核时应注意结合外部组织以及公司自行组织的对船舶及设备的检查情况，以进一步验证船舶执行维护保养计划及对相关缺陷或隐患的报告和处理情况，是否有纠正和预防措施，并应具体核查相关实施记录。

3）审核员应抽查法定和船级检验项目以验证这些项目是否受到检查，但应避免与验船师一样进行法定和船级项目检验。法定和船级检验报告是审核员验证检查有效性的重要客观证据。如果报告显示出本该由公司或船上检查发现的损坏和失灵，这表明 SMS 规定的检查不能有效地确保实现规定的目标。对法定和船级检验记录的审查可以证实对重要的船上安全管理功能、制定船上操作/活动计划和须知的程序、公司机务/总管在监督和支持船舶方面的表现、公司内部审核、指定人员的表现的有效性，是审核员总体评价 SMS 运行有效性的依据之一。

4）若发现未对检查中发现的不符合规定情况采取适当的纠正措施，可能表明船舶主管/公司未能有效地响应来自船上的要求，或指定人员没能确保足够的资源和岸基支持，或者存在着其他管理制度缺陷或问题，这是造成不符合规定情况的根本原因。

5）船舶"关键的设备和技术系统"通常应包括：舵机、供电设备、动力机械和系统、自动化设备和系统等。对有些设备和技术系统有强制性要求以保持其可靠性，如 SOLAS 对舵机试验和操练要求，对这些强制性要求在 SMS 中的落实情况应是审核员验证的重点；但对有些因为其突然失灵会导致船舶危险局面的设备和系统，很可能还没有强制性要求，如：自动化、报警器和安全系统试验、应急设备试验（EPIRB，便携式 VHF 等）、安全装置（便携式气体和二氧化碳探测器等）、抵港前和离港前试验。对如何保持船上关键性设备及技术系统可靠性方面的审核，审核员可通过现场查看并要求船员进行实际操作，以验证其是否按规定内容及要求进行，熟练程度如何，进而判断相关设备及技术系统的可靠性及即时可用性能否有保障。

（3）常见问题：①船舶及设备维护保养计划的制定未结合本船实际，计划有疏漏、不具体、维护周期不合理；②计划未经过公司职能部门确认；③船员不熟悉该计划，不能严格按照计划内容及要求，尤其是在维护保养周期开展维护保养工作；④维护保养记录不规范、不具体、存在应付现象；⑤对船舶及设备存在的缺陷或隐患不能及时发现并报告，不能按规定程序进行处理；⑥由于船期等原因对设备尤其是关键性设备及技术系统的检查、测试存在偷工减料现象，未按规定纳入船舶日常维护计划，需定期试验的应急/非连续使用的设备未按规定进行；⑦设备的实际状况不满足要求，关键性设备及技术系统的可靠性及随时可用性无法保障，无相关记录或记录不规范。

8. 船上文件及资料管理情况

（1）审核要点：①SMS 文件及相关国际/国内强制性规则规定在船上的配备情况；

②船上有关技术资料的配备情况；③文件及技术资料的日常管理（保管、借阅、修改、废止文件的处理等）情况。

(2) 注意事项：审核员应查看文件及技术资料清单，具体核对其配备情况，并通过检查日常文件管理记录，以掌握船上对文件及相关资料的管理情况。审核员应避免以自己的解释要求公司制定更多的文件，但可以在有改进余地的方面鼓励公司。审核应结合公司体系文件管理有关规定进行。

(3) 常见问题：①船上文件清单不完整，船员不清楚具体文件的存放位置或包含在哪本汇编中；②实际配备与清单要求不符；③文件修改不及时；④作废文件未予清除；⑤随意复印、涂改文件；⑥使用作废文件；⑦对船舶单船操作文件如《应急部署表》《消防布置图》等未予控制；⑧航海通告未及时登记等。

9. 船舶内审情况

(1) 审核要点：船舶内审进行情况。船舶内审是由船上单独进行还是由岸上直接组织实施，是否有具体的内审计划，该计划是否已经由指定人员和船长进行了事先确认，内审是否由经过培训的人员实施，内审过程（包括内容、周期及程序等）是否能够严格按照体系文件规定进行。内审记录是否规范、完整和具体，对内审发现的不符合规定情况是否按规定期限采取了纠正措施并予以消除，是否针对具体问题进行了原因分析并提出了预防措施，对所开列不符合规定情况的纠正是否予以跟踪或验证。

(2) 注意事项：①审核主要以询问、交谈和查看记录为主；②若在检查船舶审核记录时发现内审结论或不符合规定情况标识未涉及安全和防污染管理和操作的实质性内容，但在审核中却发现船舶在此方面存在较大缺陷，这在很大程度上可以对船舶内审活动的实施有效性产生怀疑。

(3) 常见问题：①没有制定具体的船舶内审计划；②船长没有对内审计划进行事先确认；③长时间在外营运船舶的内审不按照计划进行；④内审员未经过适当培训且不独立于被审核部门；⑤对内审中发现的不符合规定情况未按照规定及时予以关闭；⑥内审记录敷衍潦草，存在应付现象；⑦对公司提出的相关措施或要求置之不理。

二、船长及船舶各部门审核特别要点

对船长及船舶各部门的审核，除了对以上通用要素的审核之外，还应考虑其部门具体特点，以及体系运行对该部门、岗位的特性要求。

1. 船长

(1) 审核要点：①船长对公司安全和环境保护方针、目标的熟悉及理解情况，是否明确实现目标的具体措施；②船长是否完全熟悉安全管理体系文件；③船长能否确保船舶各部门及人员均能始终贯彻执行安全和环境保护方针的方法、途径及措施（如船上安全会议制度、召集船员参与分析和制定改进措施等）；④对船长监控职责的理解及执行情况，能否明确具体的监控内容、渠道及有关方式、方法，是否理解并应用 SMS 中的管理手段；⑤对本船 SMS 活动所进行的日常监控情况；⑥有效运行体系所需命令的发布和执行情况（如船舶相关会议记录、日常监控指令、航海日志及夜航记录簿的填写内容等）；⑦对定期复查安全管理体系的具体理解及执行情况，对定期复查发现的缺陷是否向公司进行了报告

第四节 船舶审核

并得到了纠正；⑧是否熟悉其职责（管理职责）、权力（绝对权力）以及与船舶、岸基其他岗位的相互关系；⑨对船长绝对权力的理解及在实施过程中所存在的突出问题；⑩船长与公司岸基关于体系运行相关活动的沟通情况（信息交流、资源支持等方面），如应审核船长能否根据船舶安全管理实际需要，及时向公司提出相应要求或申请（资源支持），同时还应查找船长获得公司支持的客观证据（如对船员配备、船舶及设备维修方面要求的反应及对 SMS 中已标识风险的反应等）；⑪船员在船培训（包括应急训练和演习）和考核情况（船长的统一领导、协调和监控作用）、船上体系相关活动的进行情况（重点在内审、不符合规定情况、事故或险情的报告、调查、分析、处理及验证情况等）。

（2）注意事项：在审核过程中，审核员可通过与船长交谈、询问，并查看相关工作记录及具体事例进行核实和验证。进而对船长是否完全熟悉安全管理体系、是否能够有效监控船上体系的运行，能否真正行使其绝对指挥权力，能否按照文件规定有效开展体系相关活动有一个比较全面的认识。审核员通过判定船长能否真正履行其职责，可对全船体系活动的运行有效性有更加明晰的了解，从而有效提高船舶审核质量。

（3）常见问题：①不能做到完全熟悉安全管理体系；②对实现公司安全管理目标的具体措施理解肤浅，不能结合本船实际予以考虑；③未通过教育、培训、考核和奖惩等方法，激励和调动船员遵守公司安全和环境保护方针的积极性；④将船长具体业务职责和体系内的监控及管理职责相混淆；⑤不熟悉船上体系运行日常监控渠道和方法，不能督促船上各部门及时自我发现所存在的不符合规定情况，对船上体系运行相关活动核查工作不到位，不能发挥其监控作用；⑥没有结合体系文件在船上的实际运行情况，尤其是关于关键性操作方案、紧急情况的标明及反应程序和须知、船上关键设备及技术系统可靠性的保障措施等，就体系文件本身的适应性、可操作性等方面进行认真复查并及时上报公司；⑦船舶应急训练和演习（包括船岸联合演习）未按规定程序、内容及间隔期进行，事先无准备，事后无总结；⑧对船员的在船培训和考核流于形式；对事故或险情的报告、调查和处理未严格按照规定程序和内容进行；⑨不能有效运用船舶内审、船长定期复查等体系相关管理手段，及时发现体系运行中所存在的不符合规定情况并加以整改，存在应付和走过场现象，对公司有效性评价结论，不能结合本船实际情况及时分析原因、查找隐患，并提出纠正和预防措施。

2. 甲板部审核要点

除了按照以上对通用要素的要求进行审核外，对甲板部的审核还应考虑其特点，即在审核过程中，审核员应结合甲板部关键性设备及技术系统（如：航行及助航仪器、无线电设备、救生消防设备等）、关键性操作［如：开航准备（开航安全条件检查，主要内容包括设备状态、船舶稳性和吃水、水密完整性、人员配备、伙食/淡水、燃料等）、值班、特殊海域/水道和海况的船舶操纵、货物操作（装卸货计划及船舶稳性和强度校核、货物适装、连续监控及异常情况记录、安全措施落实、系固绑扎、运输过程检查等）、防污染操作、海图/航海资料改正、洗舱以及通信导航设备的使用等，不要遗漏生活垃圾处理、厨房消防（大厨）、药物管理等操作］、相关维护保养和检修记录（如：航海日志、无线电日志等）、航海图书资料（如：船上所配备的符合 SOLAS 公约要求的航海出版物，包括海图、航路指南、灯塔表、航行通告、潮汐表、国际信号规则和 ITU 出版物等的管理等方面）要重点地进行审核。

3. 轮机部审核要点

审核员在对轮机部实施审核时，应结合轮机部关键性设备及技术系统（如：主辅机、发电机、电站、蓄电池、锅炉、舵机、空压机、空调系统、制冷设备、油水分离器、甲板机械、艇机及其附属设备、泵、管路等及燃润油、防污染、液压设备及系统等）、非连续使用的设备和技术系统的定期试验和检测（如：操舵装置报警和驾驶台至舵机房的通信、应急发电机、应急消防泵、救生艇机、应急舵、所有挡板和关闭装置、主机就地控制、泵限位开关、机舱操纵的海底阀、驾驶台操纵主机应急停止系统、主机超速限位和恢复装置、燃油速闭阀、滑油报警、缸套/活塞/发电机冷却水报警、锅炉高/低位报警、污水井高位报警等）、关键性操作（如：主机、辅机、发电机、锅炉、舵机、油水分离器、消防泵及其他关键泵等设备操作、加装燃油、污油水处理、生活污水和垃圾处理、明火作业、压载水排放、化学清洗、油漆作业、车钳焊等）、相关维护保养和检修记录（如：轮机日志、电气日志、车钟记录簿等），以及相关设备及系统的技术资料（如：各种机器、电气设备的图纸资料、说明书等方面）要重点地进行审核。

4. 客运部审核要点

除了以上通用要素的审核，对客运部的审核还应重点关注以下情况：①旅客（重点关注老人、儿童及行动不便旅客）控制情况（包括上下船登记、引导及疏导，检查及巡查等）；旅客携带易燃易爆物品的检查与管理；②船上治安管理；③紧急情况下对旅客的管理与控制（包括旅客安抚、保持撤离通道和走廊畅通、救生用具的发放、危重病人的防护与及时救护等）；④救生消防知识宣贯（广播、图片等）。

三、特种船舶审核附加要素

对客（客滚）船、气体船、化学品船、油船、高速船等特种船舶的审核，在考虑一般要素外，还应特别注意对以下特性内容的审核。

1. 客（客滚）船

（1）每艘快速救助艇应至少有两名船员经正规培训和操练。

（2）关键性操作：①对停放车辆的特种处所及超过36人客船的有效巡逻制度；②滚装货物的积载与系固；③水密门密性检查与操作；④救生艇集合布置、救生艇筏的配员及存放、登乘、降落与回收管理；⑤乘客资料。

（3）应急布置：①为船员每人配备一份在应急场合必须遵守的明确的须知；②将应变部署表张贴在全船各显眼处；③用中、英文书写的图解和须知张贴在乘客舱室，并将其在集合站及其他乘客处明显地展示；④在救生艇筏及其降落器的上面或附近设置告示或标志，包括操作程序和注意事项等；⑤集合站附近应配备足够数量的救生衣；⑥禁止乘客进入客滚船的滚装甲板；⑦船体与上层建筑完整性、破损的预防与控制；⑧客滚船脱险通道；⑨客（客滚）船船长决策支持系统。

（4）应急训练、演习及船岸联合演习计划：①每间船员餐室和文娱室或每间船员室配备训练手册；②每周应举行一次弃船和消防演习；③非短程国际航行船舶，乘客上船后应在24小时内举行由乘客参加的救生或消防应变演习，短程可通过指导乘客注意应变须知的方式代替;④每艘救生艇每3个月至少一次是乘载指定的操作船员降落下水进行操纵;⑤救助艇每月应下水操纵(可行时);⑥船员上船后2周内应进行救生设备使用的船上训练;⑦应进行与演习间隔期相同的救生设备使用和海上救生须知方面的授课;⑧对吊架降落救生筏,应在不超过4个月的间隔期内进行该设备的应用训练;⑨应变与消防演习应在航海日志上记录日期、演习的细节,如未进行,应说明原因;⑩非法活动威胁船舶、乘客和船员的安全;⑪人为事故;⑫应急援助其他船舶。

(5) 特殊设备、系统及其维护保养:①适用的应急潜水泵;②对运载油箱中有自用燃料(柴油除外)车辆船舶中,安装的防爆电气设备;③电梯及围井装设的关闭装置;④用于停放车辆的特种处所的固定压力水雾灭火系统、探火系统及通风系统;⑤除特种处所外用于载运油箱中备有自用燃料的机动车辆装货处所的探火、灭火及通风系统;⑥固定式探火、失火报警系统、自动喷水器、探火和失火报警系统及广播系统和公共广播系统;⑦装货处所的固定式灭火系统;⑧气胀式救生筏、救生衣及静水压力释放器(11个月内应检修)等。

2. 液化气船舶

(1) 船长及高级船员的资格和能力:至少3个月的认可的气体运输船海上服务资历。

(2) 关键性操作:不更换货种时货物装卸(由于操作不当,会导致少量液体泄漏及安全阀开启时,造成大量货物蒸汽货物逸出),更换货种装卸前的货舱扫舱和净化操作:

1) 扫舱操作:用货物压缩机对货舱加压,将货物残液通过扫舱管系排出。

2) 净化操作。用惰性气体及要待装货物蒸汽将上航次所载货物蒸汽置换掉:①装货前用氮气把货舱、管理系、设备内空气驱除,再用岸上提供的货物蒸汽把整个系统内的氮气驱除;②卸货前用货物蒸汽把系统内的氮气驱除,机舱内热工作业(电焊、气焊)。

(3) 紧急情况及反应:①货物蒸汽中毒,人体接触有毒货物伤害;②阻燃剂及液化气燃烧产物的急性/慢性中毒反应;③航行中因碰撞、搁浅,以及装卸货物时,货物溢漏污染海洋及大气。

(4) 船上日常操练、定期演习以及船岸联合演习:①货物液体火灾(装货区域);②液化气蒸汽火灾(装货区域/生活区域);③压缩机间火灾;④货物溢漏而引起的火灾;⑤货物大量溢漏而造成的弃船救生;⑥人员中毒、紧急抢救,包括从压缩机间/各种空舱内救出的中毒人员;⑦货物作业紧急停止/在相关设施失效时应采取的行动。

(5) 因突发性操作故障可能造成事故及险情的设备和技术系统的标识:①压力式液货舱;②货泵;③货物区域大型灭火设备及系统;④货物蒸汽压缩机;⑤应急停止系统(由电动液压泵、备用手动泵、液压应急截止阀、液压管系、应急停止站组成);⑥液位测量系统;⑦压力测量系统;⑧温度测量系统。

3. 化学品船

(1) 对各高级船员:①至少3个月的认可的化学品船海上服务资历;②对所有使用保护设备的人员均应经过适当培训;③对从事货物操作的人员在货物装卸程序方面应经过适当培训。

(2) 关键性操作:①每个液货舱的最大装货量;②货物资料要求;③液货舱的开口和进入;④货物样品的储存;⑤不得暴露于过热状态下的货物的运载;⑥货物的分隔;⑦舱底及

压载布置；⑧液货温度控制；⑨液货注入程序；⑩环境控制；⑪液货区域的防火与灭火（惰性气体/干燥剂）；⑫液货区域（装卸作业处所、隐蔽处所及不经常进入处所）的机械通风；⑬蒸汽探测；人员的保护（呼吸器）；⑭船舶所装载货物的特殊操作要求；⑮洗舱。

（3）紧急情况及反应：①货物泄漏；②货物溢出；③火灾；④主要人员急救方法。

（4）设备及系统标识：①货物驳运控制系统；②货物的加热和冷却系统；③货物温度测量和监测报警系统；④液货舱透气系统；⑤液货舱的高液位报警、溢流控制装置；⑥液货舱的环境控制系统（包括惰性气体系统装置，干燥剂供应装置及液面以上气体覆盖层监测装置）；⑦允许装于危险处所的合格安全型电气设备；⑧隔爆型通用报警声响指示器；⑨货泵舱和货物区域的防火和灭火系统；⑩货物区域的机械通风系统，包括经常出入的装卸作业处所、泵舱及其他隐蔽处所，及不经常进入的处所；⑪液货舱内的液位测量设备；⑫蒸汽探测设备；⑬人员保护设备；⑭安全设备。

（5）文件及资料配备：①装载和稳性资料；②《国际散装运输危险化学品船舶构造和设备规则》或相应的船旗国规则；③包括货物装载计划在内的货物安全装载资料；④程序和布置手册。

4. 油船

（1）关键性操作记录是否包括货油装卸、原油洗舱（若适用）、装排压载水、货舱内洗舱、除气、清舱作业（热工作业、冷工作业、掏舱作业）、货泵间的操作和检测、海上船对船转载（货油或燃油）等。

（2）巡查船上应急部署情况，是否包括静电火灾、爆炸、货油污染。

（3）检查船上应急训练演习及船岸联合演习计划表/记录簿（包括航海日志），是否包括货油作业紧急停止、对货油至关重要的设备失效时应采取的行动。

（4）查验应急或备用设备和非连续使用的技术系统的维修保养计划以及试验、保养记录包括：①货油泵（主货油泵、扫舱泵，含自动保护装置）；②原油洗舱机/固定式/移动式；③惰性气体系统；④油位指示系统；⑤油气含量/氧气含量监测仪；⑥PV阀；⑦货舱通风系统；⑧装货计算机等。

5. 高速船

（1）高速船营运必须具备《高速船安全证书》（附高速船安全证书的设备记录）以及《高速船的营运许可证书》。

（2）高级船员需持有相应的证书并还应持有：①主管机关规定的高速船员特殊培训符合证；②被指定负有安全操作和旅客安全职责的普通船员也必须通过主管机关认可的特殊培训并取得特殊培训合格证书；③在不同类型高速船任职的高级船员应在有资格人员指导下在相应高速船上见习不少于10小时和20个单航次。

（3）如果所用文字非英文，则至少应该提供一份航行操作手册和船舶操纵手册的英文本。

（4）船舶应严格按照主管机关认可的《航线操作手册》和《船舶操纵手册》操纵船舶。高速船公司应建立开航前安全查制度，制定开航前安全自查表，并进行对照检查。高速船公司应当建立适合高速船营运特点的安全管理制度（包括防止船员疲劳的船员休息制度），驾驶人员连续值班不得超过2小时，两次驾驶值班之间应有足够休息时间。

(5) 高速客船在开航时或开航前应为每位旅客和船员提供一份包括应变设施布置图在内的应变须知。该须知应标明所有出口、撤离路线、应急装置、救生装置和设施的位置，以及救生服穿着图例。应变须知应置于每位旅客附近。船员在船上应进行应急消防演习、撤离演习和破损控制演习，演习间隔不应超过一周，每个船员每月至少参加一次撤离演习、灭火演习和破损控制演习；撤离演习、消防演习和破损演习的险情应每周不同，以便模拟各处应急情况。举行应变部署的日期以及弃船演习、火灾演习，其他救生设备的演习和船上培训细节应记录在主管机关规定的航海日志上。救助艇演习，作为演习的一部分只要合理并且实际可行，每月应降落救助艇一次，每3个月至少降落水面并有指定船员在水中操纵一次。每个月应对船上全部救生装置和设施的使用情况进行辅导，每名船员都应接受此类辅导。

(6) 高速船必须严格按照经认可的保养手册和检修计划对船舶与设备进行必要的维护和保养，每周应进行下列试验和检查：①所有救生艇筏、救助艇及降落设备作外观检查；②救生艇发动机应进行正车和倒车运转，总时间不少于3分钟；③通用应急报警系统试验；④每月应用SOLAS第Ⅲ章5.2.1条所规定的核对表来检查救生设备、包括救生艇筏属具，确保完整无缺，并处于良好状态，检查报告应记入航海日志中；⑤气胀式救生筏检查间隔就不超过12个月；⑥静水压力释放器间隔12个月进行一次检修。

(7) 高速船至少应配备以下文件并经认可：①航线操作手册；②船舶操纵手册；③培训手册（也可以是音视制品）；④保养手册；⑤检修计划表。

6. 散货船

(1) 查验船舶是否配备有《装运谷物批准书》。若船舶配备有船旗国政府要求的《谷物装运证书》及《散装固体货物合格证书》时也应查验。

(2) 查验船上负责货物装卸的驾驶员及其他船员是否接受过"固体散装货物安全操作规则"的培训，散装谷物船舶的驾驶员是否熟悉"国际散装谷物安全运输规则"。

(3) 查验谷物装运船舶的"验舱证书"及"谷物准装证书"，有熏舱要求的，应查验熏舱工作记录、对船舶剪力、强度和稳性的控制情况等。

(4) 查验船舶是否制定了加强检验的计划，执行情况如何，查阅甲板维修记录，是否对需要加强检验的项目、内容进行了检验。对检查状况和采取的措施情况进行核实。

附 录

附录一 《国际船舶安全营运和防止污染管理规则》（ISM规则）

[ISM规则最新版——经过历年修正案综合修正（2015）]

前言

A部分 实施

1 总则

1.1 定义

1.2 目标

1.3 适用范围

1.4 安全管理体系的功能要求

2 安全和环境保护方针

3 公司的责任和权力

4 指定人员

5 船长的责任和权力

6 资源和人员

7 船上操作方案的制定

8 应急准备

9 不符合规定情况、事故和险情的报告和分析

10 船舶和设备的维护

11 文件

12 公司审核、复查和评价

B部分 审核发证

13 发证和定期审核

14 核发临时证书

15 审核

16 证书格式

附录一 《国际船舶安全营运和防止污染管理规则》（ISM 规则）

前　言

1　本规则旨在提供船舶安全管理、安全营运和防止污染的国际标准。

2　大会通过的第 A.443（XI）号决议，敬请各国政府采取必要措施，以保证船长在海上安全和保护海洋环境方面正当履行其职责。

3　大会通过的第 A.680（17）号决议，进一步认识到需要建立适当的管理组织，使其能够对船上的某些需求做出反应，以达到并保持安全和环境保护的高标准。

4　认识到航运公司或船舶所有人的情况各异以及船舶操作条件的大不相同，本规则依据一般原则和目标制定。

5　本规则用概括性术语写成，因而具有广泛的适用性。显然，无论是岸上还是在船上，不同的管理层次对所列条款需要有不同程度的了解和认识。

6　高级领导层的承诺是做好安全管理工作的基础。就安全和防止污染而言，各级人员的责任心、能力、态度和主观能动性将决定其最终结果。

7　本规则中添加的脚注旨在提供参考与指导，不作为本规则的要求。然而，按照第 1.2.3.2 段要求，所有相关指南、建议等均应予以考虑。考虑到该文献可能已经被修改或更新的资料所取代，任何情况下读者都应使用文件脚注中提到的参考文献的最新版本。⑤

注释：① 表示其根据 2000 年修正案修订。（下同）
　　　② 表示其根据 2004 年修正案修订。（下同）
　　　③ 表示其根据 2005 年修正案修订。（下同）
　　　④ 表示其根据 2008 年修正案修订。（下同）
　　　⑤ 表示其根据 2013 年修正案修订。（下同）
　　　＊ 参见《ISM 规则"重大不符合规定情况"处理程序》（MSC/Circ.1059 – MEPC/Circ.401）。

A部分 实 施①

1 总则

1.1 定义

以下定义适用于本规则的 A 和 B 两部分。①

1.1.1 "国际安全管理（ISM）规则"系指由国际海事组织大会通过的，并可由该组织予以修正的"国际船舶安全营运和防止污染管理规则"。

1.1.2 "公司"系指船舶所有人，或已承担船舶所有人的船舶营运责任并在承担此种责任时同意承担本规则规定的所有责任和义务的任何组织或法人，如管理人或光船承租人。

1.1.3 "主管机关"系指船旗国政府。

1.1.4 "安全管理体系"系指能使公司人员有效实施公司安全和环境保护方针的结构化和文件化的体系。①

1.1.5 "符合证明"系指签发给符合本规则要求的公司的文件。①

1.1.6 "安全管理证书"系指签发给船舶，表明其公司和船上管理已按照认可的安全管理体系运作的文件。①

1.1.7 "客观证据"系指通过观察、衡量或测试获得并能被证实的有关安全或安全管理体系要素存在和实施的量或质的信息、记录或事实声明。①

1.1.8 "评述"系指在安全管理审核过程中做出的并由客观证据证实的事实声明。①

1.1.9 "不符合规定情况"系指客观证据表明不满足某一具体规定要求的可见情况。①

1.1.10 "重大不符合规定情况"* 系指对人员或④船舶安全构成严重威胁或对环境构成严重危险，并需要立即采取纠正措施的可辨别的背离，或未能有效或系统地实施本规则的要求。①

1.1.11 "周年日"系指对应于有关文件或证书有效期届满之日的每一年中的该月该日。①

1.1.12 "公约"系指经修正的 1974 年国际海上人命安全公约。①

1.2 目标

1.2.1 本规则的目标是保证海上安全，防止人员伤亡，避免对环境，特别是对海洋环境造成损害以及对财产造成损失。

1.2.2 公司的安全管理目标应当包括：

.1 提供船舶营运的安全做法和安全工作环境；

.2 对其船舶、人员及环境已标识的所有风险进行评估并制定适当的防范措施；④以及

.3 不断提高岸上及船上人员的安全管理技能，包括安全及环境保护方面的应急准备。

1.2.3 安全管理体系应当保证：

.1 符合强制性规定及规则；

.2 对国际海事组织、主管机关、船级社和海运行业组织所建议的适用的规则、指南和标准予以考虑*。

---

* 参见"规则、建议、指南及其他涉及安全与保安的非强制性文书列表"（MSC.1/Circ.1371）⑤

1.3 适用范围

本规则的要求可适用于所有船舶。

1.4 安全管理体系的功能要求

每个公司均应建立、实施并保持包括以下功能要求的安全管理体系：

.1 安全和环境保护方针；

.2 确保船舶的安全营运和环境保护符合国际和船旗国有关立法的须知和程序；

.3 船、岸人员的权限和相互间的联系渠道；

.4 事故和不符合规定情况的报告程序；

.5 对紧急情况的准备和反应程序；以及

.6 内部审核和管理复查程序。

2 安全和环境保护方针

2.1 公司应当制定安全和环境保护方针，说明如何实现1.2所述目标。

2.2 公司应当保证船岸各级机构均能执行和保持此方针。

3 公司的责任和权力*

3.1 如果负责船舶营运的实体不是船舶所有人，则船舶所有人必须向主管机关报告该实体的全称和详细情况。

3.2 对涉及和影响安全和防止污染工作的管理、执行以及审核的所有人员，公司应当以文件形式明确规定其责任、权力及其相互关系。

3.3 为使指定人员能够履行其职责，公司有责任确保提供足够的资源和岸基支持。

4 指定人员**

为保证各船的安全营运，提供公司与船上之间的联系渠道，公司应当根据情况指定一名或数名能直接同最高管理层联系的岸上人员。指定人员的责任和权力应包括对各船的安全营运和防止污染方面进行监控，并确保按需要提供足够的资源和岸基支持。

5 船长的责任和权力

5.1 公司应当以文件形式明确规定船长的下列责任：

.1 执行公司的安全和环境保护方针；

.2 激励船员遵守该方针；

.3 以简明方式发布相应的命令和指令；

.4 核查具体要求的遵守情况；并且

.5 定期④复查安全管理体系并向岸上管理部门报告其存在的缺陷。

5.2 公司应当保证在船上实施的安全管理体系中包含一个强调船长权力的明确声明。公司应当在安全管理体系中确立船长的绝对权力和责任，以便做出关于安全和防止污染事务的决定并在必要时要求公司给予协助。

6 资源和人员

6.1 公司应当保证船长：

---

* 参见《公司实施〈国际安全管理规则〉操作指南》（MSC – MEPC. 7/Circ. 5）⑤

** 参见《关于〈国际安全管理（ISM）规则〉中指定人员必备的资质、培训和资历的导则》（MSC – MEPC. 7/Circ. 6）⑤

.1 具有适当的指挥资格;

.2 完全熟悉公司的安全管理体系;以及

.3 得到必要的支持,以便可靠地履行其职责。

6.2 公司应确保每艘船舶:

.1 根据本国和国际有关规定,配备合格、持证并健康的船员;

.2 配备满足船上各种安全操作要求的合适的人员*。⑤

6.3 公司应当建立有关程序,以便保证涉及安全和环境保护工作的新聘和转岗人员适当熟悉其职责。凡需在开航前发出的重要指令均应当标明并以文件形式下达。

6.4 公司应当保证与其安全管理体系有关的所有人员充分理解有关法规、规定、规则和指南。

6.5 公司应当建立并保持有关程序,以便标识为支持安全管理体系可能需要的任何培训,并保证向所有相关人员提供这种培训。

6.6 公司应当建立有关程序,以使船上人员能够借此以一种工作语言或他们懂得的其他语言获得有关安全管理体系的信息。

6.7 公司应当保证船上人员在履行其涉及安全管理体系的职责时能够有效地交流。

7 船上操作方案的制定

对涉及人员、船舶安全和防止污染的关键性的船上操作,公司应当建立制定有关程序、方案或须知包括必要的检查清单。与之相关的各项工作,应当明确规定并分配给适任人员。①④

8 应急准备**

8.1 对船上可能出现的紧急情况,公司应当予以标识并制定对其做出反应的程序。③

8.2 公司应当制定应急训练和演习的计划。

8.3 安全管理体系应提供措施,确保公司有关机构能在任何时候对其船舶所面临的危险、事故和紧急情况做出反应。

9 不符合规定情况、事故和险情的报告和分析***

9.1 安全管理体系应当包括确保向公司报告不符合规定情况、事故和险情并对其进行调查和分析的程序,以便改进安全和防止污染工作。

9.2 公司应当制定实施纠正措施的程序,包括避免不符合规定情况、事故、险情重复发生的措施。④

10 船舶和设备的维护

10.1 公司应当建立有关程序,以便保证船舶按照有关规定、规则以及公司可能制定的任何附加要求进行维护。

10.2 为满足这些要求,公司应当保证:

.1 按照适当的间隔期进行检查;

---

* 参见本组织以第 A.1047(27)号决议通过的《最低安全配员原则》。⑤

** 参见本组织以 A.852(20)号决议通过的经修正的《船舶应急预防措施综合体系结构导则》。⑤

*** 参见《险情报告指南》(MSC - MEPC.7/Circ.7)。⑤

.2 任何不符合规定情况得到报告，并附可能的原因；

.3 采取适当的纠正措施；以及

.4 保存这些活动的记录。

10.3 公司应当标识那些会因突发性运行故障而导致险情的设备和技术系统。④安全管理体系应当提供旨在提高这些设备和系统可靠性的具体措施。这些措施应当包括对备用装置及设备或非连续使用的技术系统的定期测试。

10.4 10.2 所述的检查和 10.3 所提及的措施应纳入船舶的日常操作性维护。

11 文件*

11.1 公司应当建立并保持有关程序，以便控制与安全管理体系有关的所有文件和资料。

11.2 公司应当保证：

.1 各有关部门均能够获得有效的文件；

.2 文件的更改应由经授权的人审查批准；

.3 被废止的文件应及时清除。

11.3 用于阐述和实施安全管理体系的文件可称为"安全管理手册"。文件应以公司认为最有效的方式予以保存。每艘船舶均应配备与之相关的全部文件。

12 公司审核、复查和评价

12.1 公司应当在不超过 12 个月的间隔期内对船上及岸基实施内部审核，以核查安全和防止污染活动是否符合安全管理体系的要求。特殊情况下，间隔期不应超过 15 个月。④

12.2 公司应定期核查所有受托承担涉及 ISM 事务的相关方开展的工作是否与本规则规定的公司责任相符。⑤

12.3 公司应当根据制定的有关程序定期评价安全管理体系的有效性。④

12.4 审核及可能采取的纠正措施应当按文件规定的程序进行。

12.5 除非由于公司的规模和性质不可能做到，实施审核的人员应当不从属于被审核的部门。

12.6 审核及复查的结果应当告知所有负有责任的人员，以提请他们注意。

12.7 负有责任的管理人员应当对所发现的缺陷及时采取纠正措施。

B 部分 审 核 发 证①

13 发证和定期审核①

13.1 船舶应当由持有与该船相关的"符合证明"或符合 14.1 要求的"临时符合证明"的公司营运。①

13.2 "符合证明"应由主管机关，主管机关认可的机构，或应主管机关的请求由另一缔约国政府，签发给符合本规则要求的公司。"符合证明"的有效期由主管机关确定，但不超过 5 年。该证明应当被视为该公司能够符合本规则要求的证据。①

---

* 参见"经修订的船舶应持有的证书、文书清单"（FAL. 2/Circ. 127，MEPC. 1/Circ. 817，MSC. 1/Circ. 1462）。

13.3 "符合证明"只对其载明的船舶种类有效。所载明的船舶种类以初次审核所认定的船舶种类为依据。其他船舶种类,只有在审核其公司的能力确已满足本规则关于此类船舶种类的要求时才能被载入。关于船舶种类,参阅公约第Ⅸ/1条的规定。①

13.4 "符合证明"的有效性应当服从于由主管机关或主管机关认可的机构,或者应主管机关的请求由另一缔约国政府,在周年日前或后三个月内实施的年度审核。①

13.5 如果没有申请13.4所要求的年度审核,或者有证据表明存在重大不符合规定情况时,主管机关或应主管机关的请求签发证书的缔约国政府应当收回"符合证明"。①

13.5.1 如果收回"符合证明",所有相关的"安全管理证书""临时安全管理证书"也应当收回。①

13.6 船上应当保存一份"符合证明"的副本,以便船长被要求时出示给主管机关或主管机关认可的机构查验,以及用来接受公约第Ⅸ/6.2条规定的监督检查。该副本不必是签发的原件。①

13.7 在审核该公司及其船上的管理确已按照经认可的安全管理体系运作后,主管机关或主管机关认可的机构,或者应主管机关请求的另一缔约国政府,应当向船舶签发有效期不超过5年的"安全管理证书"。该证书应当被视为该船舶符合本规则要求的证据。①

13.8 "安全管理证书"的有效性应当服从于由主管机关或主管机关认可的机构,或者是应主管机关的请求由另一缔约国政府实施的至少一次的中间审核。如果只进行一次中间审核,且"安全管理证书"的有效期为5年,中间审核应当在证书的第二和第三个周年日之间进行。①

13.9 除了13.5.1的要求之外,如果没有申请13.8要求的中间审核,或者有证据表明存在重大不符合规定情况时,主管机关或应主管机关请求签发该证书的缔约国政府应当收回"安全管理证书"。①

13.10 尽管有13.2和13.7的规定,当换证审核在所持"符合证明"或"安全管理证书"有效期届满之前三个月内完成时,新签发的"符合证明"或"安全管理证书"应当自完成换证审核之日起有效,且有效期自原证书有效期届满之日起不超过5年。①

13.11 当换证审核在所持"符合证明"或"安全管理证书"有效期届满之日三个月前完成时,新签发的"符合证明"或"安全管理证书"应当自完成换证审核之日起有效,且有效期自完成换证审核之日起不超过5年。①

13.12 当换证审核在原"安全管理证书"有效期届满之日后完成时,新签发的"安全管理证书"应当自完成换证审核之日起有效,且有效期自原证书有效期届满之日起不超过5年。④

13.13 如果在原"安全管理证书"有效期届满日前换证审核已完成,但新证书还未签发或未到船,则主管机关或主管机关认可的机构可以对原证书予以不超过5个月的展期签注。④

13.14 当"安全管理证书"有效期届满时,如果船舶不在将要对其进行审核的港口,主管机关可以对其"安全管理证书"有效期予以不超过3个月的展期,但此种展期只能是在适当、合理的情况下并且是出于允许该船航行至接受审核的港口的目的。被给予证书展期的船舶到达接受审核的港口后,在没有取得新证书的情况下不允许离港。换证审核完成后,新"安全管理证书"的有效期自原证书展期前届满日起不超过五年。

14 核发临时证书

14.1 对于下列公司,为便利其初始实施本规则,在审核该公司业已建立的安全管理体系满足本规则1.2.3的目标要求后,可向其签发一份"临时符合证明",但前提是该公司已做出在"临时符合证明"有效期内运行满足本规则全部规定的安全管理体系的计划:

.1 公司新成立,或

.2 现有"符合证明"新增船舶种类。

该"临时符合证明"应由主管机关或主管机关认可的机构,或者应主管机关的请求由另一缔约国政府签发,有效期不超过12个月。船上应当保存一份"临时符合证明"的副本,以便船长被要求时出示给主管机关或主管机关认可的机构查验,以及用来接受公约第Ⅸ/6.2条规定的监督检查。该副本不必是签发的原件。

14.2 下述情况下可向船舶签发"临时安全管理证书":

.1 新造船交付使用;

.2 公司新承担一艘船舶的营运责任;

.3 船舶换旗。

该"临时安全管理证书"应由主管机关或主管机关认可的机构,或者应主管机关的请求由另一缔约国政府签发,有效期不超过6个月。

14.3 特殊情况下,主管机关或应主管机关请求的另一缔约国政府,可以对"临时安全管理证书"做自其届满之日起不超过6个月的展期。

14.4 "临时安全管理证书"应在审核下述情况后签发给船舶:

.1 "符合证明"或"临时符合证明"覆盖了该船种;

.2 公司在该船实施的安全管理体系涵盖了本规则的关键要素并在为签发"符合证明"的审核中已做评估或在为签发"临时符合证明"的审核中已表明;

.3 公司已做好三个月内对该船实施内审的计划;

.4 船长和高级船员熟悉安全管理体系以及其实施的计划安排;

.5 已标明的重要指令在开航前已下达;

.6 已用工作语言或船上人员懂得的其他语言提供了有关安全管理体系的信息。

15 审核

15.1 本规则要求的所有审核,应当按照主管机关充分考虑国际海事组织制定的指南后认可的程序进行。

16 证书格式

16.1 "符合证明""安全管理证书""临时符合证明"和"临时安全管理证书"应当按照本规则附录所示格式制作。如果所用语言既非英文又非法文,证书文字应当包括其中一种。

16.2 除了本规则13.3的要求,"符合证明"和"临时符合证明"中所载明的船舶种类可加以签注以反映安全管理体系中所规定的船舶营运的限制。"

附录二 公司岸基审核检查表

ISM 规则条款	审 核 要 求
1 1.2	总则 公司制定的安全管理目标： • 是否符合 ISM 规则要求（应具体，且包含规则 1.2 条中 3 个方面的内容）； • 安全管理目标的实施情况评估、评审； • 目标的修改、改进，并得到控制。
2 2.1 2.2	安全和环境保护方针 （1）公司制定的安全和环境保护方针是否： • 对如何达到 1.2 款规定的目标进行了具体描述？ • 得到管理层的定期评审并适时修改？ （2）公司员工是否理解公司的安全和环保方针。 • 询问有关人员。
3 3.1 3.2 3.3	公司的责任和权力 （1）若公司不是船舶所有人，公司是否保存： • 船舶所有人向主管机关书面报告公司细节的副本； • 与船舶所有人签订的安全管理协议。 （2）体系内的各岗位人员是否清楚自己的责任和权力以及与其他部门和岗位的相互关系： • 询问有关人员对职责的熟悉程度。 （3）查阅公司向指定人员提供足够资源和岸基支持以便能履行职责的证据。
4	指定人员 （1）指定人员是否适任： • 充分的海上经验； • 船舶安全和防污染管理经验。 （2）公司是否明确规定指定人员安全和防污染的管理职责和权限，包括： • 对船舶的安全营运和防止污染方面进行，监控的方法和内容； • 定期/不定期向最高管理层报告体系运行情况、不符合规定情况的调查及处理情况等； • 向船舶提供足够的资源和岸基支持的证据。

续表

ISM规则条款	审 核 要 求
4	（3）查验指定人员及时履行上述职责的记录： • 对不符合规定情况、事故和险情调查、分析、处理和实施纠正的监控； • 缺陷情况及改进的措施/具体要求和改进效果的验证的监控； • 其他的监控情况； • 监控的记录； • 体系改进的建议； • 为船舶提供足够的岸基支持。 （4）指定人员与船舶的联络渠道是否明确并畅通？
5 5.1 5.2	船长的责任和权力 （1）查阅公司保留船长履行职责的记录： • 船长日常监督记录/其他证据； • 船长定期复查船上SMS并报公司； • 船长使用绝对权力的记录。 （2）查验公司对船长履行职责的监督记录/证据： • 确认/评价船长定期复查安全管理体系报告； • 对船长提出问题/建议的答复/处理结果； • 对船长工作改进的要求，如复查的改进/其他改进等。 （3）查阅公司给予船长足够的资源和岸基支持的证据，尤其在紧急情况下船长在履行其绝对权力时，能得到岸基管理层的充分支持？
6 6.1 6.2.1/ 6.2.2	资源和人员 （1）查阅公司所管理的船舶的船长是否符合文件规定的任职条件和有关要求： • 公司如何确认船长的指挥资格： 　◇资格证书（STCW78/95公约及船旗国的要求）； 　◇经历（公司规定的经历要求）； 　◇技能，能力。 • 公司确保船长完全熟悉公司SMS的方式和证据； • 公司向船长提供必要的支持的证据。 （2）查验船员的聘用、调配、提升、在船适任控制、解聘： • 聘用审核是否按规定进行； • 对船长和轮机长在岗和离任业务能力的考核； • 对其他高级船员在岗和离任业务能力的考核； • 不适合人员的解聘情况；

续表

ISM 规则条款	审 核 要 求
6.3	• 船员的档案是否备有。 (3) 查验船员资格、经历、健康、培训等证明文件。 (4) 查验公司新聘/转岗人员的岗前培训： • 熟悉岗位职责情况； • 熟悉与本人职责有关的规范、规则和指南情况； • 熟悉与本职岗位有关的 SMS 文件情况； • 查验熟悉记录； • 查验公司对船长、轮机长和大副上船前的谈话和培训情况。 • 船长的培训记录的内容可能包括： • ISM 规则基本知识； • 公司 SMS 内容； • 如何执行和监控船上 SMS 规定的要求； • 如何定期复查船上 SMS，并向公司报告。
6.4	(5) 查验公司如何确保 SMS 体系内的所有人员充分地理解有关规定、规则和指南： • 规定、规则和指南的控制情况； • 资料清单是否保持最新有效，并按清单要求配备； • 相关人员学习、培训规定、规则和指南的证据； • 抽查相关人员对新生效的规定、规则和指南的掌握程度。
6.5	(6) 查验公司和船舶培训控制及培训效果： • 培训需求是否上报； • 培训计划是否及时制定并得到批准； • 培训计划是否按时完成，培训的效果； • 计划外培训如何提出，如何实施； • 未能实施的项目的延期或取消； • 船舶培训计划的制定和审批，培训计划实施情况的监督； • 公司对公司和船舶培训效果的评价。
6.6	(7) 查验公司向船舶提供的与 SMS 有关的信息的语言，包括： • SMS 文件、相关资料、技术资料、设备说明书； • 事故、险情的通报； • 其他信息。
6.7	(8) 查验公司如何确保船员在履行其涉及安全管理体系的职责时能够有效地交流： • 内部的交流； • 与外部的交流。

续表

ISM规则条款	审 核 要 求
7	船上操作方案的制定 （1）查验船上关键操作的标识和确认。 （2）查验已标识的关键操作/关键性设备操作目录，该目录已覆盖该船种所有有关的内容。 （3）查验关键操作/关键性设备操作须知、方案包括的必要检查清单是否有适任的人员来编写。 （4）查验已编写的须知、方案包括必要的检查清单是否覆盖目录。 （5）查验公司对船上操作须知、方案的指导、监督和控制： • 设备操作（如关键/重要设备—适用时）； • 开航前/航行中/到港前相关的操作； • 货物操作（装卸航次计划的制定，货物配载及固定，装/卸过程的控制，航行规程中的货物控制/其他操作等）； • 航行计划的审核/确认（必要时）； • 装/卸计划的审核/确认（必要时）； • 特殊货物的装/卸要求（如危险品，大件货物，货物固定等）； • 航行中的特殊操作要求，如特殊航线等的注意事项； • 季节性防范措施的指导情况［防冻、能见度不良、防台（风）］； • 航行中对货物的特殊要求（如货舱温度测量，货物固定情况巡视等）。 （6）查验公司对船上操作情况的检查、评估及相关的改进要求/措施： • 关键操作检查清单（公司用于检查船上关键操作的项目清单）； • 关键操作检查结果的评估； • 文件的改进（如操作须知的修改）； • 实际操作的改进（如改进操作方法）； • 其他改进。
8 8.1 8.2	应急准备 （1）查验公司已标识的紧急情况是否全面、充分。 • 制定的反应措施是否详细和完整。 • 应急反应流程是否通畅。 （2）查验公司是否已制订应急反应的操练及演习的计划（船岸）。 • 计划已覆盖已标识的紧急情况； • 公司应急操练及演习是否按计划实施并做好记录； • 公司对船岸联合演习的评估和改进措施； • 实施船岸联合演习船舶的船长对船岸联合演习的评估及改进措施。

续表

ISM规则条款	审 核 要 求
8.3	（3）查验紧急情况下主管部门和主管人员的岗位的职责： • 紧急情况的主管部门； • 紧急情况主管部门的职责是否明确； • 现场了解主管人员如何履行职责（应急反应的流程）。 （4）对照公司发生的事故、险情清单，抽查几艘船舶在发生事故险情时，公司对此作出的反应情况。 • 公司与船舶的是否能建立有效的通信联系（24小时）； • 通信方式的有效性； • 作出反应的资源是否充足。
9 9.1 9.2	不符合规定的情况、事故和险情的报告和分析 （1）查验船舶向公司报告的不符合规定情况、事故和险情： • 事故：海损、火灾、污染、机损、人员受伤等； • 险情； • 不符合规定情况（港口国检查、船旗国检查、船级社检验、船上自查、公司上船检查、其他方式发现的）。 （2）查验公司对上述情况的调查、分析记录： • 调查彻底、分析原因明确； • 制定的纠正措施具体、适合并可操作； • 对SMS修订和改进的建议； • 在公司内部进行传播。 （3）查验纠正措施的实施情况： • 实施的证据和效果； • 纠正措施的验证。 （4）查验公司定期登轮检查的记录： • 有无缺陷、不符合规定情况的发现； • 船舶对缺陷、不符合规定情况的纠正和反馈情况； • 公司对船舶反馈的缺陷、不符合规定情况的纠正措施的确认； • 抽查几艘船。 （5）船舶接受船旗国、港口国检查发现的缺陷的纠正： • 检查是否存在缺陷； • 缺陷的纠正情况； • 公司提供的岸基支持情况； • 抽查几艘船。

续表

ISM 规则条款	审 核 要 求
10 10.1	船舶及设备的维护 （1）查验船舶及设备的维护和保养： • 公司对船舶的及设备的维护和保养计划的审核及确认： 　◇周期是否安排恰当； 　◇是否包含了船舶所有关键设备； 　◇是否包含了那些因突发性运行故障而导致险情的设备和技术系统。 • 查验公司对维护和保养计划的实施的确认/验证； • 实施项目是否覆盖计划中的内容； • 计划中的项目是否完成； • 未能完成的是否说明情况，准备完成的日期。 • 查验船舶及设备的厂修控制记录： 　◇厂修项目的确定（计划的制定审核）： 　◇重要项目的验收记录。
10.2	（2）公司对船舶维护和保养情况的定期/不定期检查： • 公司对船舶维护和保养效果进行的定期检查； • 改进要求/措施的实施和验证。
10.2	（3）查验船舶设备缺陷的报告及处理记录： • 是否有船舶设备缺陷的报告； • 公司对船舶设备缺陷的调查、分析应及时、彻底（必要时）； • 公司对船舶设备缺陷采取的措施/维修/其他安排； • 公司对船舶设备缺陷维修情况的监督/检查（必要时）； • 公司对船舶需采取临时性的措施是否进行了指导和跟踪。
10.3	（4）船舶主要设备技术状况： • 是否按时上报； • 主管人员是否审阅，对填报不合适或参数有疑问是否标注和反馈； • 对漏报或迟报是否催报或采取其他措施。
10.4/ 10.1	（5）船舶备件和物料的控制： • 主管人员是否建立船舶备件台账，主要设备的存量是否满足船级社规范中船舶备件最低备份的要求； • 备件和物料的供船是否及时并确保数量、规格、质量要求； • 备件和重要物料的供船数量是否与船舶订购数量一致，若否，是否与船舶沟通或反馈； • 重要物料是否有船检认可证明。

续表

ISM 规则条款	审 核 要 求
11 11.1 11.2 11.3	文件 （1）SMS 文件和资料是否制定了控制程序。 （2）查验文件的控制情况： • 文件修改过程是否符合要求； • 提出文件修改建议； • 已按规定评审和批准； • 文件的发放； • 对 SMS 文件修改和有效文件清单进行修改； • 失效文件的销毁； • 作废文件的标识； • 公司有效文件的更改和现行修订状态的识别。 （3）查验资料的控制情况： • 船舶单船操作文件控制情况： 　◇是否由适任的人员编制并经主管人员审核； 　◇是否覆盖船舶重要的设备。 • 船舶技术资料（图纸、设备说明书等）的控制情况： 　◇是否有借阅记录； 　◇发生重要设备变更时是否对资料进行了修改； 　◇修船、检验资料是否归档。 • 船舶证书的管理情况： 　◇证书是否有目录，并注明签发日期和到期日； 　◇证书是否在有效期内； 　◇证书的发放日期。 • 相关资料、航海资料的控制情况： 　◇相关资料是否在有清单和目录； 　◇是否保持最新有效； 　◇是否按目录进行配备； 　◇发放记录。 • 或其他文件和资料有效的控制。
12 12.1/ 12.4/ 12.5/ 12.6/	公司审核、复查和评价 （1）查验公司内审的有效性： • 内审的计划的制定和发布； • 审核组的指派； • 内审的实施；

续表

ISM规则条款	审 核 要 求
12.7	• 内审的检查表; • 不符合规定情况的开列,审核报告的签发; • 不符合规定情况的纠正、反馈和验证。
12.3	(2) 公司SMS有效性的定期评价: • 公司SMS有效性是否定期评价,并由合适的人员主持和参加。 • 评价的内容是否包括: 　◇审核结果——SMS的符合性、有效性及改进建议; 　◇方针、目标—— 宜性及其改进; 　◇主管机关/相关组织的反馈; 　-PSC检查/船旗国检查 　-船级社 • 事故、险情及不符合规定情况的处理结果; • 以往预防和纠正措施的实施效果; • 船长SMS复查结果; • 以往有效性决议的实施情况; • 可能影响管理体系的变更,如: 　-组织机构 　-岗位设置 　-改变文件要求 • 其他改进建议。 • 评价内容是否形成报告或决议,是否告之所有负有责任的人员。 • 查阅复查会决议。 • 相关人员是否阅读过复查会报告或决议。 (3) 内部审核、复查和有效性评价发现的缺陷的纠正过程是否符合文件规定的程序。
13 13.1 13.2 13.4	发证与定期审核 　(1) DOC年度审核的审核报告。 　(2) DOC年度审核所开列的不符合规定情况的纠正措施是否都完成并上报主管机关。 　(3) DOC副本(复印件)及年度签注发船记录。 　(4) SMC初次、换证/中间审核安排情况。 　(5) 对上次审核中所开列不符合规定情况的纠正措施情况进行验证,抽查两艘船。

附录三　船舶审核检查表

船　　名＿＿＿＿＿＿＿＿＿＿＿＿＿＿　　工作控制号＿＿＿＿＿＿＿＿＿＿＿＿

审核地点＿＿＿＿＿＿＿＿＿＿＿＿＿＿　　审核日期/时间＿＿＿＿＿＿＿＿＿＿

审核组长＿＿＿＿＿＿＿＿＿＿＿＿＿＿　　审　核　员＿＿＿＿＿＿＿＿＿＿＿＿

"判定"标识：　　"Y"表示符合要求，"N"表示不合格；　空格表示未检查。

船舶安全管理体系现场审核检查表（船长）

ISM 条款	审　核　要　求
1.2	1) 本船是否保存其管理公司持有的 DOC 副本（复印件）？其 DOC 是否覆盖了本船的船型？（查验 DOC 证书及 DOC 年度签证） 2) 本船是否持有所需的各种证书并有效？船级与法定检验中遗留项目是否得到合理解决？（查验证书及相关资料管理）
1.4	1) 本船是否配备受控的 SMS 文件？ 2) SMS 在本船连续运行时间是否有三个月以上？包括船舶 SMS 内审？（初次审核）
2	1) 船长是否正确理解公司制订的安全与环境保护方针？ 2) 船长采取哪些有效措施激励船员贯彻公司的安全与环境保护方针？ 3) 船长是否检查、评价公司的安全与环境保护方针在本船的执行情况？
3	1) 是否保存本船所有人与船舶管理公司签订的委托管理协议（如适用时）？ 2) 船长是否了解本船的管理公司及公司主要管理部门对船舶管理职责及关系？ 3) 船舶各级船员的职责和权限是否明确规定？
4	1) 船长是否知道与公司指定人员及与其进行联络的渠道和方法？ 2) 公司指定人员通过哪些方式对本船 SMS 进行监控，支持船舶 SMS 运行？（查验公司与船舶来往文件、函件、公司对船舶进行检查情况）
5.1	1) 船长是否熟悉在安全和防污染方面职责？ 2) 船长是否监控并定期评价船舶 SMS 运行情况？ 3) 船舶 SMS 的缺陷是否向公司管理部门报告并得到公司岸基部门的支持？ 4) 船长是否按规定审阅、签署有关航海日志、夜航命令、航行计划、货物装卸计划、油类记录簿等？验证船长指令是否得到执行？

续表

ISM 条款	审 核 要 求
5.2 6.1	1）船长能否理解公司对船长行使其绝对权力声明的内容？ 2）查验船长适任证书/服务簿验证其资格是否满足公司 SMS 文件要求？ 3）船长通过哪些方式对公司 SMS 体系进行熟悉？（如参加公司体系培训、自学、船长交接等）
6.2.1/ 6.2.2	1）船舶是否配备最低配员证书要求的船员且能满足船上各种安全操作要求？（根据船员名单查验主要高级船员、值班船员适任证书、专业培训证书、专业操作证书、健康证明、船员服务簿）
6.3	1）船长是否明确对新上岗/转岗人员如何熟悉其职责的要求？（查验船员交接班记录、船员职责熟悉记录） 2）船长是否明确开航前主要须知内容及传达方式？（明确弃船、救生、消防等应急情况职责和 SOLAS 培训手册的安全要求。公司开航前指令、航前会议内容）
6.4/ 6.5	1）船舶是否根据有关公约、规则及公司要求及船舶营运情况对船员有计划地提供适当的培训？明确培训方式和要求？ 2）培训内容是否结合本船船型、操作特点、公司要求同时覆盖相关公约、规范、规则、指南要求？（包括救生、消防知识的授课） 3）是否记录和评价培训结果？
6.6	1）了解船员国籍及船上使用的工作语言。工作语言是否便于沟通？有关操作须知、标牌、识别符号是否能为船员理解？
6.7	1）船长和主要高级船员是否具有一定的英语交流能力能有效地履行其工作职责？
7	1）船长是否了解本船关键性操作包括哪些？ 2）这些关键性操作要求是否明确规定？船舶是否评估其适用性？ 3）是否针对本船操作特点制定适用本船的操作须知，并对其符合相关公约、规范、规则、指南要求等进行审批？ 1）船长采取哪些方式对这些关键性进行监控？发现不符合要求的情况是否纠正、处理？ 2）查船长关键性操作执行情况？（如：在限制水域、交通密集区域、能见度限制、恶劣气候等情况的航行）
8.1	1）船长是否熟悉本船公司标识紧急情况的类型？ 2）所有标明的紧急情况是否制定相应的反应措施？（查验公司文件、消防、救生、溢油应变部署的签署、张贴；SOLAS 训练手册、破舱控制图的存放；有关公司、外部求助联系名录是否最新）

续表

ISM 条款	审 核 要 求
8.1	3) 船长是否清楚有关紧急情况反应要求？（抽查2~3种紧急情况，请船长说明反应措施） 4) 船舶采取哪些措施确保各种紧急情况得到有效反应？
8.2 /8.3	1) 紧急情况的操练和演习是否按公约、规则及公司要求执行？（查航海日志及有关操练演习记录的符合性如：消防、救生、溢油、应急舵操练、救生艇降落等） 2) 必要时，现场抽查应急操练和演习的执行情况。
9.1	1) 船长是否清楚对不符合规定情况、事故、险情报告程序的内容？
9.2	1) 本船是否有不符合规定情况、事故和险情情况。（查PSC、FSC、船级社及其他检查部门提出的不符合规定情况、缺陷。本船发生的事故、险情等） ——如有上述情况，是否向公司报告？公司或船舶是否调查、分析采取纠正措施？ ——纠正措施是否落实并有效？（查公司指示及处理执行结果和记录）
10.1	1) 船长是否清楚船舶和设备维护保养方面的要求？ 2) 船长是否了解本船设备及船体结构的总体情况和存在问题？
10.2	1) 船长是否对各部门设备维护要求的执行情况进行适当的监控？ 2) 对各部门提出的设备不符合规定情况是否及时向公司报告得到支持和解决？
11	1) 船长是否清楚船舶SMS文件管理有哪些要求？ 2) 本船有效文件资料的配备是否符合公司要求？（包括SMS文件、本船适用的公约、规则、规范和指南等） ——文件资料是否能及时获得？ ——作废文件是否标识或撤出？
12	1) 是否按公司内审程序要求对本船定期实施SMS审核？ ——内审发现的不符合规定情况项是否按规定采取纠正措施并实施和验证？ ——内审报告、内审资料是否保存？ 2) 与本船有关管理评审决议要求是否在本船落实？ 3) 船长是否按规定对定期复查本船SMS体系并报告公司管理部门？
13	1) 船长是否清楚对公司"DOC"和船舶"SMC"审核发证要求？ 2) 上次外审提出的不符合规定情况项是否采取纠正措施并落实？

船舶安全管理体系现场审核检查表（甲板部）

ISM 条款	审 核 要 求
2	1）至少验证一名高级船员和一名普通船员（水手长、水手或木匠）是否公司的安全和环保方针？ 2）查验船上是通过什么方式宣贯公司的安全和环保方针？
3.1	1）大副或其他高级船员是否清楚该船的船舶管理公司？
3.2	1）大副是否了解公司各相关部门的主要职能？ 2）每个船员的安全和防污染职责和权力及相关关系是否明确，并已文件化？ 3）大副或其他高级船员是否熟悉自己的职责？
4	1）大副是否了解公司的指定人员及其替代人员？ 2）如何与指定人员联系？上、下班的联系方式如何？是否有文件规定其联系方式？ 3）大副是否知道指定人员主要职责是什么？什么情况需与指定人员联系，以寻求得到他的支持？验证是否得到指定人员的支持？
5	1）查验船长的指令（如船长常规、夜航命令等）是否得到遵守？查相关记录。
6.3	1）是否有新上岗/新上船船员。如有，大副如何对他们进行 SMS 相关培训，公司 SMS 中对此是否有规定？ 2）查交接班记录，确认是否满足 SMS 体系文件的要求？ 3）航前必备的重要须知（如弃船、消防、溢油等演习中的职责等）是否得到？
6.4	1）各岗位船员（特别是高级船员）是否熟悉与其相关的公约、规范、条例、规则和导则？
6.5	1）有关人员是否按 SMS 体系文件要求进行相关培训（包括 SMS 相关文件培训和与岗位职责有关的专业技能培训）？
6.6/6.7	1）了解船上的工作语言，确认船员之间能否有效沟通？船上是否有非工作语言或船员不懂得的语言标识的文件和操作须知/规程等？ 2）船上是否有足够的工作须知以确保船上人员完成其指定的职责，且在完成职责过程中是否存在交流方面的障碍？
7	1）公司标识了哪些船上关键操作？与甲板部有关的有哪些？ 2）是否制定了与本船相关的操作须知？ 3）查以下关键性操作、记录是否满足公司规定的要求？至少包括以下方面： a. 值班（包括码头、锚地和航行驾驶值班）；

续表

ISM 条款	审 核 要 求
7	b. 货物装卸载及管理（如有装载仪，还应检查装载仪的操作）； c. 抵/离港检查； d. 海上航行（狭水道、恶劣气候、雾航）； e. 航行计划及海图作业； f. 拖航计划的制定（仅拖船适用）； g. 热工作业/明火作业； h. 进入封闭场所作业； i. 药物和酒精管理； j. 生活垃圾处理； k. 抽查的其他关键操作； 4）上面所述关键操作所涉及的各项任务是否都标明且指派给合格人员来执行？ 5）上面所述关键操作是否符合有关国际和主管机关强制性规范、规则？是否考虑了 IMO、主管机关、船级社和其他海运业组织建议的规则、指南和标准？ 6）上面所述关键操作，本部门相关船员是否熟悉并正确执行？ 7）与甲板部有关的船上关键设备，是否制定了符合设备使用说明书要求的操作规程，并适当张贴？
8.1	1）公司标识了哪些本船可能出现的紧急情况？
8.2	1）查船员是否熟悉其在各种紧急情况下的职责？并考查他们对紧急情况的报警信号是否熟悉（请标出抽查了哪些船员）。必要时，现场观察一次弃船或消防演习，考查其对应急职责的熟练操作程度。 ——本部门全体船员是否按 SOLAS 公约要求及公司的要求，定期接受了船上的授课及训练？ ——部门全体船员是否按要求参加了各种应变演习？ 2）演习中不符合规定的情况是否得到了纠正或报告？ 3）公司举行的船岸联合演习情况及演习后改进措施是否在本部门落实？ 4）现场抽查部分船员对救生、消防设备的使用熟练情况。
9.1	1）船员是否清楚了解 SMS 文件对不合格、事故、险情的规定？ 2）大副如何在工作中获取不合格信息（如定期监控或检查、监控点的设置等）？
9.2	1）是否在本部门发现不合格、事故、险情？ 2）如有，对不合格、事故及险情的处置及报告是否符合公司程序文件的规定？是否已按程序规定采取了纠正措施并进行了跟踪和验证，纠正措施是否有效

续表

ISM 条款	审 核 要 求
10.1	大副及其他船员是否清楚在船舶及设备维护中有哪些职责？是否有相应的维护程序/或须知？
10.2	甲板部是否制定了维护计划（年度、月度或航次计划）？且各项维护任务的维护周期和维护内容是否满足 SMS 的规定？
10.2/ 10.3	1) 查下列船体结构及设备的维护记录（包括有关测量记录），验证其维护是否满足规定的要求？ 　　a. 船体结构； 　　b. 货舱、舱口围板、舱口盖； 　　c. 压载水舱； 　　d. 载重线有关的设施或设备； 　　e. 救生、消防设备； 　　f. 通信导航、无线电设备； 　　g. 测量、检测设备（如手提气体和 CO_2 探测器）； 　　h. 系泊设备； 　　i. 货物系固设备； 　　j. 起重设备； 　　k. 应急设备； 　　l. 抽查的其他船体及其设备； 2) 对未按计划进行的项目是否进行了标识及跟踪？ 3) 对船级社、港口国及公司提出限期解决的缺陷或须进一步观察的缺陷是否得到恰当处理及跟踪？ ——验证船上对已知的技术缺陷及可能的原因是否按规定程序报告？ ——验证船上形成的维护记录是否满足规定要求并得到妥善保存？ 4) 现场检查部分船体结构及其设备、救生消防等应急设备的状况，以验证维护的有效性。
11	1) 甲板部能否得到相关文件（SMS 文件、公约、规则、导则等）？是否保持最新有效？ 2) 航海出版物（无线电信号表、国际信号规则、航路指南、灯塔表、潮汐表等）、海图是否按规定配备，并保持有效？ 3) 航海通告、航行警告是否及时处理？ 4) 船旗国政府和船级社认可、批准的船舶资料是否妥善保存？
12	1) 与本部门有关的内审不合格的纠正措施和公司管理评审决议是否落实？
13	1) 对上次审核中所开列不合格的纠正措施的落实情况进行跟踪验证。

船舶安全管理体系现场审核检查表（轮机部）

ISM 条款	审 核 要 求
2	1）至少验证一名高级船员和一名普通船员是否了解公司的安全和环保方针？ 2）查验船上是通过什么方式宣贯公司的安全和环保方针？
3.1	1）轮机长或其他高级船员是否清楚该船的船舶管理公司？
3.2	1）轮机长是否了解公司各相关部门的主要职能？ 2）每个船员的安全和防污染职责和权力及相关关系是否明确，并已文件化？ 3）轮机长或其他高级船员是否熟悉自己的职责？
4	1）轮机长是否了解公司的指定人员及其替代人员？ 2）如何与指定人员联系？是否有文件规定其联系方式？ 3）轮机长是否知道指定人员主要职责是什么？什么情况需与指定人员联系，以寻求得到他的支持？验证是否得到指定人员的支持？
5	1）查验船长的指令是否得到遵守？查相关记录。
6.3	1）是否有新上岗/新上船船员。如有，轮机长如何对他们进行 SMS 相关培训，公司 SMS 中对此是否有规定？ 2）查交接班记录，确认是否满足 SMS 体系文件的要求？ 3）航前必备的重要须知（如弃船、消防、溢油等演习中的职责等）是否得到？
6.4	1）各岗位船员（特别是高级船员）是否熟悉与其相关的公约、规范、条例、规则和导则？
6.5	1）有关人员是否按 SMS 体系文件要求进行相关培训（包括 SMS 相关文件培训和与岗位职责有关的专业技能培训）？
6.6/ 6.7	1）了解船上的工作语言，确认船员之间能否有效沟通？船上是否有非工作语言或船员不懂得的语言标识的文件和操作须知/规程等？ 2）船上是否有足够的工作须知以确保船上人员完成其指定的职责，且在完成职责过程中是否存在交流方面的障碍？
7	1）公司标识了哪些船上关键操作？与轮机部有关的有哪些？ 2）是否对下列关键操作制定了与本船相关的操作须知？ ——主机操作及应急操作系统 ——辅机及应急发电机系统 ——操舵及应急操舵系统 ——锅炉及应急空压机系统 ——风油应急切断速闭阀装置

ISM 条款	审 核 要 求
7	——焚烧炉/污水处理装置等防污设备 ——移油操作 ——舱底水系统 ——压、排水操作等 3）验证上述程序和须知是否符合本船的实际操作要求，如主机是否制定了备车—启动—操作管理—特殊工况下的使用—紧急情况下的使用的操作须知或规程？ 4）上述所列关键操作所涉及的各项任务是否都标明且指派给合格人员来执行？ 5）上述所列关键操作是否符合有关国际和主管机关强制性规范、规则？是否考虑了 IMO、主管机关、船级社和其他海运业组织建议的规则、指南和标准？ 6）上述所列关键操作，本部门相关船员是否熟悉并正确执行？ 7）与轮机部有关的船上关键设备，是否制定了符合设备使用说明书要求的操作规程，并适当张贴？ 8）是否制定各项关键操作（至少包括加装燃油、污油水油渣处理、生活污水和垃圾处理、明火作业、抵离港检查等）的检查清单并实施。
8.1	1）公司标识了哪些本船可能出现的紧急情况？
8.2	1）查船员是否熟悉其在各种紧急情况下的职责？并考查他们对紧急情况的报警信号是否熟悉？必要时，现场观察一次弃船、消防或溢油演习，考查其对应急职责的熟练操作程度。 2）本部门全体船员是否按 SOLAS 公约要求及公司的要求，定期接受了船上的授课及训练？ 3）本部门全体船员是否按要求参加了各种应变演习？且在《轮机日志》中正确记载？
8.3	1）演习中不符合规定的情况是否得到了纠正或报告？ 2）公司举行的船岸联合演习情况及演习后改进措施是否在本部门落实？ 3）现场抽查部分船员的应变须知卡和应变部署表的应急职责是否一致有效？必要时抽查对应急设备的使用熟练情况。
9.1	1）船员是否清楚了解 SMS 文件对不合格、事故、险情的规定？ 2）轮机长如何在工作中获取不合格信息（如定期监控或检查、监控点的设置等）？

续表

ISM 条款	审 核 要 求
9.2	1) 是否在本部门发现不合格、事故、险情？ 2) 如有，对不合格、事故及险情的处置及报告是否符合公司程序文件的规定？ 3) 是否已按程序规定采取了纠正措施并进行了跟踪和验证，纠正措施是否有效？
10.1	1) 轮机长及其他船员是否清楚在船舶及设备维护中有哪些职责？是否有相应的维护程序/或须知？
10.2/ 10.3	1) 轮机部是否制定了维护计划（年度、月度或航次计划）？且各项维护任务的维护周期和维护内容是否满足 SMS 的规定？ 2) 查下列设备的维护记录（包括有关测量记录），验证其维护是否满足法定和船级检验及设备技术说明书规定的要求？ ——主、辅机（缸套、活塞、喷油嘴、轴承、启动装置、扫气装置、超速保护装置等） ——锅炉及受压容器（安全阀、报警装置等） ——操舵装置和锚机、绞缆机 ——防污染设备 ——机舱污水泵、压载泵等 3) 对未按计划进行的项目是否进行了标识及跟踪？ 4) 对船级社、港口国及公司提出限期解决的缺陷或须进一步观察的缺陷是否得到恰当处理及跟踪？ 5) 对上述第 5 项所述审核中，应验证船上对已知的技术缺陷及可能的原因是否按规定程序报告？ 6) 对应急及备用设备、系统（如风油切断速闭阀、应急发电机和应急照明、救生艇机、主机报警系统、应急消防泵、应急操舵、油水分离器、自动化监测装置等）是否有明确的维护周期和维护标准（包括检查试验内容）并有效实施？ 7) 现场检查部分应急设备的状况，以验证维护的有效性。 8) 轮机部能否得到相关文件（SMS 文件、公约、规则、导则等）？是否保持最新有效？ 9) 船旗国政府和船级社认可、批准的船舶资料、图纸等是否妥善保存？
11	1) 与本部门有关的内审不合格的纠正措施和公司管理评审决议是否落实？
12	1) 对上次外审中所开列不合格的纠正措施的落实情况进行跟踪验证。

船舶安全管理体系现场审核检查表（客运部）

ISM 条款	审 核 要 求
2	1）抽查两名船员是否理解公司的安全和环保方针。
3	1）船员是否满足最低配员要求和经过特殊专业培训？ 2）船员是否清楚自己的职责和权限及应急时职责？
4	1）询问客运部主任是否知道该船的管理公司？ 2）询问客运部主任是否知道公司的指定人员及联系方式？ 3）指定人员是否对其安全操作和防污染方面进行监控？ 4）公司各部门能否对船舶提供足够的支持？
5	1）船长是否有对本部门有相应的指令和管理，并实施监控？ 2）对船长权力理解是否正确？
6.2.1/ 6.2.2	1）所有人员的基本安全培训、特殊培训、健康证明、船员服务簿是否符合要求？
6.3	1）船员包括新聘及转岗人员是否经过岗前的相应培训？ 2）有关船员上船后是否进行了安全操作和应急方面的培训和训练？ 3）是否有相应的工作须知和工作流程？
6.4	1）船员对国际公约强制要求的内容是否熟悉？
6.5/ 6.6/ 6.7	1）服务员的工作语言和旅客是否能有效沟通？ 2）各种安全标识旅客能否识别和清楚？
7	1）客运部人员是否清楚自己的工作程序？ 2）是否建立了详细的乘客资料（尤其是特殊旅客、老、弱、病、残、幼应标识）？ 3）是否建立了旅客安全教育制度（包括广播稿和宣传材料）？ 4）是否建立了客舱和公共场所安全巡回检查制度并有效实施？ 5）开航前是否对客房、客区及公共场所的安全设备进行检查？ 6）在保证旅客安全方面是否采取了有效措施（如医疗、健康卫生等）？
8.1	1）船员是否对公司标识的紧急情况熟知？
1.2.3	1）《高速船安全证书》（附设备记录）、《高速船的营运许可证》是否有效？
6.2	1）所有高级船员是否经过高速船船员特殊培训，取得《高速船船员特殊培训合格证》？ 2）所有船员是否经过客船船员特殊培训，取得《客船船员特殊培训合格证》（适用于高速客船）（船长）？
6.3	1）调至不同类型高速船任职的高级船员是否在有资格人员指导下具备不少于10小时和20个单航次的海上经历？（船长）

续表

ISM 条款	审 核 要 求
6.6	1）如果船上使用中文，则至少要有一份英文的"航线操作手册"和"船舶操纵手册"。（船长）
7	1）查阅操作记录，船舶是否严格按照"航线操作手册"和"船舶操纵手册"进行操纵？（船长/甲板部） 2）查阅"开航前安全自查表"，确认实施情况。（船长/甲板部） 3）查阅操作记录，船舶是否严格执行"驾驶员连续值班不得超过 2 小时"的规定？（船长/甲板部）
8.1	1）巡查船上应急部署情况，是否包括下述内容：（船长） ——高速客船应为船上每人配备一份在应急场合必须遵守的明确的须知。
8.2	1）检查船上应急训练，演习及船岸联合演习计划表/记录簿（包括航海日志），是否包括下述内容：（船长） ——每周进行一次弃船和消防演习，内容要包括破损演习。 ——救助艇每月应下水操纵（可行时）。
11	1）依照《国际高速船安全规则》18.2 款规定，查核船上是否配备有下述文件：（船长/甲板/轮机部） ——航线操作手册（中、英文）； ——船舶操纵手册（中、英文）； ——培训手册（可以是音视制品）； ——保养手册； ——检修计划表。
1.2.3	1）船舶是否配备有《装运谷物批准书》？（船长） 2）船舶是否配备有船旗国政府要求的《谷物装运证书》及《散装固体货物合格证书》？（船长）
6.5	1）船上负责货物装卸的驾驶员和其他船员是否接受过"固体散装货物安全操作规则"的培训？（船长/甲板部） 2）散装谷物船舶的驾驶员是否熟悉"国际散装谷物安全运输规则"？（船长/甲板部）
7	1）散装谷物运输的船舶是否有"验舱证书"及"谷物准装证书"？有熏舱要求时，是否有熏舱作业规定？（船长/甲板部）
8	1）是否制定了"固体散装货物安全操作规则"附录 B 类货物的应变部署，并在装货前培训与训练？（船长）
10	1）船舶是否制定了加强检验的计划？执行如何？（船长） 2）船舶是否对需要加强检验的项目、内容进行了检验？对检查状况和采取的措施情况进行核实。（船长/甲板部）

附录四　中华人民共和国航运公司安全与防污染管理规定

第一章　总　　则

第一条　为提高航运公司安全与防污染管理水平，保障水上交通安全，防止船舶污染水域环境，根据《中华人民共和国海上交通安全法》《中华人民共和国内河交通安全管理条例》《国务院对确需保留的行政审批项目设定行政许可的决定》等法律、行政法规以及我国缔结或者加入的相关国际公约，制定本规定。

第二条　本规定适用于航运公司安全与防污染管理体系（以下简称安全管理体系）的建立、实施、保持及其相关活动的监督管理。

第三条　交通部主管全国航运公司安全与防污染工作。

中华人民共和国海事局依照本规定对航运公司安全与防污染活动实施监督管理。

有关海事管理机构依照中华人民共和国海事局确定的职责权限，具体负责本辖区航运公司安全与防污染活动的监督管理。

第二章　航运公司安全与防污染责任

第四条　航运公司应当建立、健全安全与防污染管理制度，完善安全与防污染条件，保障船舶安全，防止船舶污染水域环境。

第五条　航运公司应当确保向船舶提供足够的资源和岸基支持，并对安全与防污染工作进行监控，保持船岸之间的有效联系。

第六条　航运公司应当确定安全与防污染管理的方针和目标，并指定本公司主要负责人为安全与防污染工作的第一责任人。

第七条　航运公司应当具有适任的安全与防污染管理人员，并明确其岗位职责。航运公司的主要安全与防污染管理人员不得在船上兼职或者跨航运公司兼职。

第八条　航运公司应当为船舶配备满足最低安全配员要求的适任船员。

第九条　航运公司应当确定船长在船舶安全与防污染管理方面的最终决定权。

第十条　航运公司应当建立教育培训制度，加强和规范安全与防污染知识的教育和培训，确保相关人员熟悉安全与防污染的有关规定和操作规程，掌握相应的操作技能，并提高对船舶安全与防污染的应急反应能力。

第十一条　航运公司应当建立船舶安全与防污染监督检查制度，确保对船舶及其设备进行有效的维护和保养。

第十二条　条航运公司应当根据船舶的种类、航区等因素制定相应的岸基、船岸和船舶应急预案，并定期组织训练演习。

第十三条　中国籍船舶发生事故、重大险情或者被滞留时，航运公司应当尽快向船籍港所在地的交通部直属海事管理机构或者省级交通主管部门所属的海事管理机构报告。

第十四条　船舶所有人、经营人、光船承租人可以将其所属船舶的安全与防污染管理委托其他航运公司。

航运公司在接受安全与防污染管理委托时，应当与委托方签订安全与防污染管理协议，协议内容应当包括：

（一）当安全与防污染同生产、经营、效益发生矛盾时，应当坚持安全第一和保护环境优先的原则；

（二）本规定所有有关安全与防污染的责任和义务由受托方独立承担；

（三）在不妨碍船长履行其职责并独立行使其权力的前提下，受托方对处理涉及安全与防污染的事务具有最终决定权；

（四）委托方应当向受托方提供足够的资源，确保受托方有效开展船舶安全与防污染管理工作；

（五）委托方船舶的船员配备和调动、船舶及设备维护、应急反应等方面应当服从受托方的指令。

委托方、受托方应当将双方及其船舶的详细情况及船舶管理协议报受托方所在地和船籍港所在地的交通部直属海事管理机构或者省级交通主管部门所属的海事管理机构备案。

第十五条 需要建立安全管理体系的航运公司，应当建立安全管理体系并保持体系的有效性。

需要建立安全管理体系的航运公司的范围，由交通部公布。

第十六条 需要建立安全管理体系的航运公司，除应当符合本章第四条至第十四条规定外，还应当满足以下要求：

（一）制定安全与防污染操作规程；

（二）确保当发生事故、险情和不符合规定情况时得到报告、调查、分析和纠正；

（三）有效控制与安全管理体系有关的所有文件和资料；

（四）对安全管理体系进行内部审核、有效性评价和管理复查。

第十七条 建立安全管理体系的航运公司，应当及时向公司所在地的交通部直属海事管理机构或者省级交通主管部门所属的海事管理机构报告安全管理体系运行过程中发生的重大事项。

第十八条 鼓励第十五条规定范围外的航运公司按照相关要求，建立、实施并保持安全管理体系。

第三章　航运公司安全与防污染管理体系的审核、发证

第十九条 安全管理体系经过审核，由中华人民共和国海事局及其指定的海事管理机构对符合条件的航运公司签发相应的安全与防污染能力符合证明（以下简称符合证明）或者临时符合证明，对符合条件的船舶签发相应的安全管理证书或者临时安全管理证书。

审核、发证应当符合《中华人民共和国海事行政许可条件规定》规定的条件，并按照《交通行政许可实施程序规定》及中华人民共和国海事局制定的审核发证规则和审核发证程序执行。

第二十条 经过初次审核，对符合安全管理体系要求的航运公司，海事管理机构应当签发有效期为5年的符合证明。

第二十一条 船舶应当保存一份符合证明的副本，船舶所持符合证明副本中载明的船舶种类应当覆盖该船舶。

第二十二条　经过初次审核，船上的管理及操作符合安全管理体系要求的，海事管理机构应当向船舶签发有效期为5年的安全管理证书。

第二十三条　航运公司应当在符合证明的周年日前3个月内申请年度审核，船舶应当在安全管理证书第二和第三个周年日期内申请中间审核。海事管理机构根据年度审核、中间审核的结论决定符合证明、安全管理证书是否继续有效。

第二十四条　新成立的航运公司或者对原符合证明增加船种的航运公司应当申请临时审核。经过海事管理机构审核合格的，发给有效期为12个月的临时符合证明。

新建造船舶投入营运前或者航运公司新承担对某一船舶的安全与防污染管理责任或者船舶更换国籍的，航运公司应当为船舶申请临时审核，经过海事管理机构审核合格的，发给有效期为6个月的临时安全管理证书。

特殊情况下，海事管理机构可以对临时安全管理证书的有效期展期6个月。

航运公司应当在临时符合证明、临时安全管理证书有效期届满前2个月申请初次审核。

第二十五条　航运公司应当在符合证明、安全管理证书有效期届满前3个月申请换证审核；通过审核的，签发新的符合证明、安全管理证书。新签发的符合证明或者安全管理证书自原证书的届满之日起算，有效期为5年。

第二十六条　在年度审核或者换证审核中，发现安全管理体系运行存在严重不符合规定的情况，或者有大量不符合规定的情况并且已经严重影响到安全管理体系运行的有效性时，海事管理机构应当对其在相应审核的6个月后实施跟踪审核。

航运公司所管理的船舶出现发生重大事故、连续发生事故、多次被滞留等情况时，海事管理机构应当对其实施附加审核。

第二十七条　海事管理机构在安全管理体系审核中发现不符合规定情况的，应当要求航运公司限期改正，并按时指派审核人员验证航运公司在规定期限内所采取的纠正措施。

第二十八条　符合证明、临时符合证明、安全管理证书和临时安全管理证书，由中华人民共和国海事局确定格式并统一制作。

第四章　监　督　检　查

第二十九条　海事管理机构应当建立、健全航运公司安全与防污染的监督检查制度，对航运公司的安全与防污染管理活动实施监督检查。监督检查的情况和处理结果应当记录，由监督检查人员签字后归档。

海事管理机构实施监督检查时，有关单位和个人应当予以协助和配合，不得拒绝、妨碍或者阻挠。

第三十条　航运公司所在地海事管理机构发现航运公司在安全与防污染管理方面存在安全隐患时，应当责令其立即消除或者限期消除。

第三十一条　航运公司所在地海事管理机构发现航运公司应当办理符合证明而未办理的，或者航运公司、船舶不再符合签发符合证明、安全管理证书条件的，应当责令航运公司、船舶立即改正。船舶不按照要求改正的，对船舶可以采取责令停航、改航、停止作业、禁止进出港口等行政强制措施。

第三十二条　作出许可决定的海事管理机构发现航运公司未按照第二十三条、第二十四条、第二十五条的要求申请审核，或者审核发现有重大不符合规定情况的，应当注销符合证明、临时符合证明、安全管理证书或者临时安全管理证书；如果注销符合证明或者临时符合证明，所有相关安全管理证书或者临时安全管理证书也应当注销。

第三十三条 作出许可决定的海事管理机构发现航运公司未按照第二十七条的要求对安全管理体系审核中出现的不符合规定情况采取纠正措施的，应当注销符合证明或者安全管理证书。

第三十四条 有关海事管理机构应当建立、健全监督检查制度，对审核、发证及相关活动实施监督。

第五章 法 律 责 任

第三十五条 违反本规定第七条、第九条、第十五条、第十七条规定，由海事管理机构责令改正，并可以对航运公司处以 5000 元以上 3 万元以下罚款。

第三十六条 违反本规定第十四条规定，受托航运公司未履行安全与防污染管理责任的，由海事管理机构责令改正，并可以对受托航运公司处以 5000 元以上 3 万元以下罚款。

第三十七条 有关审核人员违反本规定以及相应的审核发证规则和程序的，由有关海事管理机构责令改正；情节严重的，追究有关审核人员的行政责任。

第三十八条 违反本规定的其他规定应当进行处罚的，按照《海上海事行政处罚规定》和《内河海事行政处罚规定》执行。

第六章 附 则

第三十九条 本规定下列用语的定义：

（一）航运公司：是指承担安全与防污染管理责任和义务的航运企业，包括船舶所有人、经营人、管理人和光船承租人。

（二）安全管理体系：是指能使航运公司人员有效执行航运公司安全和防污染方针的结构化和文件化的体系。

（三）符合证明：是指签发给航运公司，表明该航运公司安全管理体系符合要求的证明文件。

（四）安全管理证书：是指签发给船舶，表明其航运公司和船上管理已经按照安全管理体系运作的证明文件。

（五）安全管理体系运行的重大事项：是指建立安全管理体系的航运公司发生体系文件改版、体系内重大人事及机构变动、体系内船舶数量和种类变动，航运公司内部审核、有效性评价和管理复查发现体系运行出现重大问题等情况。

（六）不符合规定的情况：是指客观证据表明不满足某一具体规定要求的情况。

（七）重大不符合规定的情况：是指对人员或者船舶安全构成严重威胁或者对环境构成严重危险，并需要立即采取纠正措施的事项或者情况，包括未能有效和系统地实施本规则的有关要求。

（八）周年日：是指符合证明和安全管理证书有效截止日期的每年的该月该日。

第四十条 本规定自 2008 年 1 月 1 日起施行。

附录五　国内水路运输管理规定

(2014年1月3日交通运输部发布　根据2015年5月12日交通运输部《关于修改〈国内水路运输管理规定〉的决定》修正)

第一章　总　　则

第一条　为规范国内水路运输市场管理，维护水路运输经营活动各方当事人的合法权益，促进水路运输事业健康发展，依据《国内水路运输管理条例》制定本规定。

第二条　国内水路运输管理适用本规定。

本规定所称水路运输，是指始发港、挂靠港和目的港均在中华人民共和国管辖的通航水域内使用船舶从事的经营性旅客运输和货物运输。

第三条　水路运输按照经营区域分为沿海运输和内河运输，按照业务种类分为货物运输和旅客运输。

货物运输分为普通货物运输和危险货物运输。危险货物运输分为包装、散装固体和散装液体危险货物运输。散装液体危险货物运输包括液化气体船运输、化学品船运输、成品油船运输和原油船运输。普通货物运输包含拖航。

旅客运输包括普通客船运输、客货船运输和滚装客船运输。

第四条　交通运输部主管全国水路运输管理工作，并按照本规定具体实施有关水路运输管理工作。

县级以上地方人民政府交通运输主管部门主管本行政区域的水路运输管理工作。县级以上地方人民政府负责水路运输管理的部门或者机构（以下统称水路运输管理部门）具体实施水路运输管理工作。

第二章　水路运输经营者

第五条　申请经营水路运输业务，除个人申请经营内河普通货物运输业务外，申请人应当符合下列条件：

（一）具备企业法人资格。

（二）有明确的经营范围，包括经营区域和业务种类。经营水路旅客班轮运输业务的，还应当有班期、班次以及拟停靠的码头安排等可行的航线营运计划。

（三）有符合本规定要求的船舶，且自有船舶运力应当符合附件1的要求。

（四）有符合本规定要求的海务、机务管理人员。

（五）有符合本规定要求的与其直接订立劳动合同的高级船员。

（六）有健全的安全管理机构及安全管理人员设置制度、安全管理责任制度、安全监督检查制度、事故应急处置制度、岗位安全操作规程等安全管理制度。

第六条　个人只能申请经营内河普通货物运输业务，并应当符合下列条件：

（一）经工商行政管理部门登记的个体工商户；

（二）有符合本规定要求的船舶，且自有船舶运力不超过600总吨；

（三）有安全管理责任制度、安全监督检查制度、事故应急处置制度、岗位安全操作规程等安全管理制度。

第七条 水路运输经营者投入运营的船舶应当符合下列条件：

（一）与水路运输经营者的经营范围相适应。从事旅客运输的，应当使用普通客船、客货船和滚装客船（统称为客船）运输；从事散装液体危险货物运输的，应当使用液化气体船、化学品船、成品油船和原油船（统称为危险品船）运输；从事普通货物运输、包装危险货物运输和散装固体危险货物运输的，可以使用普通货船运输。

（二）持有有效的船舶所有权登记证书、船舶国籍证书、船舶检验证书以及按照相关法律、行政法规规定证明船舶符合安全与防污染和入级检验要求的其他证书。

（三）符合交通运输部关于船型技术标准、船龄以及节能减排的要求。

第八条 除个体工商户外，水路运输经营者应当配备满足下列要求的专职海务、机务管理人员：

（一）海务、机务管理人员数量满足附件2的要求；

（二）海务、机务管理人员的从业资历与其经营范围相适应：

1. 经营普通货船运输的，应当具有不低于大副、大管轮的从业资历；

2. 经营客船、危险品船运输的，应当具有船长、轮机长的从业资历。

（三）海务、机务管理人员所具备的业务知识和管理能力与其经营范围相适应，身体条件与其职责要求相适应。

第九条 除个体工商户外，水路运输经营者按照有关规定应当配备的高级船员中，与其直接订立一年以上劳动合同的高级船员的比例应当满足下列要求：

（一）经营普通货船运输的，高级船员的比例不低于25%；

（二）经营客船、危险品船运输的，高级船员的比例不低于50%。

第十条 交通运输部具体实施下列水路运输经营许可：

（一）省际客船运输、省际危险品船运输的经营许可；

（二）外商投资企业的经营许可；

（三）国务院国有资产监督管理机构履行出资人职责的水路运输企业及其控股公司的经营许可。

省级人民政府水路运输管理部门具体实施省际普通货船运输的经营许可。省内水路运输经营许可的具体权限由省级人民政府交通运输主管部门决定，向社会公布。但个人从事内河省际、省内普通货物运输的经营许可由设区的市级人民政府水路运输管理部门具体实施。

第十一条 申请经营水路运输业务或者变更水路运输经营范围，应当向其所在地设区的市级人民政府水路运输管理部门提交申请书和证明申请人符合本规定要求的相关材料。

第十二条 受理申请的水路运输管理部门不具有许可权限的，当场核实申请材料中的原件与复印件的内容一致后，在5个工作日内提出初步审查意见并将全部申请材料转报至具有许可权限的部门。

第十三条 具有许可权限的部门，对符合条件的，应当在20个工作日内作出许可决定，向申请人颁发《国内水路运输经营许可证》，并向其投入运营的船舶配发《船舶营业运输证》。申请经营水路旅客班轮运输业务的,还应当向申请人颁发该班轮航线运营许可证件。不符合条件的,不予许可,并书面通知申请人不予许可的理由。

《国内水路运输经营许可证》和《船舶营业运输证》应当通过全国水路运政管理信息系统核发,并逐步实现行政许可网上办理。

第十四条 除购置或者光租已取得相应水路运输经营资格的船舶外,水路运输经营者新增客船、危险品船运力,应当经其所在地设区的市级人民政府水路运输管理部门向具有许可权限的部门提出申请。

具有许可权限的部门根据运力运量供求情况对新增运力申请予以审查。根据运力供求情况需要对新增运力予以数量限制时,依据经营者的经营规模、管理水平、安全记录、诚信经营记录等情况,公开竞争择优作出许可决定。

水路运输经营者新增普通货船运力,应当在船舶开工建造后15个工作日内向所在地设区的市级人民政府水路运输管理部门备案。

第十五条 交通运输部在特定的旅客班轮运输和散装液体危险货物运输航线、水域出现运力供大于求状况,可能影响公平竞争和水路运输安全的情形下,可以决定暂停对特定航线、水域的旅客班轮运输和散装液体危险货物运输新增运力许可。

暂停新增运力许可期间,对暂停范围内的新增运力申请不予许可,对申请投入运营的船舶,不予配发《船舶营业运输证》,但暂停决定生效前已取得新增运力批准且已开工建造、购置或者光租的船舶除外。

第十六条 交通运输部对水路运输市场进行监测,分析水路运输市场运力状况,定期公布监测结果。

对特定的旅客班轮运输和散装液体危险货物运输航线、水域暂停新增运力许可的决定,应当依据水路运输市场监测分析结果作出。

采取暂停新增运力许可的运力调控措施,应当符合公开、公平、公正的原则,在开始实施的60日前向社会公告,说明采取措施的理由以及采取措施的范围、期限等事项。

第十七条 《国内水路运输经营许可证》的有效期为5年。《船舶营业运输证》的有效期按照交通运输部的有关规定确定。水路运输经营者应当在证件有效期届满前的30日内向原许可机关提出换证申请。原许可机关应当依照本规定进行审查,符合条件的,予以换发。

第十八条 发生下列情况后,水路运输经营者应当在15个工作日内以书面形式向原许可机关备案,并提供相关证明材料:

(一)法定代表人或者主要股东发生变化;
(二)固定的办公场所发生变化;
(三)海务、机务管理人员发生变化;
(四)与其直接订立一年以上劳动合同的高级船员的比例发生变化;
(五)经营的船舶发生重大以上安全责任事故;
(六)委托的船舶管理企业发生变更或者委托管理协议发生变化。

第十九条 水路运输经营者终止经营的,应当自终止经营之日起15个工作日内向原许可机关办理注销手续,交回许可证件。

已取得《船舶营业运输证》的船舶报废、转让或者变更经营者，应当自发生上述情况之日起 15 个工作日内向原许可机关办理《船舶营业运输证》注销、变更手续。

第三章　水路运输经营行为

第二十条　水路运输经营者应当保持相应的经营资质条件，按照《国内水路运输经营许可证》核定的经营范围从事水路运输经营活动。

已取得省际水路运输经营资格的水路运输经营者和船舶，可凭省际水路运输经营资格从事相应种类的省内水路运输，但旅客班轮运输除外。

已取得沿海水路运输经营资格的水路运输经营者和船舶，可在满足航行条件的情况下，凭沿海水路运输经营资格从事相应种类的内河运输。

第二十一条　水路运输经营者不得出租、出借水路运输经营许可证件，或者以其他形式非法转让水路运输经营资格。

第二十二条　从事水路运输的船舶应当随船携带《船舶营业运输证》，不得转让、出租、出借或者涂改。《船舶营业运输证》遗失或者损毁的，应当及时向原配发机关申请补发。

第二十三条　水路运输经营者应该按照《船舶营业运输证》标定的载客定额、载货定额和经营范围从事旅客和货物运输，不得超载。

水路运输经营者使用客货船或者滚装客船载运危险货物时，不得载运旅客，但按照相关规定随船押运货物的人员和滚装车辆的司机除外。

第二十四条　水路运输经营者不得擅自改装客船、危险品船增加载客定额、载货定额或者变更从事散装液体危险货物运输的种类。

第二十五条　水路运输经营者应当使用规范的、符合有关法律法规和交通运输部规定的客票和运输单证。

第二十六条　水路旅客运输业务经营者应当拒绝携带国家规定的危险物品及其他禁止携带的物品的旅客乘船。船舶开航后发现旅客随船携带有危险物品及其他禁止携带的物品的，应当妥善处理，旅客应当予以配合。

第二十七条　水路旅客班轮运输业务经营者应当自取得班轮航线经营许可之日起 60 日内开航，并在开航的 15 日前通过媒体并在该航线停靠的各客运站点的明显位置向社会公布所使用的船舶、班期、班次、票价等信息，同时报原许可机关备案。

旅客班轮应当按照公布的班期、班次运行。变更班期、班次、票价的，水路旅客班轮运输业务经营者应当在变更的 15 日前向社会公布，并报原许可机关备案。停止经营部分或者全部班轮航线的，经营者应当在停止经营的 30 日前向社会公布，并报原许可机关备案。

第二十八条　水路货物班轮运输业务经营者应当在班轮航线开航的 7 日前，向社会公布所使用的船舶以及班期、班次和运价，并报原许可机关备案。

货物班轮运输应当按照公布的班期、班次运行；变更班期、班次、运价或者停止经营部分或者全部班轮航线的，水路货物班轮运输业务经营者应当在变更或者停止经营的 7 日前向社会公布，并报原许可机关备案。

第二十九条 水路旅客运输业务经营者应当以公布的票价销售客票,不得对相同条件的旅客实施不同的票价,不得以搭售、现金返还、加价等不正当方式变相变更公布的票价并获取不正当利益,不得低于客票载明的舱室或者席位等级安排旅客。

第三十条 水路运输经营者从事水路运输经营活动,应当依法经营,诚实守信,禁止以不合理的运价或者其他不正当方式、不规范行为争抢客源、货源及提供运输服务。

水路旅客运输业务经营者为招揽旅客发布信息,必须真实、准确,不得进行虚假宣传,误导旅客,对其在经营活动中知悉的旅客个人信息,应当予以保密。

第三十一条 水路旅客运输业务经营者应当就运输服务中的下列事项,以明示的方式向旅客作出说明或者警示:

(一)不适宜乘坐客船的群体;
(二)正确使用相关设施、设备的方法;
(三)必要的安全防范和应急措施;
(四)未向旅客开放的经营、服务场所和设施、设备;
(五)可能危及旅客人身、财产安全的其他情形。

第三十二条 水路运输经营者应当依照法律、行政法规和国家有关规定,优先运送处置突发事件所需物资、设备、工具、应急救援人员和受到突发事件危害的人员,重点保障紧急、重要的军事运输。

水路运输经营者应当服从交通运输主管部门对关系国计民生物资紧急运输的统一组织协调,按照要求优先、及时运输。

水路运输经营者应当按照交通运输主管部门的要求建立运输保障预案,并建立应急运输、军事运输和紧急运输的运力储备。

第三十三条 水路运输经营者应当按照国家统计规定报送运输经营统计信息。

第四章 外商投资企业和外国籍船舶的特别规定

第三十四条 外商投资企业申请从事水路运输,除满足本规定第五条规定的经营资质条件外,还应当符合下列条件:

(一)拟经营的范围内,国内水路运输经营者无法满足需求;
(二)应当具有经营水路运输业务的良好业绩和运营记录。

第三十五条 具有许可权限的部门可以根据国内水路运输实际情况,决定是否准许外商投资企业经营国内水路运输。

经批准取得水路运输经营许可的外商投资企业外方投资者或者外方投资股比等事项发生变化的,应当报原许可机关批准。原许可机关发现外商投资企业不再符合本规定要求的,应当撤销其水路运输经营资质。

第三十六条 符合下列情形并经交通运输部批准,水路运输经营者可以租用外国籍船舶在中华人民共和国港口之间从事不超过两个连续航次或者期限为30日的临时运输:

(一)没有满足所申请的运输要求的中国籍船舶;
(二)停靠的港口或者水域为对外开放的港口或者水域。

第三十七条 租用外国籍船舶从事临时运输的水路运输经营者,应当向交通运输部提交申请书、运输合同、拟使用的外籍船舶及船舶登记证书、船舶检验证书等相关证书和能够证明符合本规定规定情形的相关材料。申请书应当说明申请事由、承运的货物、运输航次或者期限、停靠港口。

交通运输部应当自受理申请之日起 20 个工作日内,对申请事项进行审核。对符合规定条件的,作出许可决定并且颁发许可文件;对不符合条件的,不予许可,并书面通知申请人不予许可的理由。

第三十八条 临时从事水路运输的外国籍船舶,应当遵守水路运输管理的有关规定,按照批准的范围和期限进行运输。

第五章 监督检查

第三十九条 交通运输部和水路运输管理部门依照有关法律、法规和本规定对水路运输市场实施监督检查。

第四十条 对水路运输市场实施监督检查,可以采取下列措施:

(一)向水路运输经营者了解情况,要求其提供有关凭证、文件及其他相关材料。

(二)对涉嫌违法的合同、票据、账簿以及其他资料进行查阅、复制。

(三)进入水路运输经营者从事经营活动的场所、船舶实地了解情况。

水路运输经营者应当配合监督检查,如实提供有关凭证、文件及其他相关资料。

第四十一条 水路运输管理部门对水路运输市场依法实施监督检查中知悉的被检查单位的商业秘密和个人信息应当依法保密。

第四十二条 实施现场监督检查的,应当当场记录监督检查的时间、内容、结果,并与被检查单位或者个人共同签署名章。被检查单位或者个人不签署名章的,监督检查人员对不签署的情形及理由应当予以注明。

第四十三条 水路运输管理部门在监督检查中发现水路运输经营者不符合本规定要求的经营资质条件的,应当责令其限期整改,并在整改期限结束后对该经营者整改情况进行复查,并作出整改是否合格的结论。

对运力规模达不到经营资质条件的整改期限最长不超过 6 个月,其他情形的整改期限最长不超过 3 个月。水路运输经营者在整改期间已开工建造但尚未竣工的船舶可以计入自有船舶运力。

第四十四条 水路运输管理部门应当建立健全水路运输市场诚信监督管理机制和服务质量评价体系,建立水路运输经营者诚信档案,记录水路运输经营者及从业人员的诚信信息,定期向社会公布监督检查结果和经营者的诚信档案。

水路运输管理部门应当建立水路运输违法经营行为社会监督机制,公布投诉举报电话、邮箱等,及时处理投诉举报信息。

水路运输管理部门应当将监督检查中发现或者受理投诉举报的经营者违法违规行为及处理情况、安全责任事故情况等记入诚信档案。违法违规情节严重可能影响经营资质条件的,对经营者给予提示性警告。不符合经营资质条件的,按照本规定第四十三条的规定处理。

第四十五条 水路运输管理部门应当与当地海事管理机构建立联系机制,按照《国内水路运输管理条例》的要求,做好《船舶营业运输证》查验处理衔接工作,及时将本行政区域内水路运输经营者的经营资质保持情况通报当地海事管理机构。

海事管理机构应当将有关水路运输船舶重大以上安全事故情况及结论意见及时书面通知该船舶经营者所在地设区的市级人民政府水路运输管理部门。水路运输管理部门应当将其纳入水路运输经营者诚信档案。

第六章 法 律 责 任

第四十六条 水路运输经营者未按照本规定要求配备海务、机务管理人员的,由其所在地县级以上人民政府水路运输管理部门责令改正,处1万元以上3万元以下的罚款。

第四十七条 水路运输经营者或其船舶在规定期限内,经整改仍不符合本规定要求的经营资质条件的,由其所在地县级以上人民政府水路运输管理部门报原许可机关撤销其经营许可或者船舶营运证件。

第四十八条 从事水路运输经营的船舶超出《船舶营业运输证》核定的经营范围,或者擅自改装客船、危险品船增加《船舶营业运输证》核定的载客定额、载货定额或者变更从事散装液体危险货物运输种类的,按照《国内水路运输管理条例》第三十四条第一款的规定予以处罚。

第四十九条 水路运输经营者违反本规定,有下列行为之一的,由其所在地县级以上人民政府水路运输管理部门责令改正,处2000元以上1万元以下的罚款;一年内累计三次以上违反的,处1万元以上3万元以下的罚款:

(一) 未履行备案义务;

(二) 未以公布的票价或者变相变更公布的票价销售客票;

(三) 进行虚假宣传,误导旅客或者托运人;

(四) 以不正当方式或者不规范行为争抢客源、货源及提供运输服务扰乱市场秩序;

(五) 使用的运输单证不符合有关规定。

第五十条 水路运输经营者拒绝管理部门根据本规定进行的监督检查或者隐匿有关资料或瞒报、谎报有关情况的,由其所在地县级以上人民政府水路运输管理部门予以警告,并处2000元以上1万元以下的罚款。

第五十一条 违反本规定的其他规定应当进行处罚的,按照《国内水路运输管理条例》执行。

第七章 附 则

第五十二条 本规定下列用语的定义:

(一) 自有船舶,是指水路运输经营者将船舶所有权登记为该经营者且归属该经营者的所有权份额不低于51%的船舶。

(二) 班轮运输,是指在固定港口之间按照预订的船期向公众提供旅客、货物运输服务的经营活动。

第五十三条 依法设立的水路运输行业组织可以依照法律、行政法规和章程的规定,制定行业经营规范和服务标准,组织开展职业道德教育和业务培训,对其会员的经营行为和服务质量进行自律性管理。

水路运输行业组织可以建立行业诚信监督、约束机制,提高行业诚信水平。对守法经营、诚实信用的会员以及从业人员,可以给予表彰、奖励。

第五十四条 经营内地与香港特别行政区、澳门特别行政区,以及大陆地区与台湾地区之间的水路运输,不适用于本规定。

在香港特别行政区、澳门特别行政区进行船籍登记的船舶临时从事内地港口之间的运输,在台湾地区进行船籍登记的船舶临时从事大陆港口之间的运输,参照适用本规定关于外国籍船舶的有关规定。

第五十五条 载客12人以下的客船运输、乡镇客运渡船运输以及与外界不通航的公园、封闭性风景区内的水上旅客运输不适用本规定。

第五十六条 本规定自2014年3月1日起施行。2008年5月26日交通运输部以交通运输部令2008年第2号公布的《国内水路运输经营资质管理规定》、1987年9月22日交通部以(87)交河字680号文公布、1998年3月6日以交水发〔1998〕107号文修改、2009年6月4日交通运输部以交通运输部令2009年第6号修改的《水路运输管理条例实施细则》、1990年9月28日交通部以交通部令1990年第22号公布、2009年交通运输部令2009年第7号修改的《水路运输违章处罚规定》同时废止。

附录六　国内水路运输辅助业管理规定

(交通运输部令　2014 年第 3 号)

第一章　总　　则

第一条　为规范国内水路运输辅助业务经营行为,维护水路运输市场秩序,促进水路运输事业健康发展,依据《国内水路运输管理条例》制定本规定。

第二条　国内水路运输辅助业务管理适用本规定。

本规定所称水路运输辅助业务,包括船舶管理、船舶代理、水路旅客运输代理、水路货物运输代理等水路运输辅助性业务经营活动。

第三条　交通运输部主管全国水路运输辅助业务管理工作。

县级以上人民政府交通运输主管部门主管本行政区域内的水路运输辅助业务管理工作。县级以上人民政府负责水路运输管理的部门或者机构(以下统称水路运输管理部门)具体实施水路运输辅助业务管理工作。

第四条　经营水路运输辅助业务,应当守法经营、公平竞争、诚实守信。

第二章　水路运输辅助业务经营者

第五条　申请经营船舶管理业务,申请人应当符合下列条件:

(一)具备企业法人资格;

(二)有符合本规定要求的海务、机务管理人员;

(三)有健全的安全管理机构和安全管理人员设置制度、安全管理责任制度、安全监督检查制度、事故应急处置制度、岗位安全操作规程等安全管理制度,以及与其申请管理的船舶种类相适应的船舶安全与防污染管理体系;

(四)法律、行政法规规定的其他条件。

第六条　船舶管理业务经营者应当配备满足下列要求的专职海务、机务管理人员:

(一)船舶管理业务经营者应当至少配备海务、机务管理人员各 1 人,配备的具体数量应当符合附件规定的要求;

(二)海务、机务管理人员的从业资历与其经营范围相适应,具有与管理的船舶种类和航区相对应的船长、轮机长的从业资历;

(三)海务、机务管理人员所具备的船舶安全管理、船舶设备管理、航海保障、应急处置等业务知识和管理能力与其经营范围相适应,身体条件与其职责要求相适应。

第七条　申请经营船舶管理业务或者变更船舶管理业务经营范围,应当向其所在地设区的市级人民政府水路运输管理部门提交申请书和证明申请人符合本规定要求的相关材料。

第八条　设区的市级人民政府水路运输管理部门收到申请后,应当依法核实或者要求申请人补正材料。并在受理申请之日起 5 个工作日内提出初步审查意见并将全部申请材料转报至省级人民政府水路运输管理部门。

省级人民政府水路运输管理部门应当依法对申请者的经营资质条件进行审查。符合条件的，应当在20个工作日内作出许可决定，向申请人颁发《国内船舶管理业务经营许可证》；不符合条件的，不予许可，并书面通知申请人不予许可的理由。

《国内船舶管理业务经营许可证》应当通过全国水路运政管理信息系统核发，并逐步实现行政许可网上办理。

第九条 《国内船舶管理业务经营许可证》的有效期为5年。船舶管理业务经营者应当在证件有效期届满前的30日内向原许可机关提出换证申请。原许可机关应当依照本规定进行审查，符合条件的，予以换发。

第十条 发生下列情况后，船舶管理业务经营者应当在15个工作日内以书面形式向原许可机关备案，并提供相关证明材料：

（一）法定代表人或者主要股东发生变化；

（二）固定的办公场所发生变化；

（三）海务、机务管理人员发生变化；

（四）管理的船舶发生重大以上安全责任事故；

（五）接受管理的船舶或者委托管理协议发生变化。

第十一条 船舶管理业务经营者终止经营的，应当自终止经营之日起15个工作日内向原许可机关办理注销手续，交回许可证件。

第十二条 从事船舶代理、水路旅客运输代理、水路货物运输代理业务，应当自工商行政管理部门准予设立登记之日起15个工作日内，向其所在地设区的市级人民政府水路运输管理部门办理备案手续，并递交下列材料：

（一）备案申请表；

（二）《企业法人营业执照》复印件；

（三）法定代表人身份证明材料。

设区的市级人民政府水路运输管理部门应当建立档案，及时向社会公布备案情况。

第十三条 从事船舶代理、水路旅客运输代理、水路货物运输代理业务经营者的名称、固定办公场所及联系方式、法定代表人、经营范围等事项发生变更或者终止经营的，应当在变更或者终止经营之日起15个工作日内办理变更备案。

第三章　水路运输辅助业务经营活动

第十四条 船舶管理业务经营者应当保持相应的经营资质条件，按照《国内船舶管理业务经营许可证》核定的经营范围从事船舶管理业务。

第十五条 船舶管理业务经营者不得出租、出借船舶管理业务经营许可证件，或者以其他形式非法转让船舶管理业务经营资格。

第十六条 船舶管理业务经营者接受委托提供船舶管理服务，应当与委托人订立书面协议，载明委托双方当事人的权利义务。

船舶管理业务经营者应当将船舶管理协议报其所在地和船籍港所在地县级以上人民政府水路运输管理部门备案。

第十七条 船舶管理业务经营者应当按照国家有关规定和船舶管理协议约定，负责船舶的海务、机务和安全与防污染管理。

船舶管理业务经营者应当保持安全和防污染管理体系的有效性,履行有关船舶安全与防污染管理义务。

船舶管理经营业务经营者,应当委派其海务、机务管理人员定期登船检查船舶的安全技术性能、船员操作技能等情况,并在航海日志上作相应记录。普通货船的检查间隔不长于6个月,客船和危险品船的检查间隔不长于3个月。

第十八条　船舶管理业务经营者应当在船舶发生安全和污染责任事故的3个工作日内,将事故情况向其所在地县级以上人民政府水路运输管理部门报告。在事故调查部门查明事故原因后的5个工作日内,将事故调查的结论性意见向其所在地县级以上人民政府水路运输管理部门书面报告。

第十九条　船舶代理、水路旅客运输代理、水路货物运输代理业务经营者接受委托提供代理服务,应当与委托人订立书面合同,按照国家有关规定和合同约定办理代理业务。

第二十条　港口经营人不得为船舶所有人、经营人以及货物托运人、收货人指定水路运输辅助业务经营者,提供船舶、水路货物运输代理等服务。

第二十一条　港口经营人应当接受船舶所有人、经营人以及货物托运人、收货人自行办理船舶或者货物进出港口手续,并给予便利。

第二十二条　水路运输辅助业务经营者不得有以下行为:

(一) 以承运人的身份从事水路运输经营活动;

(二) 为未依法取得水路运输业务经营许可或者超越许可范围的经营者提供水路运输辅助服务;

(三) 未订立书面合同、强行代理或者代办业务;

(四) 滥用优势地位,限制委托人选择其他代理或者船舶管理服务提供者;

(五) 发布虚假信息招揽业务;

(六) 以不正当方式或者不规范行为提供其他水路运输辅助服务,扰乱市场秩序;

(七) 法律、行政法规禁止的其他行为。

第二十三条　水路旅客运输代理业务经营者应当在售票场所和售票网站的明显位置公布船舶、班期、班次、票价等信息。

水路旅客运输代理业务经营者应当以水路旅客运输业务经营者公布的票价销售客票,不得对相同条件的旅客实施不同的票价,不得以搭售、现金返还、加价等不正当方式变相变更公布的票价并获取不正当利益。

第二十四条　水路运输辅助业务经营者应当使用规范的、符合有关法律法规和交通运输部规定的客票和运输单证。

第二十五条　水路运输辅助业务经营者开展业务活动应当建立业务记录和管理台账,按照规定报送统计信息。

第二十六条　水路运输辅助业务经营者对其在经营活动中知悉的商业秘密和个人信息,应当予以保密。

第四章　监　督　管　理

第二十七条　交通运输部和水路运输管理部门应当依照有关法律、法规和本规定对水路运输辅助业务经营活动和经营资质实施监督管理。

第二十八条　对水路运输辅助业实施监督检查，可以采取下列措施：

（一）向水路运输辅助业务经营者了解情况，要求提供有关凭证、文件及其他相关材料；

（二）对涉嫌违法的合同、票据、账簿以及其他资料进行查阅、复制；

（三）进入水路运输辅助业务经营者从事经营活动的场所实地了解情况。

水路运输辅助业务经营者应当配合监督检查，如实提供有关凭证、文件及其他相关资料。

第二十九条　水路运输管理部门在监督检查中，对知悉的被检查单位的商业秘密和个人信息应当依法保密。

第三十条　实施现场监督检查的，应当当场记录监督检查的时间、内容、结果，并与被检查单位或者个人共同签署名章。被检查单位或者个人不签署名章的，监督检查人员对不签署的情形及理由应当予以注明。

第三十一条　水路运输管理部门在监督检查中发现船舶管理业务经营者不符合本规定要求的经营资质条件的，应当责令其限期整改，整改期限最长不超过3个月，并在整改期限结束后对该经营者整改情况进行复查，并作出整改是否合格的结论。

第三十二条　水路运输管理部门应当建立健全水路运输辅助业务经营者诚信监督管理机制和服务质量评价体系，建立水路运输辅助业务经营者诚信档案，记录水路运输辅助业务经营者及从业人员的诚信信息，定期向社会公布监督检查结果和经营者的诚信档案。

水路运输管理部门应当建立水路运输辅助业违法经营行为社会监督机制，公布投诉举报电话、邮箱等，及时处理投诉举报信息。

水路运输管理部门应当将监督检查中发现或者受理投诉举报的经营者违法违规行为及处理情况、安全责任事故情况等记入诚信档案。违法违规情节严重的，对经营者给予提示性警告。船舶管理业务经营者不符合经营资质条件的，按照本规定第三十一条的规定处理。

第三十三条　水路运输管理部门应当与当地海事管理机构建立联系机制，及时将本行政区域内船舶管理业务经营者的经营资质保持情况通报当地海事管理机构。

海事管理机构应当将有关船舶管理业务经营者管理的船舶发生重大以上安全事故情况及结论意见、重大违法违规、未履行或者未完全履行安全管理责任等安全管理相关情况及时书面通知该船舶管理经营者所在地设区的市级人民政府水路运输管理部门。所在地水路运输管理部门应当将其纳入船舶管理业务经营者诚信档案。

第五章　法　律　责　任

第三十四条　船舶管理业务经营者未按照本规定要求配备相应海务、机务管理人员的，由其所在地县级以上人民政府水路运输管理部门责令改正，处1万元以上3万元以下的罚款。

第三十五条　船舶管理业务经营者与委托人订立虚假协议或者名义上接受委托实际不承担船舶海务、机务管理责任的，由经营者所在地县级以上人民政府水路运输管理部门责令改正，并按《国内水路运输管理条例》第三十七条关于非法转让船舶管理业务经营资格的有关规定进行处罚。

第三十六条 水路运输辅助业务经营者违反本规定，有下列行为之一的，由其所在地县级以上人民政府水路运输管理部门责令改正，处 2000 元以上 1 万元以下的罚款；一年内累计三次以上违反本规定的，处 1 万元以上 3 万元以下的罚款：

（一）未履行备案或者报告义务；

（二）为未依法取得水路运输业务经营许可或者超越许可范围的经营者提供水路运输辅助服务；

（三）与船舶所有人、经营人、承租人未订立船舶管理协议或者协议未对船舶海务、机务管理责任做出明确规定；

（四）未订立书面合同、强行代理或者代办业务；

（五）滥用优势地位，限制委托人选择其他代理或者船舶管理服务提供者；

（六）进行虚假宣传，误导旅客或者委托人；

（七）以不正当方式或者不规范行为争抢客源、货源及提供其他水路运输辅助服务，扰乱市场秩序；

（八）未在售票场所和售票网站的明显位置公布船舶、班期、班次、票价等信息；

（九）未以公布的票价或者变相变更公布的票价销售客票；

（十）使用的运输单证不符合有关规定；

（十一）未建立业务记录和管理台账。

第三十七条 水路运输辅助业务经营者拒绝管理部门根据本规定进行的监督检查、隐匿有关资料或者瞒报、谎报有关情况的，由其所在地县级以上人民政府水路运输管理部门责令改正，拒不改正的处 2000 元以上 1 万元以下的罚款。

第三十八条 港口经营人为船舶所有人、经营人以及货物托运人、收货人指定水路运输辅助业务经营者，提供船舶、水路货物运输代理等服务的，由其所在地县级以上人民政府水路运输管理部门责令改正，拒不改正的处 1 万元以上 3 万元以下的罚款。

第三十九条 违反本规定的其他规定应当进行处罚的，按照《国内水路运输管理条例》执行。

第六章 附 则

第四十条 依法设立的水路运输辅助业务行业组织可以依照法律、行政法规和章程的规定，制定水路运输辅助业经营规范和服务标准，组织开展职业道德教育和业务培训，对其会员的经营行为和服务质量进行自律性管理。

水路运输辅助业务行业组织可以建立行业诚信监督、约束机制，提高行业诚信水平。对守法经营、诚实信用的会员以及从业人员，可以给予表彰、奖励。

第四十一条 本规定自 2014 年 3 月 1 日起施行。2009 年 4 月 20 日交通运输部以交通运输部令 2009 年第 5 号发布的《中华人民共和国水路运输服务业管理规定》和 2009 年 1 月 5 日交通运输部以交通运输部令 2009 年第 1 号发布的《国内船舶管理业规定》同时废止。

附录七 中华人民共和国国际海运条例

(2001年12月11日中华人民共和国国务院令第335号公布 根据2013年7月18日《国务院关于废止和修改部分行政法规的决定》修订)

第一章 总 则

第一条 为了规范国际海上运输活动,保护公平竞争,维护国际海上运输市场秩序,保障国际海上运输各方当事人的合法权益,制定本条例。

第二条 本条例适用于进出中华人民共和国港口的国际海上运输经营活动以及与国际海上运输相关的辅助性经营活动。

前款所称与国际海上运输相关的辅助性经营活动,包括本条例分别规定的国际船舶代理、国际船舶管理、国际海运货物装卸、国际海运货物仓储、国际海运集装箱站和堆场等业务。

第三条 从事国际海上运输经营活动以及与国际海上运输相关的辅助性经营活动,应当遵循诚实信用的原则,依法经营,公平竞争。

第四条 国务院交通主管部门和有关的地方人民政府交通主管部门依照本条例规定,对国际海上运输经营活动实施监督管理,并对与国际海上运输相关的辅助性经营活动实施有关的监督管理。

第二章 国际海上运输及其辅助性业务的经营者

第五条 经营国际船舶运输业务,应当具备下列条件:
(一) 有与经营国际海上运输业务相适应的船舶,其中必须有中国籍船舶;
(二) 投入运营的船舶符合国家规定的海上交通安全技术标准;
(三) 有提单、客票或者多式联运单证;
(四) 有具备国务院交通主管部门规定的从业资格的高级业务管理人员。

第六条 经营国际船舶运输业务,应当向国务院交通主管部门提出申请,并附送符合本条例第五条规定条件的相关材料。国务院交通主管部门应当自受理申请之日起30日内审核完毕,作出许可或者不予许可的决定。予以许可的,向申请人颁发《国际船舶运输经营许可证》;不予许可的,应当书面通知申请人并告知理由。

国务院交通主管部门审核国际船舶运输业务申请时,应当考虑国家关于国际海上运输业发展的政策和国际海上运输市场竞争状况。

申请经营国际船舶运输业务,并同时申请经营国际班轮运输业务的,还应当附送本条例第十五条规定的相关材料,由国务院交通主管部门一并审核、登记。

第七条 经营无船承运业务,应当向国务院交通主管部门办理提单登记,并交纳保证金。

前款所称无船承运业务,是指无船承运业务经营者以承运人身份接受托运人的货载,签发自己的提单或者其他运输单证,向托运人收取运费,通过国际船舶运输经营者完成国际海上货物运输,承担承运人责任的国际海上运输经营活动。

在中国境内经营无船承运业务,应当在中国境内依法设立企业法人。

第八条 无船承运业务经营者应当在向国务院交通主管部门提出办理提单登记申请的同时,附送证明已经按照本条例的规定交纳保证金的相关材料。

前款保证金金额为 80 万元人民币;每设立一个分支机构,增加保证金 20 万元人民币。保证金应当向中国境内的银行开立专门账户交存。

保证金用于无船承运业务经营者清偿因其不履行承运人义务或者履行义务不当所产生的债务以及支付罚款。保证金及其利息,归无船承运业务经营者所有。专门账户由国务院交通主管部门实施监督。

国务院交通主管部门应当自收到无船承运业务经营者提单登记申请并交纳保证金的相关材料之日起 15 日内审核完毕。申请材料真实、齐备的,予以登记,并通知申请人;申请材料不真实或者不齐备的,不予登记,书面通知申请人并告知理由。已经办理提单登记的无船承运业务经营者,由国务院交通主管部门予以公布。

第九条 经营国际船舶管理业务,应当具备下列条件:

(一)高级业务管理人员中至少 2 人具有 3 年以上从事国际海上运输经营活动的经历;

(二)有持有与所管理船舶种类和航区相适应的船长、轮机长适任证书的人员;

(三)有与国际船舶管理业务相适应的设备、设施。

第十条 经营国际船舶管理业务,应当向拟经营业务所在地的省、自治区、直辖市人民政府交通主管部门提出申请,并附送符合本条例第九条规定条件的相关材料。省、自治区、直辖市人民政府交通主管部门应当自收到申请之日起 15 日内审核完毕。申请材料真实、齐备的,予以登记,并通知申请人;申请材料不真实或者不齐备的,不予登记,书面通知申请人并告知理由。

第十一条 国际船舶运输经营者、无船承运业务经营者和国际船舶管理经营者经依照本条例许可、登记后,应当持有关证明文件,依法向企业登记机关办理企业登记手续。

第十二条 国际船舶运输经营者、无船承运业务经营者和国际船舶管理经营者,不得将依法取得的经营资格提供给他人使用。

第十三条 国际船舶运输经营者、无船承运业务经营者和国际船舶管理经营者依照本条例的规定取得相应的经营资格后,不再具备本条例规定的条件的,国务院交通主管部门或者省、自治区、直辖市人民政府交通主管部门应当立即取消其经营资格。

第三章 国际海上运输及其辅助性业务经营活动

第十四条 国际船舶运输经营者经营进出中国港口的国际班轮运输业务,应当依照本条例的规定取得国际班轮运输经营资格。

未取得国际班轮运输经营资格的,不得从事国际班轮运输经营活动,不得对外公布班期、接受订舱。

以共同派船、舱位互换、联合经营等方式经营国际班轮运输的,适用本条第一款的规定。

第十五条 经营国际班轮运输业务,应当向国务院交通主管部门提出申请,并附送下列材料:

（一）国际船舶运输经营者的名称、注册地、营业执照副本、主要出资人；
（二）经营者的主要管理人员的姓名及其身份证明；
（三）运营船舶资料；
（四）拟开航的航线、班期及沿途停泊港口；
（五）运价本；
（六）提单、客票或者多式联运单证。

国务院交通主管部门应当自收到经营国际班轮运输业务申请之日起 30 日内审核完毕。申请材料真实、齐备的，予以登记，并通知申请人；申请材料不真实或者不齐备的，不予登记，书面通知申请人并告知理由。

第十六条 取得国际班轮运输经营资格的国际船舶运输经营者，应当自取得资格之日起 180 日内开航；因不可抗力并经国务院交通主管部门同意，可以延期 90 日。逾期未开航的，国际班轮运输经营资格自期满之日起丧失。

第十七条 新开、停开国际班轮运输航线，或者变更国际班轮运输船舶、班期的，应当提前 15 日予以公告，并应当自行为发生之日起 15 日内向国务院交通主管部门备案。

第十八条 经营国际班轮运输业务的国际船舶运输经营者的运价和无船承运业务经营者的运价，应当按照规定格式向国务院交通主管部门备案。国务院交通主管部门应当指定专门机构受理运价备案。

备案的运价包括公布运价和协议运价。公布运价，是指国际船舶运输经营者和无船承运业务经营者运价本上载明的运价；协议运价，是指国际船舶运输经营者与货主、无船承运业务经营者约定的运价。

公布运价自国务院交通主管部门受理备案之日起满 30 日生效；协议运价自国务院交通主管部门受理备案之时起满 24 小时生效。

国际船舶运输经营者和无船承运业务经营者应当执行生效的备案运价。

第十九条 国际船舶运输经营者在与无船承运业务经营者订立协议运价时，应当确认无船承运业务经营者已依照本条例规定办理提单登记并交纳保证金。

第二十条 从事国际班轮运输的国际船舶运输经营者之间订立涉及中国港口的班轮公会协议、运营协议、运价协议等，应当自协议订立之日起 15 日内将协议副本向国务院交通主管部门备案。

第二十一条 国际船舶运输经营者有下列情形之一的，应当在情形发生之日起 15 日内，向国务院交通主管部门备案：
（一）终止经营；
（二）减少运营船舶；
（三）变更提单、客票或者多式联运单证；
（四）在境外设立分支机构或者子公司经营国际船舶运输业务；
（五）拥有的船舶在境外注册，悬挂外国旗。

国际船舶运输经营者增加运营船舶的，增加的运营船舶必须符合国家规定的安全技术标准，并应当于投入运营前 15 日内向国务院交通主管部门备案。国务院交通主管部门应当自收到备案材料之日起 3 日内出具备案证明文件。

其他中国企业有本条第一款第（四）项、第（五）项所列情形之一的，应当依照本条第一款规定办理备案手续。

第二十二条 经营国际船舶运输业务、无船承运业务和国际船舶代理业务，在中国境内收取、代为收取运费以及其他相关费用，应当向付款人出具中国税务机关统一印制的发票。

第二十三条 未依照本条例的规定办理提单登记并交纳保证金的，不得经营无船承运业务。

第二十四条 经营国际船舶运输业务和无船承运业务，不得有下列行为：
（一）以低于正常、合理水平的运价提供服务，妨碍公平竞争；
（二）在会计账簿之外暗中给予托运人回扣，承揽货物；
（三）滥用优势地位，以歧视性价格或者其他限制性条件给交易对方造成损害；
（四）其他损害交易对方或者国际海上运输市场秩序的行为。

第二十五条 外国国际船舶运输经营者从事本章规定的有关国际船舶运输活动，应当遵守本条例有关规定。

外国国际船舶运输经营者不得经营中国港口之间的船舶运输业务，也不得利用租用的中国籍船舶或者舱位，或者以互换舱位等方式变相经营中国港口之间的船舶运输业务。

第二十六条 国际船舶代理经营者接受船舶所有人或者船舶承租人、船舶经营人的委托，可以经营下列业务：
（一）办理船舶进出港口手续，联系安排引航、靠泊和装卸；
（二）代签提单、运输合同，代办接受订舱业务；
（三）办理船舶、集装箱以及货物的报关手续；
（四）承揽货物、组织货载，办理货物、集装箱的托运和中转；
（五）代收运费，代办结算；
（六）组织客源，办理有关海上旅客运输业务；
（七）其他相关业务。

国际船舶代理经营者应当按照国家有关规定代扣代缴其所代理的外国国际船舶运输经营者的税款。

第二十七条 国际船舶管理经营者接受船舶所有人或者船舶承租人、船舶经营人的委托，可以经营下列业务：
（一）船舶买卖、租赁以及其他船舶资产管理；
（二）机务、海务和安排维修；
（三）船员招聘、训练和配备；
（四）保证船舶技术状况和正常航行的其他服务。

第四章 外商投资经营国际海上运输及其辅助性业务的特别规定

第二十八条 外商在中国境内投资经营国际海上运输业务以及与国际海上运输相关的辅助性业务，适用本章规定；本章没有规定的，适用本条例其他有关规定。

第二十九条 经国务院交通主管部门批准，外商可以依照有关法律、行政法规以及国家其他有关规定,投资设立中外合资经营企业或者中外合作经营企业,经营国际船舶运输、国际船舶代理、国际船舶管理、国际海运货物装卸、国际海运货物仓储、国际海运集装箱站和堆场业务;并可以投资设立外资企业经营国际海运货物仓储业务。

经营国际船舶运输、国际船舶代理业务的中外合资经营企业,企业中外商的出资比例不得超过49%。

经营国际船舶运输、国际船舶代理业务的中外合作经营企业,企业中外商的投资比例比照适用前款规定。

中外合资国际船舶运输企业和中外合作国际船舶运输企业的董事会主席和总经理,由中外合资、合作双方协商后由中方指定。

第三十条 经国务院交通主管部门批准,外商可以依照有关法律、行政法规以及国家其他有关规定投资设立中外合资经营企业、中外合作经营企业、外资企业,为其拥有或者经营的船舶提供承揽货物、代签提单、代结运费、代签服务合同等日常业务服务;未在中国境内投资设立中外合资经营企业、中外合作经营企业、外资企业的,上述业务必须委托中国的国际船舶代理经营者办理。

第三十一条 外国国际船舶运输经营者以及外国国际海运辅助企业在中国境内设立的常驻代表机构,不得从事经营活动。

第五章 调 查 与 处 理

第三十二条 国务院交通主管部门应利害关系人的请求或者自行决定,可以对下列情形实施调查:

(一)经营国际班轮运输业务的国际船舶运输经营者之间订立的涉及中国港口的班轮公会协议、运营协议、运价协议等,可能对公平竞争造成损害的;

(二)经营国际班轮运输业务的国际船舶运输经营者通过协议产生的各类联营体,其服务涉及中国港口某一航线的承运份额,持续1年超过该航线总运量的30%,并可能对公平竞争造成损害的;

(三)有本条例第二十四条规定的行为之一的;

(四)可能损害国际海运市场公平竞争的其他行为。

第三十三条 国务院交通主管部门实施调查,应当会同国务院工商行政管理部门和价格部门(以下统称调查机关)共同进行。

第三十四条 调查机关实施调查,应当成立调查组。调查组成员不少于3人。调查组可以根据需要,聘请有关专家参加工作。

调查组进行调查前,应当将调查目的、调查原因、调查期限等事项通知被调查人。调查期限不得超过1年;必要时,经调查机关批准,可以延长半年。

第三十五条 调查人员进行调查,可以向被调查人以及与其有业务往来的单位和个人了解有关情况,并可查阅、复制有关单证、协议、合同文本、会计账簿、业务函电、电子数据等有关资料。

调查人员进行调查,应当保守被调查人以及与其有业务往来的单位和个人的商业秘密。

第三十六条 被调查人应当接受调查,如实提供有关情况和资料,不得拒绝调查或者隐匿真实情况、谎报情况。

第三十七条 调查结束,调查机关应当作出调查结论,书面通知被调查人、利害关系人。

对公平竞争造成损害的,调查机关可以采取责令修改有关协议、限制班轮航班数量、中止运价本或者暂停受理运价备案、责令定期报送有关资料等禁止性、限制性措施。

第三十八条 调查机关在作出采取禁止性、限制性措施的决定前,应当告知当事人有要求举行听证的权利;当事人要求听证的,应当举行听证。

第六章 法 律 责 任

第三十九条 未取得《国际船舶运输经营许可证》,擅自经营国际船舶运输业务的,由国务院交通主管部门或者其授权的地方人民政府交通主管部门责令停止经营;有违法所得的,没收违法所得;违法所得50万元以上的,处违法所得2倍以上5倍以下的罚款;没有违法所得或者违法所得不足50万元的,处20万元以上100万元以下的罚款。

第四十条 未办理提单登记、交纳保证金,擅自经营无船承运业务的,由国务院交通主管部门或者其授权的地方人民政府交通主管部门责令停止经营;有违法所得的,没收违法所得;违法所得10万元以上的,处违法所得2倍以上5倍以下的罚款;没有违法所得或者违法所得不足10万元的,处5万元以上20万元以下的罚款。

第四十一条 未办理登记手续,擅自经营国际船舶管理业务的,由经营业务所在地的省、自治区、直辖市人民政府交通主管部门责令停止经营;有违法所得的,没收违法所得;违法所得5万元以上的,处违法所得2倍以上5倍以下的罚款;没有违法所得或者违法所得不足5万元的,处2万元以上10万元以下的罚款。

第四十二条 外国国际船舶运输经营者经营中国港口之间的船舶运输业务,或者利用租用的中国籍船舶和舱位以及用互换舱位等方式经营中国港口之间的船舶运输业务的,由国务院交通主管部门或者其授权的地方人民政府交通主管部门责令停止经营;有违法所得的,没收违法所得;违法所得50万元以上的,处违法所得2倍以上5倍以下的罚款;没有违法所得或者违法所得不足50万元的,处20万元以上100万元以下的罚款。拒不停止经营的,拒绝进港;情节严重的,撤销其国际班轮运输经营资格。

第四十三条 未取得国际班轮运输经营资格,擅自经营国际班轮运输的,由国务院交通主管部门或者其授权的地方人民政府交通主管部门责令停止经营;有违法所得的,没收违法所得;违法所得50万元以上的,处违法所得2倍以上5倍以下的罚款;没有违法所得或者违法所得不足50万元的,处20万元以上100万元以下的罚款。拒不停止经营的,拒绝进港。

第四十四条 国际船舶运输经营者、无船承运业务经营者和国际船舶管理经营者将其依法取得的经营资格提供给他人使用的,由国务院交通主管部门或者其授权的地方人民政府交通主管部门责令限期改正;逾期不改正的,撤销其经营资格。

第四十五条 未履行本条例规定的备案手续的,由国务院交通主管部门或者其授权的地方人民政府交通主管部门责令限期补办备案手续;逾期不补办的,处1万元以上5万元以下的罚款,并可以撤销其相应资格。

第四十六条 未履行本条例规定的运价备案手续或者未执行备案运价的,由国务院交通主管部门或者其授权的地方人民政府交通主管部门责令限期改正,并处 2 万元以上 10 万元以下的罚款。

第四十七条 依据调查结论应当给予行政处罚或者有本条例第二十四条所列违法情形的,由交通主管部门、价格主管部门或者工商行政管理部门依照有关法律、行政法规的规定给予处罚。

第四十八条 国际船舶运输经营者与未办理提单登记并交纳保证金的无船承运业务经营者订立协议运价的,由国务院交通主管部门或者其授权的地方人民政府交通主管部门给予警告,并处 2 万元以上 10 万元以下的罚款。

第四十九条 外国国际船舶运输经营者以及外国国际海运辅助企业常驻代表机构从事经营活动的,由工商行政管理部门责令停止经营活动,并依法给予处罚。

第五十条 拒绝调查机关及其工作人员依法实施调查,或者隐匿、谎报有关情况和资料的,由国务院交通主管部门或者其授权的地方人民政府交通主管部门责令改正,并处 2 万元以上 10 万元以下的罚款。

第五十一条 非法从事进出中国港口的国际海上运输经营活动以及与国际海上运输相关的辅助性经营活动,扰乱国际海上运输市场秩序的,依照刑法关于非法经营罪的规定,依法追究刑事责任。

第五十二条 国务院交通主管部门和有关地方人民政府交通主管部门的工作人员有下列情形之一,造成严重后果,触犯刑律的,依照刑法关于滥用职权罪、玩忽职守罪或者其他罪的规定,依法追究刑事责任;尚不够刑事处罚的,依法给予行政处分:

(一)对符合本条例规定条件的申请者不予审批、许可、登记、备案,或者对不符合本条例规定条件的申请者予以审批、许可、登记、备案的;

(二)对经过审批、许可、登记、备案的国际船舶运输经营者、无船承运业务经营者和国际船舶管理经营者不依照本条例的规定实施监督管理,或者发现其不再具备本条例规定的条件而不撤销其相应的经营资格,或者发现其违法行为后不予以查处的;

(三)对监督检查中发现的未依法履行审批、许可、登记、备案的单位和个人擅自从事国际海上运输经营活动以及与国际海上运输相关的辅助性经营活动,不立即予以取缔,或者接到举报后不依法予以处理的。

第七章 附 则

第五十三条 香港特别行政区、澳门特别行政区和台湾地区的投资者在内地投资经营国际海上运输业务以及与国际海上运输相关的辅助性业务,比照适用本条例。

第五十四条 外国国际船舶运输经营者未经国务院交通主管部门批准,不得经营中国内地与香港特别行政区、澳门特别行政区之间的船舶运输业务,不得经营中国内地与台湾地区之间的双向直航和经第三地的船舶运输业务。

第五十五条 内地与香港特别行政区、澳门特别行政区之间的海上运输,由国务院交通主管部门依照本条例制定管理办法。

内地与台湾地区之间的海上运输，依照国家有关规定执行。

第五十六条 任何国家或者地区对中华人民共和国国际海上运输经营者、船舶或者船员采取歧视性的禁止、限制或者其他类似措施的，中华人民共和国政府根据对等原则采取相应措施。

第五十七条 本条例施行前已从事国际海上运输经营活动以及与国际海上运输相关的辅助性经营活动的，应当在本条例施行之日起 60 日内按照本条例的规定补办有关手续。

第五十八条 本条例自 2002 年 1 月 1 日起施行。1990 年 12 月 5 日国务院发布、1998 年 4 月 18 日国务院修订发布的《中华人民共和国海上国际集装箱运输管理规定》同时废止。

参考文献

[1] 张宝晨.ISM规则与实施[M].北京：人民交通出版社，1999.
[2] 中华人民共和国海事局交通安全质量体系审核中心.安全管理体系审核指南[M].北京：人民交通出版社，2004.
[3] 徐新中，等.国内安全管理规则与实施[M].大连：大连海事大学出版社，2003.
[4] 上海海事局编委会.航运公司安全体系内部审核培训教程[M].上海：上海交通大学出版社，2005.
[5] 柴邦衡.ISO 9000质量管理体系[M].2版.北京：机械工业出版社，2010.
[6] 中国船级社.国内船舶安全管理体系审核指南[M].北京：人民交通出版社，2006.
[7] SAFETY MANAGEMENT SYSTEMS DEPARTMENT. RULES FOR THE AUDIT AND REGISTRATION OF SAFETY MANAGEMENT SYSTEMS [M]. JAPAN：NIPPON KAIJI KYOKAI, 2008.